CAIO GONÇALVES DIAS

A cultura que se planeja

Políticas culturais, do Ministério da Cultura ao governo Bolsonaro

mórula EDITORIAL

FAPERJ

ESTA PUBLICAÇÃO FOI FINANCIADA COM RECURSOS DA FAPERJ
(PROCESSOS E-26/202.365/2018 E E-26/202.366/2018)

REVISÃO
Natalia von Korsch

FOTO (CAPA)
"Pau Brasil" de Cândido Portinari. Direito de reprodução gentilmente cedido por João Candido Portinari.

PROJETO GRÁFICO
Patrícia Oliveira

CIP-BRASIL. CATALOGAÇÃO NA PUBLICAÇÃO
SINDICATO NACIONAL DOS EDITORES DE LIVROS, RJ
Elaborado por Camila Donis Hartmann — CRB 7/6472

D531c Gonçalves Dias, Caio

A cultura que se planeja : políticas culturais, do Ministério da Cultura ao governo Bolsonaro / Caio Gonçalves Dias. -1. ed. - Rio de Janeiro : Mórula, 2021.

296 p. ; 21 cm

Inclui bibliografia

ISBN 978-65-86464-43-6

1. Política e cultura - Brasil. 2. Política cultural. 3. Brasil. Ministério da Cultura. I. Título.

21-71171 CDD: 306.0981
CDU: 316.74(81)

Rua Teotônio Regadas 26 sala 904
20021_360 _ Lapa _ Rio de Janeiro _ RJ
www.morula.com.br _ contato@morula.com.br
/morulaeditorial /morula_editorial

Dedico este livro aos professores e pesquisadores que me formaram e me fizeram acreditar na educação e no conhecimento como transformadores do mundo. Na impossibilidade de citar todos, me atenho ao melhor que conheço: Antonio Carlos de Souza Lima.

SUMÁRIO

PREFÁCIO

O governo da *cultura*

As *políticas culturais* têm sido relativamente pouco estudadas pela antropologia produzida no Brasil. A afirmação pode soar estranha, considerando-se que cultura é um conceito central em nossa disciplina e que sua "politização" vem sendo por muitos apontada no cenário internacional[1]. Mas se nos ativermos aos que abordaram as políticas (públicas?) de *cultura*, têm sido pesquisadores das áreas de comunicação, estudos *culturais*, produção *cultural*, economia, sociologia e história que mais frequentemente têm enfrentado a temática de como se concebe e governa a esfera da produção simbólica, os dispositivos de governo a ela aplicados e sua economia. No caso da história e da sociologia, a "zona cinzenta" dos chamados estudos de "história do pensamento social brasileiro" parece vir (parcialmente) se ocupando do tema, ainda que em enfoques bastante definidos.

Conquanto os antropólogos se façam presentes em numerosos espaços de participação social (conselhos, comitês, redes etc.) que são ou poderiam ser subsumidos à esfera burocrático-administrativa da *cultura* (em um primeiro nível como categoria nativa a esta esfera e a uma rede mais ampla de agências e agentes; e num segundo plano enquanto conceito utilizado para descrever certos mundos sociais), a reflexão sobre a dimensão social destes espaços nem sempre tem sido valorizada. Áreas como a do patrimônio cultural, do folclore, são algumas das exceções mais flagrantes, em

1 Ver, dentre outros, Wright, Susan. 1998. "The politicization of culture" *Anthropology Today*,14 (1): 7-15; Shore, Cris. 2000. *Building Europe*. The cultural politics of European integration. London and New York: Routledge.

outros casos havendo uma dispersão de estudos, muitos deles de significativa importância, sobre temas diversos que estão abarcados por instituições do "mundo social da *cultura*".

Assim, o estudo antropológico da *cultura* no Brasil como mundo social e esfera de produção, resultante de processos de institucionalização, organizado socialmente em linhas de tensão, dotado de hierarquias, constituindo-se em objeto de governo com dispositivos de poder que lhe são próprios, imaginação e materialidade, tem sido muitas vezes lateral, marcado mais por temas específicos que pelas dinâmicas mais abrangentes de seu funcionamento e estatização. No entanto, mais do que nunca o terreno da *cultura* é objeto de disputa, ou do que se chama de "guerra cultural", e o combate em seu terreno tendo sido um dos instrumentos mais vocais de propaganda e luta política.

É esta dimensão que Caio Gonçalves Dias nos descortina em "A cultura que se planeja: políticas culturais, do Ministério da Cultura ao governo Bolsonaro", livro que vem preencher um importante espaço reflexivo sub-representado e subavaliado. Suspendendo os sentidos comuns de *cultura*, *políticas públicas* e *políticas culturais*, Gonçalves Dias toma para cenário de sua análise o amplo ciclo da redemocratização após a ditadura civil-militar instalada com o golpe de Estado de 1964 (sendo consciente do que vem antes e presenciando e vivendo o que é o momento contemporâneo), focada nos processos de institucionalização de imagens da *cultura*, e de sua organização em um Ministério há muito reivindicado.

O Ministério da Cultura, criado em 1985, e suas transformações até sua extinção sob Temer/Bolsonaro, é o centro da análise densa em que o autor nos demonstra que a ideia força da *cultura como direito* compõe-se a uma concepção do Brasil como um Estado Nacional pluriétnico fundado sobre o direito à diferença cultural. Direito à cultura como direito à diferença foi parte da articulação que ensejou a uma pequena pasta no organograma da República, com orçamento muito limitado, assumir crescentes visibilidade e capilaridade na vida pública brasileira, contribuindo para ações que foram determinantes para inúmeras coletividades sociais, e não apenas para os segmentos voltados para a "cultura erudita" ou para a "indústria cultural". Elevada a um dos pilares do exercício da cidadania, juntamente com — em plano muito diferenciado — a regulamentação do marketing cultural, a *cultura* permitiu o reforço de identidades, a definição de espaços (inclusive territoriais), a luta por reconhecimento e redistribuição. Forjaram-se amplas redes de agentes e agências, trabalhadores da cultura, com notável dinamismo e capacidade de mobilização, ainda que sempre subfinanciados. Tal malha fez-se dispersa por todo território nacional, e colaborou no reforço dos setores no nível de estados e municípios.

Se para muitos investigadores afeitos às redes mais ligadas à "produção cultural", a *cultura* passou a ser precipuamente vista enquanto recurso econômico em sociedades onde ser cidadão é ser consumidor, o livro nos conduz a outra direção: vemos como *governar a cultura* está para além da crítica (simplista por um lado, e pertinente por outro) às tecnologias de gestão neoliberal que se espalharam dos anos 1980 para diante, mundo afora e no país. Com base numa sólida pesquisa de mais de uma década, em que a etnografia a partir de documentos, a leitura fina da bibliografia analítica existente, as reflexões teóricas de uma antropologia do Estado, além do implícito de sua ampla experiência de atuação em numerosas iniciativas do terceiro setor na esfera das ações culturais, Caio Gonçalves Dias nos mostra ao longo dos oito capítulos do livro como sucessivos modelos de gestão da pasta acabam por confluir no tratamento das ações de Estado, e de que forma ampliariam significativamente o lugar social da cultura, sendo elemento essencial da construção do Brasil democrático que se busca destruir desde o *impeachment* da presidente Dilma Rousseff.

Através do fio argumentativo da institucionalização em um ministério, aprendemos com Gonçalves Dias como se fez o "governo da cultura", olhando para os múltiplos aspectos do funcionamento da administração pública e da (re)invenção nacional deflagrada no bojo do processo de redemocratização, para os conhecimentos que são elaborados dentro e fora da máquina pública. Um dos mais importantes pontos que o trabalho nos apresenta (retirando daí implicações importantes) é, sem dúvida, o deslizamento de *políticas culturais* para *políticas públicas* de cultura, o engajamento de amplos setores sociais em ações da área, bem como a sua capacidade de repercutir movimentos em curso em outras arenas de vida pública brasileira.

Sem perder o senso crítico aguçado, o autor nos desvela a centralidade política mais profunda das *políticas culturais* como fazer (de) Estado, processo conflitivo e inconcluso, imaginação social e institucionalização. Revê, assim, a literatura "interna" do campo das políticas culturais, apontando para seus ganhos e limites, seus compromissos com uma certa concepção das ações governamentais, mostrando-se a um tempo "teorias nativas" e expressão acadêmica de atores (sobretudo) politicamente posicionados com as quais é fundamental dialogar. Mostra-nos com que recursos argumentativos essa literatura inseriu, muitas vezes anacronicamente, as políticas culturais na história, trazendo à tona sua relação com as formas de invenção do Brasil, do povo brasileiro e de certos padrões morais tornados também parte da "cultura".

Ao promover tais deslocamentos e desenraizar a discussão das políticas culturais de um nicho confortável, Gonçalves Dias as desloca para o campo da guerra continuada sob a forma de exercícios de poder, em especial de poderes estatizados. Com isso permite que entendamos como o cenário contemporâneo da chamada "guerra cultural" se tornou possível, hoje se faz Estado e busca dissolver as construções anteriores. Longe da ausência de uma política, vê-se a intenção de destruir e ocupar com valores e quadros ligados às mais variadas vertentes do que vem sendo chamado de (neo)conservadorismo. Aqui, o "governo da cultura" não se encerrou, ou se constitui num "desgoverno", mas se dá pela tentativa de (re)orientar sua produção no rumo dos valores (neo)conservadores e autoritários.

Retornando à antropologia produzida no Brasil, um dos focos da própria "guerra cultural", cabe mais uma vez pensar sobre o relativo "abandono" da temática das *políticas culturais* por nossa disciplina. No cenário de ataques generalizados às pesquisas, pesquisadora/es, e sobretudo aos nossos interlocutores no fazer etnográfico e nas intervenções nos campos do gênero, da religião, dos direitos indígenas e quilombolas, do meio ambiente, do patrimônio cultural (tema mais próximo), dentre outros, temos reagido ao crescente autoritarismo, aos cortes de verbas e a tentativas de criminalização e judicialização, com mais investigação, posicionamento e ampliação de nossos conhecimentos sobre esse "outro", pelo qual não precisamos sentir simpatia, mas sem dúvida precisamos considerar seriamente os enunciados dele provenientes, por mais estapafúrdios que nos soem.

É aqui que Caio Gonçalves Dias mais uma vez avança, ao nos sinalizar a importância do que está em jogo nesses embates diários e a significação do que, com limites inequívocos, se pôde fazer mais democrático, inclusivo e gramatical à pluralidade sociocultural que nos constitui, demonstrando a força da produção simbólica de amplos setores da sociedade brasileira e seu sentido político mais amplo. Está aqui um convite a que nossa disciplina enfrente mais diretamente o cenário político onde a tessitura de muitas "culturas" se faz em permanente tensão. "A cultura que se planeja: políticas culturais, do Ministério da Cultura ao governo Bolsonaro" nos deixa passos seguros para se trilhar esses caminhos, nos levando a imaginar muitos desdobramentos futuros.

ANTONIO CARLOS DE SOUZA LIMA

APRESENTAÇÃO

Em 16 de janeiro de 2020, o secretário especial da Cultura do governo federal, Roberto Alvim, fez um pronunciamento no YouTube para divulgar o Prêmio Nacional das Artes. Referências a um discurso de Joseph Goebbels, ministro da Propaganda de Adolf Hitler, foram identificadas na sua fala, gerando uma reação ampla de diversos setores sociais. No dia seguinte, ele foi destituído do cargo. Esse episódio nada tem de fortuito e se liga às estratégias do presidente Jair Bolsonaro no campo das políticas culturais.

No vídeo, vê-se um homem de olhar fixado e penetrante, que deseja se comunicar com quem o assiste de maneira direta e profunda. Tem um propósito claro e não esconde sua intenção inflamatória. O secretário está sentado em uma mesa, atrás da qual se vê uma imagem de Bolsonaro com a faixa presidencial. À sua esquerda, a bandeira do Brasil pendida; à direita, uma cruz patriarcal (Leher, 1969, p. 114), que tem muitas variações. A exposta na mesa de Alvim é uma Cruz Missioneira, versão jesuítica da Cruz de Caravaca — trazida ao Brasil, provavelmente, por volta de 1610, no processo de catequização dos povos indígenas[1].

Vestido de terno cinza, gravata negra e usando cabelos com gel penteados para trás, Alvim profere seu discurso de modo enfático, sem piscar. Sua fala se sobrepõe ao prelúdio de "Lohengrin", ópera de Richard Wagner, cuja posição com relação aos judeus era explicitamente condenatória. Apesar de não ser possível afirmar um posicionamento antissemita em suas óperas, em vários textos

---

[1] Essas informações são do teólogo Edison Hüttner (PUC-RS). Disponível em: https://cultura.estadao.com.br/noticias/geral,usada-por-alvim-em-video-cruz--de-caravaca-chegou-ao-brasil-por-jesuitas,70003163562. Acesso em: 27/11/2020.

o compositor alemão acusa os judeus de serem um problema para a cultura e a música alemãs[2]. "Lohengrin" estreou em 28 de agosto de 1850 em Weimar, com regência de Franz Liszt, e mais tarde tornou-se a ópera predileta de Hitler[3].

De início, Roberto Alvim afirma que foi alçado ao cargo com um pedido do presidente: que fizesse "uma cultura que não destrua, mas que salve a nossa juventude"[4]. Com um ufanismo propositivo, postula que a cultura é a base da pátria e que uma cultura adoecida seria sintoma de um povo enfermo. Ele profere uma cultura dinâmica, mas com raízes nos nossos supostos mitos fundantes: "A Pátria, a família, a coragem do povo e sua profunda ligação com Deus, amparam nossas ações na criação de políticas públicas. As virtudes da fé, da lealdade, do autossacrifício e da luta contra o mal serão alçadas ao território sagrado das obras de arte".

Essas afirmações combinam com a composição do vídeo, amalgamando trilha sonora, figurino, cenografia e interpretação de Alvim — afinal, um homem do teatro, com outrora respeitados trabalhos dramatúrgicos. Trata-se de uma postura conservadora, que assevera dimensão religiosa para a produção de uma vida cultural com esse mesmo caráter. É uma visão missionária, ao

---

2 O mais célebre deles é o artigo *"Das Judenthum in der Musik"*, traduzido para o inglês como *"Judaism in Music"* ou *"Jews in music"*, sendo esta última a mais utilizada (Goldman e Sprinchorn, 1994).

3 Um biógrafo de Hitler comenta sobre a relação do ditador com o compositor e sua obra da seguinte maneira: "A paixão de Hitler por Wagner não tinha limites. Uma execução podia afetá-lo quase como uma experiência religiosa, mergulhando-o em fantasias profundas e místicas. Para ele, Wagner era o gênio artístico supremo, o modelo a ser imitado. Adolf empolgava-se com seus poderosos dramas musicais, sua evocação de um passado germânico heroico, distante e sublimemente místico. 'Lohengrin', a saga do misterioso cavaleiro do graal, síntese do herói teutônico enviado do castelo de Monsalvat por seu pai Parsifal para resgatar a donzela Elsa, condenada erroneamente, mas que por fim o trai, foi a primeira ópera de Wagner a que Hitler assistiu e continuou a ser sua preferida" (Kershaw, 2017, p. 46).

4 O vídeo do discurso está disponível em: https://www.youtube.com/watch?v=aNqAiyMxYRw. Acesso em: 27/11/2020. As transcrições apresentadas ao longo desse texto são de minha responsabilidade.

mesmo tempo catequizante e guerreira, aludindo à síntese entre a cruz jesuítica e a saga de "Lohengrin" que ambienta o discurso.

Com essa perspectiva, Alvim advoga por um Estado intervencionista nas criações culturais. Quer situá-lo como o tutor que conformaria o povo a valores tratados como universais, ainda que parciais e comprometidos com um horizonte restrito para a cultura. É nesse sentido que o então secretário proclama: "Nossos valores culturais também conferem grande importância à harmonia dos brasileiros com sua terra, e sua natureza, assim como enfatizam a elevação da nação e do povo acima de mesquinhos interesses particulares". O trabalho com a cultura seria construído numa espécie de cruzada moral romântica, calcada no nacionalismo e numa distinção idílica entre cultura e natureza.

Aqui começa a se delinear a proximidade com o ministro da Propaganda de Hitler. No primeiro discurso depois de sua posse, ocorrida em 14 de março de 1933, Goebbels considerou a fundação do Ministério da Propaganda "um ato governamental revolucionário na medida em que o governo já não tinha a intenção de desamparar o povo. Este é um governo popular, no verdadeiro sentido da expressão". Afirmou, ainda, que o ministério teria por objetivo estabelecer o "contato vivo entre o governo nacional, como expressão da vontade pública, e o próprio povo", construindo um governo "com a totalidade do povo" (Longerich, 2014, p. 474).

O discurso de Alvim se desenvolve a partir de um movimento que tenta desqualificar o que vinha sendo produzido em termos culturais no país como algo que tivesse sido construído por uns poucos indivíduos; desligado, portanto, do povo como um todo. Essa elucubração, todavia, não apresenta com clareza seus alvos. Trata-se, num movimento usual do bolsonarismo, de postular uma guerra contra um inimigo difuso, mal delineado pela necessidade de perpetuar a batalha.

Esse cenário bélico construído por Alvim, que marca o discurso tanto no texto como na composição geral, é esboçado através de uma mudança supostamente já consumada na sociedade brasileira.

O secretário se coloca como representante de um projeto vencedor, e com esse entendimento afirma que "a cultura não pode ficar alheia às imensas transformações intelectuais e políticas que estamos vivendo". A guinada cultural identificada deveria, então, ser projetada numa arte brasileira que será "heroica e será nacional", "dotada de grande capacidade de envolvimento emocional, e (...) igualmente imperativa, posto que profundamente vinculada às aspirações urgentes do nosso povo — ou então não será nada".

Se até aqui o anacronismo romântico já aconselhava cautela, temos com essa fala a confirmação da perspectiva efetiva pela qual advoga. A semelhança com o discurso de Joseph Goebbels passa a ser textual, evocando quase que literalmente o proferido pelo ministro de Hitler em 08 de maio de 1933, em audiência com diretores de teatro: "A arte alemã da próxima década será heroica, será ferreamente romântica, será objetiva e livre de sentimentalismo, será nacional com grande páthos e igualmente imperativa e vinculante, ou então não será nada" (2014, p. 515).

Alvim, amparado em proposições discursivas assemelhadas àquelas já formuladas pelo nazismo, afirma que a arte brasileira deveria ser ancorada num suposto povo, para o qual possuiria um significado "constitutivo":

> Portanto, almejamos uma nova arte nacional, capaz de encarnar simbolicamente os anseios desta imensa maioria da população brasileira, com artistas dotados de sensibilidade e formação intelectual, capazes de olhar fundo e perceber os movimentos que brotam do coração do Brasil, transformando-os em poderosas formas estéticas.

Produz-se, então, um deslizamento da cultura para formas artísticas. A cultura, nacionalista, deveria conter uma arte de igual configuração, capaz de espelhar as proposições intelectuais e sensíveis da maioria da população brasileira. Nunca fica claro, porém, quem é essa maioria e o que significariam os nacionalismos, deixando entrever o flerte com um projeto totalitário: pelos aspectos que compõem o vídeo para além do que é dito, pelas certezas que amparam as falas e pela verticalidade que impõe formas culturais unívocas. Essa interpretação se consolida na última frase proferida pelo secretário: "São estas formas estéticas, geradas por uma arte nacional que agora começará a se desenhar, que terão o poder de nos conferir, a todos, energia e impulso para avançarmos na direção da construção de uma nova e pujante civilização brasileira". De fato, o que se encampa é a disputa em torno de um modelo civilizacional.

A semelhança com Goebbels não é acidental. Mesmo que não signifique uma adesão direta aos preceitos nazistas mais violentos, há em comum alguns parâmetros para a construção discursiva — a identificação de um povo sendo ameaçado por um inimigo claro e perigoso e a defesa de uma produção cultural como indício da vitória do povo nessa batalha.

O que aproxima Alvim de Goebbels é, portanto, o formato discursivo denuncista e triunfalista. É a maneira como defende uma produção cultural e artística que elabora o cenário de mudança produzido diante de um inimigo temporariamente vencido, mas que — sem a atuação de homens fortes — poderia se levantar. Ele encena com seu discurso um posicionamento numa batalha imaginária, com enorme presença nas relações estabelecidas no mundo real.

No caso das políticas culturais, campo onde atua o secretário, cabe perguntar como esse inimigo se efetiva: contra quem se trava o combate? Esse episódio serve de porta de entrada para delinear uma perspectiva para a reflexão acerca das políticas culturais no Brasil. Não pretendo tratá-lo como algo que pode ser isolado — principalmente pela pronta saída de Alvim do cargo —, mas sim como indício de um cenário cultural complexo. Ou seja, como é possível que chegue ao cargo máximo da cultura no Executivo uma perspectiva tão autoritária? O que ela tem de singular com relação a outros momentos históricos brasileiros? E, em especial, como se insere no e responde ao passado recente com o qual pretende romper? É aí, creio, que se encontram alguns dos elementos que fazem com que Alvim, e o bolsonarismo de modo geral, delineiem um inimigo a ser combatido.

É oportuno, nesse sentido, produzir uma mirada crítica para as políticas culturais recentes, remontando à criação do Ministério da Cultura (MinC), em 1985, um dos símbolos (como ficará mais claro ao longo do livro) do processo de redemocratização; e chegando na sua dissolução — igualmente simbólica, já que passa pelo abandono de certa perspectiva ampliada para a cultura — pelo governo Bolsonaro, em 2019. Essa é a proposta central desta obra.

É fundamental cultivar o espanto e o repúdio a referências nazistas em um discurso público, especialmente de um político exercendo sua função. O estranhamento que a política cultural de Bolsonaro causa vem também do contraste com o momento vivido anteriormente no campo das políticas públicas para a cultura. No recente período democrático brasileiro, foram várias as iniciativas que colocaram a atuação estatal numa direção de fomento de práticas culturais a partir de recursos estatais, e vieram acompanhadas de elaborações sobre o que é cultura que são singulares na história brasileira do século XX.

Creio, assim, que as gestões de Celso Furtado (1986-1988), Francisco Weffort (1995-2002) e Gilberto Gil (2003-2008) à frente do Ministério da Cultura devem ser percebidas e analisadas como definidoras da administração pública da cultura desse período. Mesmo que tenham características bastante diferentes entre si, têm em comum a preocupação com a cultura como direito — com retóricas parecidas que se transmutaram em propostas e ações diversas. É contra a perspectiva do direito cultural, fundamentado numa compreensão democrática da diferença, que o bolsonarismo precisa se confrontar.

Esse embate recente, contudo, não deve ser desligado dos processos ampliados de produção de desigualdade no país. Num século marcado por duas ditaduras diretamente estabelecidas — a do Estado Novo, entre 1937 e 1945, e a civil-militar, entre 1964 e 1985 —; por numerosos golpes de Estado; e pelo recrudescimento da desigualdade apesar do crescimento econômico (Oliveira, 2003), os desenvolvimentos políticos de caráter autoritário foram, talvez, a principal regularidade na formação do Estado brasileiro (Schwartzman, 2015; Velho,

2009; Ribeiro, 2016; Schwarcz, 2019; Souza Lima e Facina, 2019; Souza Lima e Gonçalves Dias, 2020).

A questão, portanto, é imaginar como, num país como o Brasil, foi possível um momento em que as políticas culturais se dessem nos moldes desenvolvidos entre 1985 e 2016, construindo um modelo cultural no qual a diferença foi tomada como constituinte da democracia. Não se trata de supor a inexistência anterior de uma relação entre Estado e cultura, e sim de compreender as singularidades do formato em que essa relação se estabeleceu nesse período. Se a cultura — em maior parte a partir da vulgata dita antropológica — é abrangente, o que é possível ver quando o Estado se dedica institucionalmente ao seu cuidado? Que cultura é essa que passa a ser planejada? Estão em jogo modelos civilizatórios, que se espraiam para as variadas ações de governo estatais e encontram nas políticas culturais um bom terreno para compreender e analisar as intenções em operação.

* * *

A busca por uma imaginação cultural que pudesse, ao mesmo tempo, produzir o Brasil e planejar o que ele deveria ser ocupou diferentes atores sociais desde que nos tornamos um projeto de nação. Há algumas maneiras de recuperar essa elaboração, como o célebre concurso promovido pelo Instituto Histórico e Geográfico Brasileiro (IBGE) em 1844 para escrever a história do país, vencido por Von Martius. Nesse caso, como bem aponta Lilia Schwarcz (2019, p. 13-16), trata-se uma história já conhecida de início: um rio caudaloso representaria os brancos, com afluentes negros e indígenas menos importantes. Esse modelo civilizacional que tem como centro o homem branco, afeito a uma história geral cara à historiografia alemã da época, não comportava conflito: expurgava o genocídio dessas duas últimas populações como característica da colonização brasileira e homogeneizava um processo violento e contraditório.

O mundo europeu, a partir de finais do século XVIII, viu-se às voltas com formas ainda mais sofisticadas de violência. Assim como permitiam novos processos de produção — com o avanço da industrialização e da urbanização —, precisavam adaptar corpos para se tornarem produtivos mesmo vivendo em cidades desiguais e com características degradantes para a maioria de seus habitantes. Foram produzidas formas de gestão cotidianas que controlavam populações; para isso não podiam eclipsar seu extermínio como possibilidade, afirmado em sofisticados meios de policiamento (Foucault, 2008b). Essas tecnologias envolviam todos os domínios da vida: do trabalho e suas relações; da língua à produção artística; das práticas corporais privadas aos comportamentos adequados em espaços públicos.

Se é verdade que a expansão desses processos se deu de modo amplo, não se pode dizer que eles incidiram da mesma maneira sobre toda a população — nem dentro dos Estados-nacionais que se formavam, menos ainda num sentido planetário. A perspectiva romântica não chega a apagar a contradição iluminista que pressupunha uma humanidade una, com um horizonte cosmopolita, e a exclusão — ideologicamente fundada — de parte dos seres humanos desse processo[5]. Ao contrário, reproduziram-se teleologias diversas para a exclusão das mulheres da vida política, a ampliação da escravidão e a construção de novas formas de colonialismo.

Gostaria de ter em mente que a nossa modernidade, que compreendo como sendo a margem histórica desse tempo que ainda vivemos, pode ser pensada como um jogo permanente de inclusão e exclusão de indivíduos e práticas naquilo que se imagina que seja a humanidade. O 'nossa' que compõe a expressão tem um duplo sentido aqui. Simmel (1971) ou Foucault (2008) poderiam ser evocados para construir uma perspectiva da modernidade que a considere um ethos ou uma atitude. Para além disso, gostaria que servisse para

---

[5] Aproprio-me, aqui, da leitura que Norbert Elias (1939) fez de Immanuel Kant.

afirmar que este livro é um trabalho sobre o Brasil; e a mobilização de todos esses autores, que nos servem de múltiplas maneiras para nos interrogarmos sobre o nosso presente, deve ser matizada porque eles raramente olharam para os processos que analisam considerando nossa posição colonial.

Não seria conceitual ou historicamente preciso situar o país como um expurgo dessa ordem moderna, algo que poderia ser compreendido como a cristalização do polo excludente da razão antropológica (Gomes da Silva, 2019), cuja constituição fosse meramente afeita àquilo que ela precisava despojar de seus regimes de humanidade. É mais complexo que isso: a formação do Brasil enquanto nação poderia ser melhor compreendida se mirássemos de modo crítico para a produção desses limites, considerando que nossos processos históricos se produziram de maneira muito singular em face daquilo que poderia ser identificado com uma modernidade ocidental.

Nesse sentido, devemos igualmente considerar que as perspectivas que delinearam o processo colonial brasileiro; sua posterior transmutação em uma monarquia independente; e, mais tarde, numa república, tiveram contradições próprias — em transições que tiveram pouca habilidade para produzir mudanças institucionais mais comezinhas (Souza Lima e Gonçalves Dias, 2020). Isso não significa abandonar o ferramental teórico-metodológico-histórico da produção intelectual sobre a modernidade. Precisamos confrontá-lo com a nossa realidade histórica, explorando suas contradições para desconfiar de sua perspectiva totalizante (Schwarz, 2012).

* * *

Enquanto projeto nacional, o ente jurídico-administrativo situado sobre uma base territorial que se convencionou chamar de Brasil tem uma história relativamente curta (Souza Lima, 1995b). Três marcos historiográficos iniciais poderiam ser utilizados para destacar o início desse processo. O primeiro seria a vinda da corte para o país, em 1808; o segundo, a independência relativa de Portugal, em 1822; e o último seria a proclamação da República, em 1889.

Os três são questionáveis: em 1808, tratava-se de um império português; em 1822, a independência foi relativa, já que o império conservou suas feições portuguesas e o processo colonial se manteve a partir das mesmas elites locais; em 1889, temos uma república que não construiu uma democracia e teve apoio popular quase nulo. O que eles têm em comum, porém, é o que deve ser lido como significativo: são todos processos contraditórios, marcados pelos desmandos de uma elite que tinha na sua manutenção no centro de um processo de poder o fim último das ações de governo. Para isso, produziram um arcabouço ideológico que ajudasse a construir suas práticas governamentais, no qual ações culturais poderiam ser pensadas como ancoradouros do processo político — tanto para criar uma imaginação nacional afeita aos processos de modificação politicamente produzidos como para que essas elites pudessem se imaginar em consonância com outros processos culturais mundiais.

É nesse cenário que poderíamos evocar a criação, pela e para a corte de Dom João VI, da Biblioteca Real (1810); do Jardim Botânico (1811); do Museu Real (1818), mais tarde Museu Nacional; e da Academia de Belas Artes (1816). No pós-independência — com participação direta de seu imperador erudito, Dom Pedro II —, criou-se o Instituto Histórico e Geográfico Brasileiro (IHGB), em 1838, e processos que pudessem inserir essas instituições numa imaginação de Brasil e num projeto nacional (Schwarcz, 2011; 2012; 2019). A república, por sua vez, produziu símbolos próprios para convencer a população e seus oponentes da eficácia do novo regime (Carvalho, 2017).

Para além do necessário lastro histórico que a invocação desses momentos pode produzir, meu objetivo é trazer amplitude para uma constatação: o investimento estatal em ações culturais no Brasil esteve sempre afeito às práticas de poder de uma elite, ela própria pouco homogênea, e teve um projeto civilizatório compatível com essas mesmas práticas. Isso não significa, é importante ressaltar de saída, que sempre houve um projeto cultural que tivesse por objetivo mascarar violências ou gerar sensação de conforto e fruição estética para parte dessa elite. Há ambivalências. No seio de algumas dessas instituições culturais surgiram importantes debates que poderiam ser classificados como progressistas, do abolicionismo à proteção do patrimônio cultural.

Procuravam, assim, delinear os moldes de uma imaginação nacional específica, devedora das prerrogativas de civilização prospectadas nos centros mundiais da modernidade, que se viu largamente desafiada em seu formato sociopolítico pelas condições brasileiras. Dito de outro modo, a consolidação de um modelo civilizacional moderno nunca se efetiva no Brasil e somente em algumas práticas institucionais controladas é que ele pôde se realizar parcialmente. O ponto, creio, que jamais poderia ser ultrapassado — e que seria basal na imaginação civilizacional — é a desigualdade perpetrada, produzida e imaginada através de saberes e práticas estatais.

* * *

Gostaria de aludir a uma dimensão dinâmica quando emprego o termo Estado e as adjetivações a partir deste. Não se trata, assim, de considerá-lo com um ente fechado em si mesmo, que uma vez constituído ganharia uma materialidade completa. É necessário dar ênfase para as dimensões de processo, fluxo e performance que não são apreensíveis apenas nos grandes rituais e eventos, mas também se traduzem numa "miríade de ações estereotipadas e rotinizadas, em disposições profundamente incorporadas, apreensíveis na análise das condutas, desde os modos de pensar, falar, agir, como também de sentir, expressar emoções e se apresentar na interação cotidiana" (Souza Lima, 2012, p. 561).

Para isso, é preciso reconhecer que as elaborações sobre a cultura do país não estão somente a cargo de instituições da administração pública e seus correlatos. No mesmo caminho, cabe considerar que essas instituições têm complexidade; historicidade; e quase nunca são homogêneas. Há muitos outros agentes e agências que trabalham nesse processo direta e indiretamente. Poderíamos colocar, aqui, os meios de comunicação de massa, os intelectuais, os artistas e os produtores culturais, entre outros. Essas elaborações impactam a institucionalização estatal e produzem discursos ora concordantes, ora concorrentes com as imaginações nacionais vigentes. Nesse cenário, a institucionalização é confrontada por essas elaborações de várias maneiras. As narrativas institucionais são muitas vezes disputadas pela imprensa, por intelectuais, por políticos etc. Ou seja, a elaboração sobre a cultura nacional se relaciona com uma esfera pública ampliada (Habermas, 1989; Sennett, 1993), que se formata através de construções discursivas diferentes e diversificadas, com grande variação.

As instituições passam por mutações, ao longo do tempo, por uma interpelação dessa esfera pública. São marcadas, especialmente, pelas modificações do aparato político e de governo, o que é válido para variações colocadas pelo jogo eleitoral e pelas ditaduras pelas quais o país passou — também distintas entre si.

Ainda dando corpo a essa perspectiva dinâmica, deve-se destacar que as tecnologias de comunicação e o seu alargamento mais contemporâneo — primeiro com a televisão e, depois (de modo muitíssimo contundente), com a internet, que desafia a fórmula produtor-receptor — impuseram modificações primordiais para a maneira como as disputas acerca da cultura se efetivam.

Devemos ter em mente, portanto, que as instituições estatais não são as únicas agentes de elaboração cultural. Elas se modificam bastante com o tempo e apresentam diferentes posicionamentos de acordo com o cenário político institucional. E, ainda, que suas visões devem disputar com outras elaborações em volta da cultura feitas no que se poderia chamar de esfera pública, cujos contornos foram modificados intensamente com a internet e as redes sociais.

De qualquer modo, nas ações culturais organizadas pelo Estado — desde o século XIX, no exemplo do Brasil — se pode ver uma prospecção de país ancorada na defesa de modelos nacionais. Essas ações receberam, e recebem, diferentes nomes. Desde os anos 1960, vêm sendo chamadas de políticas culturais, e esse escopo conceitual serve tanto para orientar ações de governo como para sustentar reflexões sobre ações culturais. O termo "políticas culturais", dessa forma, serve para planejar ações específicas no escopo estatal e enquanto categoria de análise empregada para refletir sobre algumas ações políticas. Nesse último caso, a identificação como política cultural nem sempre é empregada pelos agentes das políticas em si, cabendo aos analistas essa classificação.

Diversas instituições estatais estiveram dedicadas, nesse período, ao tratamento da cultura no Brasil. Compreendo por institucionalização o processo em que certas práticas, cargos, funções, relações e temas passam a ser abarcados por um mesmo aparato organizacional, com um escopo temático reconhecível e delimitado — sendo, ainda, uma instância socialmente reconhecida como legítima no tratamento de um domínio definido de reflexão e intervenção.

Ao mesmo tempo, é a partir das instituições, mas não apenas, que se efetiva o tipo de "tratamento da cultura" do qual esse livro se ocupa. Existem, assim, com profundas variações históricas, arranjos institucionais que tratam da cultura nas suas múltiplas prescrições socialmente aceitas e usos. O duplo significado do verbo tratar ajuda a construir meu movimento metodológico. Por um lado, emprego-o com o sentido de cuidado, na definição das ações possíveis e aceitáveis, normalmente estabelecidas por uma relação hierárquica, na qual determinados agentes apontam os movimentos necessários a serem executados por outros. Por outro, utilizo-o no sentido de elaboração, no tratamento que é uma construção discursiva capaz de inscrever o campo em um jogo da verdade. Relacionado, portanto, a processos de veridicção, às "formas pelas quais se articulam, sobre um campo de coisas, discursos capazes de serem ditos verdadeiros ou falsos" (Foucault, 2006, p. 235). Nesse cenário, temos instituições estatais — cujos feixes de atuação, agentes e agências quase sempre ultrapassam a administração pública — que têm por função definir o que é a cultura nacional e criar mecanismos para sua perpetuação, aquisição e incorporação pelos indivíduos que com ela têm contato.

A partir dos anos 1960 vemos surgir na administração pública brasileira numerosos aparatos organizacionais incumbidos de gerir a cultura. Destacam-se, em plano federal, o Conselho Federal de Cultura (1966), a Embrafilme (1973), a Funarte (1975), e o Departamento de Assuntos Culturais (1973). Aqui, porém, as ações afeitas ao campo cultural eram perpetradas por agentes ainda dispersos na estrutura administrativa, vinculados a outras áreas, em especial a educação. Todas as instituições listadas, por sinal, eram vinculadas ao Ministério da Educação e Cultura (MEC). De qualquer modo, é nessa quadra histórica que o termo política cultural passa a se tornar corrente e, ainda, que se observa a "constituição de uma esfera pública na sociedade brasileira que envolveu a institucionalização dos meios artísticos e intelectuais, mesmo que esse processo tenha convivido contraditoriamente com um regime militar" (Ridenti, 2014, p. 238-9).

Poderia soar surpreendente que durante a ditadura militar tenha ocorrido um investimento sistemático da administração pública na criação de instituições culturais. Contudo, o interesse militar pelo mundo cultural era evidente, principalmente na questão da censura. O investimento estatal pode ser lido como um contraponto a esse momento: uma política de marca, apropriando-me de uma expressão de Miceli (1984), para atenuar a imagem desgastada do regime; e, de modo muito mais contundente, uma maneira de produzir elaborações e ações que construíssem a cultura com base na relação com as proposições nos moldes da doutrina da Segurança Nacional (Coimbra, 2000). As instituições culturais estatais, assim, ocupam um lugar contraditório, capaz de contribuir para importantes ações e servir ao regime como um contraponto ideológico controlado.

Essa posição, ainda, deve ser lida no mesmo esteio modernizante que impactou uma série de ações na administração pública por meio de um cenário de planejamento nos anos 1970. A primeira metade da década seria marcada, no campo da cultura, pela elaboração de "propostas programáticas mais abrangentes, mas com escassos efeitos, e o período subsequente se caracterizaria pela diversificação e redefinição dos temas relevantes, numa ótica mais operacional e cada vez mais propriamente política, e pela renovação institucional, iniciada pela criação da Funarte em 1975" (Cohn, 1984, p. 87). Dois documentos importantes ilustram essa perspectiva.

O primeiro, "Diretrizes para uma política nacional de cultura", foi lançado em 1973 pelo MEC, em parceria com o Conselho Federal de Cultural (CFC). Seguindo a leitura de Gabriel Cohn (1984), pode-se notar no texto uma visão de política cultural que pretendia unir as políticas de segurança e de desenvolvimento. Com ela, o Estado atuaria para a integração cultural do Brasil no seu processo desenvolvimentista — o que, segundo o documento, não deveria ser confundido com censura ou tutela. Uma contradição, portanto, como parte da ação estatal efetiva. A concepção de cultura que embasava essas proposições se sustentava nas manifestações do povo, de caráter nacional, num impulso generalista que diluía clivagens e diferenças estruturais. Essa concepção, porém, acaba sendo reduzida, já que a proposta se concentra apenas num conjunto de diretrizes do Governo Federal visando à preservação do patrimônio. Cohn identifica uma série de incoerências no documento — escrito para agradar tanto aos militares como aos tecnocratas do desenvolvimento —, que são interpretadas como indício das dificuldades que perpassaram a sua elaboração, marcada por pressões e tensões dentro do MEC e em outras instâncias federais. Esse ponto denunciaria a impossibilidade política, naquele momento, de elaborar uma proposta de política cultural integrada e coerente.

O segundo documento, "Política Nacional de Cultura", foi elaborado pelo MEC em 1975, com uma participação mais tímida do CFC. Fundamentos doutrinários semelhantes ao documento anterior são mantidos e desenvolvidos em condições políticas mais propícias, e estão bastante nuançados. Sua concepção de cultura postula que o desenvolvimento nacional não poderia ser visto apenas por uma perspectiva econômica, mas também social, e que a cultura desempenharia um papel central neste domínio. É possível observar a descrição de proposições mais efetivas, chegando a mencionar "formas de ação", mesmo que projetos em si não sejam estabelecidos.

A parte mais importante do documento, porém, é a maneira como descreve o papel dos agentes da administração pública na gestão da cultura. Ao MEC é atribuída a coordenação da ação do Estado na cultura, o que seria feito através de dois órgãos especializados: o Conselho Federal de Cultura, que teria caráter normativo e incentivador, e o Departamento de Assuntos Culturais (DAC), com atribuições executivas. Esse ponto é fundamental porque tira do CFC sua dimensão executiva, transformando-o em um órgão de feições consultivas. É a partir do DAC, então, que surgem componentes institucionais que comporiam o Ministério da Cultura.

Não por acaso, o conselho perde força no final dos anos 1970, com o anúncio do processo de redemocratização. Em nível federal, o crescimento da importância de Aloisio Magalhães — que se tornou secretário da Cultura em 1979, depois de ocupar o Centro Nacional de Referência Cultural-CNRC (Anastassakis, 2007, p. 47) — pode ser compreendido como um indício do desgaste do modelo de atuação estatal no campo da cultura previsto pela ditadura. Não seria errôneo atribuir a ele as elaborações fundamentais, especialmente aquelas calcadas numa perspectiva ampliada de cultura ligada a uma noção abrangente de bem cultural, que dariam subsídios para os modelos de política cultural aplicados da Nova República até a ruptura ensaiada por Michel Temer e efetivada por Jair Bolsonaro.

* * *

No início dos anos 1980, no âmbito da desarticulação da ditadura civil-militar, começam as articulações que levariam à criação do Ministério da Cultura. As eleições diretas para governadores em 1982 produziram gestões que tinham mais legitimidade política que o governo federal, ainda com um militar como titular. Foram fundadas numerosas secretarias de Cultura e seus titulares se organizaram num fórum, no qual uma das principais reivindicações seria a criação de uma pasta dedicada à cultura na estrutura federal, de modo que suas demandas de financiamento pudessem ser melhor recebidas e atendidas.

Em 1985, já com o primeiro presidente civil desde os anos 1960, o Ministério da Cultura é criado. Para além da articulação política feita pelo Fórum de Secretários de Cultura, é importante levar em conta o cenário ampliado da redemocratização. Meu argumento, que será detalhado no primeiro capítulo, é de que nesse momento a cultura passa a ser compreendida como um direito e, com isso, um Ministério da Cultura se torna possível.

A criação do ministério, porém, não produziu de imediato uma instância organizacional eficaz, devendo ser compreendida como uma conjunção de instituições já existentes. Uma modificação mais efetiva, no entanto, só foi possibilitada pela criação das Leis Federais de Incentivo à Cultura — a Lei Sarney, de 1986, posteriormente transformada na Lei Rouanet, em 1991. Elas produziram uma rotina administrativa MinC e, ao mesmo tempo, fizeram com que o ministério tivesse um volume de recursos muito maior sob sua responsabilidade. Apesar de os financiamentos previstos via leis de incentivo serem parte do orçamento do órgão, isso não significava que ele fosse o responsável pela seleção dos projetos para recepção de financiamento. Assim, formou-se uma conjuntura na qual a iniciativa privada, através do patrocínio com renúncia fiscal, define os principais investimentos em cultura no país. Há, portanto, uma simbiose singular entre os esforços da administração pública e da iniciativa privada, em processos que podem ser compreendidos como de formação do Estado. Essas proposições ocupam o segundo capítulo do livro.

Tal modelo de política cultural foi implementado por Celso Furtado. Sua transformação numa ferramenta de enorme significado no mercado cultural — com abrangência de recursos e linguagens — deu-se, porém, na gestão de Francisco Weffort no Ministério da

Cultura, durante os mandatos de Fernando Henrique Cardoso. A centralidade da iniciativa privada no modelo foi muitas vezes criticada. Com ele, várias empresas utilizaram-se de recursos públicos para ações de marketing por meio de grandes fundações controladas por elas próprias. Gilberto Gil assumiu o ministério com a proposta de rever essa modalidade de incentivo. Apesar de inúmeras iniciativas que procuram descentralizar os financiamentos feitos pelo MinC, Gil não revê sistematicamente a Lei Rouanet. Se, como dito, são esses três ministros que consolidam o modelo de política cultural da Nova República, é necessário mirar criticamente para suas proposições, como faço no terceiro capítulo deste livro.

É característica desse período uma confluência entre as elaborações produzidas a partir da administração pública e aquelas oriundas da universidade e de outras instituições de reflexão, o que indica uma circulação direta de indivíduos entre essas esferas. O estabelecimento de uma noção de política cultural, assim, torna-se vetor de organização do campo cultural em sua relação com a administração pública. Isso não quer dizer, contudo, que não haja disputas em torno de sua conceituação; mas vê-se surgir de modo mais contundente a noção de política cultural como política pública de cultura. No quarto capítulo, apresento algumas estratégias para a definição do termo.

Esse aparato institucional e conceitual acerca das políticas culturais a partir do final da década de 1980 é historicamente singular. Uma forma de tornar essa interpretação explícita é analisar o cenário imediatamente anterior à emersão da noção de política cultural como política pública. No quinto capítulo, eu faço esse exercício produzindo uma mirada crítica para diferentes abordagens da relação entre Estado e cultura. Utilizo, nesse exercício, fontes textuais produzidas por indivíduos em situações institucionais distintas.

Nos anos 2000, as políticas culturais como políticas públicas parecem ganhar o debate acerca das ações estatais para o campo cultural. Meu argumento, desenvolvido no sexto capítulo, é de que elas devem ser lidas como uma categoria nativa, cujo uso está conectado à necessidade de estabelecer rupturas. Com isso, o uso do termo se torna uma marca do período em que Gilberto Gil ocupou o Ministério da Cultura. Mais do que os moldes de atuação com base nos marcos de planejamento público, o que estava em jogo era a delimitação de uma nova ordem discursiva. Devemos considerar os enormes avanços produzidos na gestão de Gil, na qual se observou a construção de políticas públicas ancoradas numa perspectiva democratizante e diversa — a permanência das leis de incentivo como retentora maior de recursos também não deve ser apagada. Afirmar-se como política pública de cultura parece ser estratégia para tornar opaco esse último ponto.

A eficácia do modelo de política cultural, ancorado no entendimento da cultura como direito, se deu pela habilidade no uso de elaborações em torno da história, de noções de Brasil e de cultura que já tinham uma presença no ideário nacional. Ocorrem, como mostro no capítulo 7, diferentes organizações em volta desses mesmos recursos discursivos no período que concerne ao livro. Isso quer dizer que há semelhanças importantes nas elaborações e que as justificativas das ações das políticas culturais entre 1985 e 2016 tinham argumentos correlatos, ainda que para ações bastante distintas.

Por último, é necessário compreendermos como essa estrutura composta pela compreensão democrática e cidadã das políticas culturais vem sendo desmontada pelo mandato de Bolsonaro. Na minha perspectiva, o cenário de desmonte está sendo delimitado desde a gestão de Michel Temer, quando ele tentou extinguir o MinC, o que só não ocorreu por causa de intensas manifestações públicas. De qualquer modo, neste governo se produz uma míngua de recursos para a pasta, gerando a desarticulação relativa de programas fundamentais.

* * *

Olavo de Carvalho, uma das figuras que amparam discursivamente o bolsonarismo, deu uma explicação própria para o vídeo de

Roberto Alvim com feições nazistas. Segundo ele, um funcionário "comunopetista" infiltrado teria escrito o texto lido pelo secretário e, posteriormente, vazado para imprensa a semelhança com o discurso de Goebbels[6].

Sua argumentação segue informando que funcionários públicos de esquerda são comuns nas repartições públicas, o que se deveria a um incentivo das organizações comunistas para que seus adeptos se infiltrassem no Estado. A óbvia fragilidade da interpretação, cuja incongruência começa na inconsequência que seria deixar um servidor 'qualquer' escrever um discurso de grande importância, parece não importar para seus adeptos. Percorrendo os comentários do vídeo, nota-se uma clara adesão à ideia — amparados muito mais na eloquência com que Carvalho fala, e numa adesão prévia a qualquer emissão de sua parte, do que na razoabilidade da tese.

Episódios como o discurso de Alvim — em que fatos de grande gravidade acabam por incentivar posicionamentos públicos que, muitas vezes, pautam a esquerda — são comuns no governo Bolsonaro. Tratam-se de bombas semióticas, para usar uma expressão de Leirner (2020), que fazem parte de uma espécie de guerra híbrida. Nesse tipo de guerra, produz-se uma sensação permanente de insegurança através de estratégias de desestabilização dos adversários. Delineia-se um inimigo de modo mais discursivo do que concreto e, a partir do convencimento de que é ameaçador, torna-se cabível a tomada de medidas enérgicas — mesmo que não sejam democráticas.

A pronta demissão do secretário, anunciada por Bolsonaro em um post no Twitter, o coloca como gestor do caos que, obviamente, ele mesmo ajudou a produzir. Na guerra híbrida, Bolsonaro deve oscilar entre a energia para tomar decisões impopulares e a temperança de reconhecer "excessos". Trata-se, portanto, de uma estratégia com um duplo fim: convencer os aliados de que há uma guerra efetiva, com um inimigo ameaçador, e induzir o

---

6 Disponível em: https://www.youtube.com/watch?v=DjCeKJH4qzs. Acesso em: 07/02/2021.

posicionamento dos oponentes de esquerda ao redor de eventos criados pelo bolsonarismo. Em ambos os casos, consegue-se com maior facilidade produzir as medidas que parecem ser o real interesse do movimento: uma construção econômica ultraneoliberal ladeada pela adesão a valores conservadores.

Meu argumento, assim, é de que se a questão neoliberal é presença constante desde finais dos anos 1980 no país (Paulani, 2006), o que se tem hoje é uma intensificação ultraneoliberal, que "opera mediante uma fraca discussão da população sobre a formulação e realização da política, reprimindo e/ou burocratizando a participação popular nos processos democráticos e vendendo-se ideologia como ideias, por meio de altos custos com publicidade, marketing e mídia digital, de que as práticas ultraneoliberais da privatização total, inclusive da cidade, não tem problemas ou repercussões maiores no futuro" (Prietro e Laczinski, 2020, p. 248). O bolsonarismo no campo cultural tem dois interesses. O primeiro, que pontua toda a sua estratégia de governo, é a adesão aos preceitos ultraneoliberais; o segundo é a encenação da guerra híbrida, de modo que seu mandato possa ser avalizado pela régua moralista que parece ser a preocupação de seu eleitorado mais fiel.

Nesse sentido, as políticas culturais do Partido dos Trabalhadores (PT) representam aquilo que a ideologia bolsonarista busca combater: o respeito à diferença e o incentivo a práticas culturais diversas e à participação efetiva das populações — segmentadas por gênero, raça, etnia e classe — no processo de construção participativo das políticas públicas para a cultura. Combater as políticas do PT no plano cultural é uma ótima maneira de encenar a guerra que seus eleitores, avidamente, parecem desejar. Constrói-se uma arena para produzir um combate à inserção e à visibilização de populações que nunca estiveram no elitizado jogo da cultura antes de 2002. O direito à cultura, assim, passa a ser negado por um desejo profundo de eliminar a diferença.

Tais argumentos ocupam o último capítulo do livro, onde apresento o início do processo de desmonte do MinC no Governo Temer;

o jogo eleitoral de 2018, no qual se antevia o léxico do bolsonarismo e seus interesses; e, finalmente, a atuação do presidente eleito, quando rebaixa o ministério à posição de secretaria, ligada ao Ministério da Cidadania e, depois, ao Ministério do Turismo.

* * *

Este livro foi baseado em pesquisas que vêm sendo realizadas desde 2010. Seu subsídio principal é a minha tese de doutorado em antropologia, defendida em 2014 no Museu Nacional da Universidade Federal do Rio de Janeiro (UFRJ), com orientação do professor Antonio Carlos de Souza Lima. O texto apresentado está contido nesse livro de forma muitíssimo editada e foi complementado por trabalhos posteriores. Agradeço à CAPES pela bolsa de estudos no país e pela bolsa de doutorado sanduíche que me permitiu desenvolver parte da pesquisa na Universidade de Nova York, com supervisão da professora Arlene Dávila, a quem também gostaria de agradecer.

Parte das análises que fizeram com que a pesquisa doutoral pudesse ser revista num sentido crítico foram produzidas durante o pós-doutorado realizado na Universidade de São Paulo com financiamento da FAPESP (processo nº 14/13635-7) e supervisão da professora Lilia Schwarcz. A Lili gostaria de agradecer pela acolhida no seu grupo de pesquisa. Nela, além de uma amiga, reconheço profissional séria e atenciosa, que não perde de vista a afetividade e o comprometimento político.

Também com financiamentos da FAPESP, pude realizar estágios pós-doutorais na EHESS de Paris (processo nº 15/17744-8), onde fui supervisionado pelo professor Benoît de L'Estoile, e no ICS da Universidade de Lisboa (processo nº 17/23638-1), com supervisão da professora Cristiana Bastos. Gostaria de prestar minha gratidão a ambos os professores pela receptividade.

No último período de escrita e pesquisa, estive vinculado novamente ao PPGAS do Museu Nacional e sob supervisão de Antonio

Carlos de Souza Lima, através da bolsa de pós-doutorado nota 10 da FAPERJ (processo nº E-26/202.365/2018). Parte dos recursos de bancada desse financiamento foi utilizada para viabilizar essa publicação (processo nº E-26/202.366/2018).

Tive a sorte, ainda, de encontrar pessoas generosas e parceiras nos dez anos de pesquisa e escrita desse livro. Correndo o risco de esquecer nomes importantes, gostaria de agradecer aos colegas, familiares, amigos e amores que estiveram comigo nos últimos tempos: Adriana Facina, Adriana Vianna, Agustín Arosteguy, Aline Maragalhães, Aline Portilho, Ana Adão, Ana Lucia Enne, Ana Lucia Gonçalves, Ana Paula Gonçalves, Anderson Lima da Silva, André Rodrigues, Andressa Lacerda, Anne Medeiros, Antía Vilela Díaz, Aryane Gonçalves Dias, Bruna Latini, Carolina Castellitti, Cecília Olliveira, Clarice Magalhães, Dalva Santos, Déia Gonçalves Dias, Eduardo Liron, Fabiana Gomes, Felipe Amorim, Fernanda Gomes, Fernanda Gonçalves Dias, Gilberto Velho, Gilberto Vieira, Isis Martins, Jorge Barbosa, Josefa Gomes, Laura Navallo, Laurita Licerre, Leandro Vitullo, Lucia Basto, Luiz Antônio Farina, Luiz Antônio Oliveira, Luiz Augusto Rodrigues, Luiz Bustamante, Luiz Fernando Dias Duarte, Lygia Sigaud, Maria Cristina Rocha, Marianna Araujo, Mariza Peirano, Michele Redondo, Michelle Henriques, Moacir Palmeira, Monique Carvalho, Nalva Aleixo, Natalia von Korsch, Patrícia Oliveira, Pedro Dotto, Priscila Seixas, Raquel Sant'Ana, Renata Menezes, Rodrigo Nascimento, Sandra Oliveira e Vitor Castro.

Fê esteve comigo nos anos em que fiz essa pesquisa; foi também graças ao seu companheirismo e afeto que este trabalho se concretizou. Terminar um livro nesse caótico 2020 teria sido impossível não fosse a presença constante des amigues Antonie, Andriane e Raquele. Eduarrdo ouviu lamúrias e pequenas vitórias intelectuais com a mesma paciência; repito, aqui, a frase que sintetiza nossa interlocução: "Eu também!". Deinha, minha mãe, foi companheira exemplar de pandemia e acompanhou — mais de perto do que o recomendável — a finalização do texto. Sem seu apoio e afeto nenhum dos caminhos que fizeram este livro teriam sido percorridos.

CAPÍTULO 1

Institucionalização das políticas culturais no Brasil contemporâneo: a criação do Ministério da Cultura e a perspectiva para a cultura como direito

A criação do Ministério da Cultura, em 1985, é um acontecimento central no campo das políticas culturais no Brasil contemporâneo. A partir dele, uma série de mecanismos de atuação se sedimentou, dando centralidade para certa noção de política cultural, ainda que tenham ocorrido variações ao longo das sucessivas gestões de presidentes e ministros desde o final do processo de redemocratização.

Esse acontecimento rearticulou um processo que teve sua solidez disputada, visível tanto nas construções de novas esferas de organização na administração pública como na sua dissolução. A institucionalidade das políticas culturais não se dava apenas no MinC, com sua vertente executiva, ou em seus equivalentes nos planos municipal e estadual. Mas num encadeamento complexo que, com base em diversos mecanismos — como rotinas administrativas, marcos legais, marketing cultural e conhecimento em moldes científicos—, une agentes e agências socialmente legitimados para o tratamento das políticas culturais.

O surgimento do ministério deve ser pensado com base em suas condições de possibilidade mais diretas, centradas nos órgãos responsáveis pela "cultura" na administração pública federal dos anos 1980, e das grandes transformações pelas quais o país passava.

Um aspecto discursivo fundamental para a existência do MinC é o entendimento da cultura como um direito, observado nesse período. O tema dos direitos, não somente os culturais, ganha enorme relevância na redemocratização, e é nessa conjuntura que o novo ministério pode ser lido como uma das mudanças que marcaram a passagem à democracia[7]. Meu argumento é de que não é a partir do MinC que se compreende a cultura como direito, mas porque a cultura passa a ser vista como um direito que um Ministério da Cultura, no momento em que foi criado, é possível. O mesmo pensamento servirá para embasar a análise de sua posterior dissolução. Esse passo pode ser lido como um dos necessários marcos, em múltiplas esferas, para produzir a democratização.

O primeiro esforço deste capítulo é descrever as problematizações acerca da constituição do Ministério da Cultura, em 1985. Inicialmente, serão apresentadas algumas interpretações sobre o fato, mostrando como enfatizam determinados aspectos desse processo, que podem ser complementados com um esforço analítico maior. Mais à frente, a discussão será conectada ao tratamento da cultura como direito, tendo como perspectiva sua inserção num cenário marcado por uma retórica de mudanças. Essa temática esteve presente em inúmeros debates, mas aqui será enfatizado como ela se apresentou na Assembleia Nacional Constituinte e na Constituição Federal.

---

7 Seguimos a proposta de periodização do historiador Daniel Aarão Reis, que considera que a ditadura brasileira se deu entre os anos de 1964 e 1979, sendo seguida, até 1988, por um processo de redemocratização (2014).

A criação do Ministério da Cultura e suas implicações

A necessidade de um Ministério da Cultura para o Brasil foi um tema debatido nas décadas que precederam os anos 1980. Matéria publicada em 23 de dezembro de 1935 no jornal O Globo discutia a reforma do Ministério da Educação, em debate na Câmara dos Deputados. Seu título, "O Futuro Ministério da Cultura", indicava a principal modificação proposta. Segundo a reportagem, a inesperada presença do ministro Gustavo Capanema na sessão teria feito com que a discussão não fosse levada adiante.

A questão da criação de um Ministério da Cultura, contudo, se acirrava. Em 30 de dezembro de 1936, a Câmara, reunida em uma sessão noturna extraordinária — possivelmente por conta do estado de guerra —, votaria a reforma do então Ministério da Educação, que passaria a se chamar Ministério da Cultura Nacional, inspirado pelo Ministério da Cultura Popular italiano. Entre as ações centrais do "novo" órgão estava a construção da Cidade Universitária e do Instituto Cayrú, que teria como responsabilidade a elaboração de uma enciclopédia brasileira.

Na década de 1930, o modelo a ser reproduzido era o da Itália de Mussolini, num debate nacionalista com características fascistas. A ênfase para dimensão cultural pode ser explicada exatamente pela necessidade do trabalho do Estado para dar feições à nação[8]. O que é significativo desse episódio, porém, é que o possível Ministério não estava no mesmo registro das políticas patrimonialistas que inaugurariam, segundo certas historiografias, as políticas culturais no Brasil — em 1937, com a criação do Serviço do Patrimônio Histórico Nacional (SPHAN) — e menos ainda com o Ministério que foi efetivamente criado em 1985.

---

8 Se esse exemplo parece um tanto extremo, há que se destacar as inúmeras ações do Estado Novo no campo cultural, constituindo, nas palavras de Angela de Castro Gomes, toda uma "engenharia social ideológica" (1996, p. 22).

Jânio Quadros, na década de 1960, também pretendia criar um ministério dedicado à cultura. Ainda na campanha presidencial, afirmou:

> Estou certo de que um país sem independência econômica é um país sem liberdade e um país sem liberdade é um país sem cultura. Nenhum político, nenhum administrador poderá prescindir da efetiva colaboração daqueles que com obras de arte, literatura e ciência, revelam ao mundo a fisionomia espiritual da Nação. Creio ser necessária e urgente a criação do Ministério da Cultura, ao qual estejam afeitos todos os problemas relativos à defesa e ao desenvolvimento autônomo e democrático da cultura nacional (O Globo, 06/09/1960, p. 6).

Eleito, Jânio cria em 1961 o Conselho Nacional de Cultura — com a intenção de que seu desenvolvimento pudesse desenhar um ministério para a área (O Globo, 23/02/1961) —, mas deixa o cargo apenas seis meses depois de ter assumido. Seu Ministério da Cultura prometia contornos relativamente distintos, assim como o próprio presidente deveria ser considerado em sua complexidade, já que, segundo Daniel Aarão Reis,

> fugia de classificações rigorosas. Adotava o pensamento econômico conservador mas, nas relações internacionais, aproximava-se das esquerdas: restabelecimento de relações com o campo socialista, defesa da Revolução Cubana, admiração pelo nacionalismo árabe. Além disso, apresentava-se como *outsider*. Seu carisma empolgava: um homem comum em luta contra os poderosos, "o tostão contra o milhão" (2014, p. 76).

Retomando sua fala sobre o Ministério, contudo, persiste a menção ao nacionalismo, mas a maneira como a cultura é mobilizada, como indício de liberdade e democracia, é certamente discordante do quadro observado nos anos 1930. A dimensão cultural passa a ser pensada junto à independência econômica e ao desenvolvimento, sendo esses dois últimos pontos temas nodais na década de 1960, especialmente como indícios de diferenciação com os governos de Vargas. O nacionalismo ganha feições liberais.

Já no período ditatorial, em 1968, na gestão de Artur da Costa e Silva, o presidente do recém-criado Conselho Federal de Cultura (CFC)[9], Josué Montello, informava a O Globo que o Ministério da Cultura não demoraria a ser criado:

> Não tenho dúvidas de que as providências que estão sendo tomadas terminarão um dia por dotar o País de seu Ministério da Cultura. Os que presumem ser prematura essa cogitação, ou não conhecem os problemas da pasta da Educação e Cultura na sua extrema e crescente complexidade, ou não sabem o que a cultura, na implantação de um sistema próprio, poderá significar para o Brasil como nação democrática (O Globo, 06/02/1968, p. 20).

Nesse caso, um intelectual respeitado à época[10], integrante da Academia Brasileira de Letras (ABL), ocupava um dos cargos mais importantes no âmbito cultural da administração pública federal, o CFC — cujo formato complexo abarcava funções executivas. Aqui, o ministério já começava a ser explicado como uma necessidade administrativa, sem que fosse deixada de lado a importância da cultura para a construção de uma nação democrática. O singular é que a menção à democracia tenha sido feita num dos anos mais emblemáticos da ditadura militar.

---

9 Sobre o Conselho Federal de Cultura, criado em 1966, ver Quintella (1984), Calabre (2006) e Maia (2012).

10 Josué Montello (1917-2006) teve uma atuação importante no cenário cultural brasileiro. Foi diretor da Biblioteca Nacional; diretor do Museu Histórico Nacional; fundador e diretor do Museu da República, no Palácio do Catete; reitor da Universidade Federal do Maranhão; embaixador do Brasil junto à Unesco e presidente da ABL. Atuou, ainda, como professor de biblioteconomia e de estudos brasileiros em universidades nacionais e estrangeiras.

Temos, portanto, três momentos em que o desenvolvimento de um Ministério da Cultura se inscrevia em situações distintas, mas que poderiam ser analisados por sua proposta de atuação com o "nacionalismo como política de Estado" (Castro Faria, 1995, p. 32).

Nas conjecturas anteriores é notável a forma como um futuro ministério se liga a questões políticas e culturais mais amplas. É partindo dessa constatação que se pretende analisar a criação do MinC, em 1985, como um acontecimento. Levando em consideração sua conexão com os temas mais abrangentes no entorno desse processo — e se é possível inseri-lo num contexto de nacionalismo —, é importante mostrar como há muitas possibilidades de mobilizar um discurso nacionalista.

O Decreto nº 91.144, de 15 de março de 1985, que cria o MinC, o faz com base em quatro premissas:

> CONSIDERANDO que o crescimento econômico e demográfico do País, a expansão da rede escolar e universitária, a complexidade cada vez maior dos problemas ligados à política educacional, nas suas diferentes funções no desenvolvimento nacional, bem como o enriquecimento da cultura nacional, decorrente da integração crescente entre as diversas regiões brasileiras e da multiplicação das iniciativas de valor cultural, tornaram a estrutura orgânica do Ministério da Educação e Cultura incapaz de cumprir, simultaneamente, as exigências dos dois campos de sua competência na atualidade brasileira;
>
> CONSIDERANDO que a transformação substancial ocorrida nas últimas décadas, tanto com os assuntos educacionais quanto com os assuntos culturais, tem suscitado, em relação às duas áreas, a necessidade de métodos, técnicas e instrumentos diversificados de reflexão e administração, e tem exigido políticas específicas bem caracterizadas, a reclamarem o desmembramento da atual estrutura unitária em dois ministérios autônomos;
>
> CONSIDERANDO que os assuntos ligados à cultura nunca puderam ser objeto de uma política mais consistente, eis que a vastidão da problemática educacional atraiu sempre a atenção preferencial do Ministério; e

> CONSIDERANDO que a situação atual do Brasil não pode mais prescindir de uma política nacional de cultura, consistente com os novos tempos e com o desenvolvimento já alcançado pelo País.
>
> [cria-se o Ministério da Cultura]

Tais considerações ajudam a interpretar como o surgimento do MinC se pauta pelo momento vivido pelo país. O primeiro aspecto que a justificaria seria o desenvolvimento — alcançado e por vir — experimentado pelo Brasil, que teria por consequência o enriquecimento cultural, por um lado, e a complexificação das questões que gravitam em torno da educação, por outro. Seria preciso criar instituições que pudessem dar conta das novas necessidades dessas áreas, pautando um desenvolvimento a elas consonante. Esse ponto explica o novo ministério como uma mudança no projeto da administração pública, enquanto mecanismo de planejamento.

Um aspecto central desse quadro, em continuidade, viria a partir das transformações no plano cultural, que teriam ocorrido com a interação entre as diversas regiões do país, entrevendo uma noção de cultura que se faz como síntese e que deve, nesse curso, ser capaz de consolidar o Brasil como nação. É a premissa que permitiria implementar uma política federal de cultura que tivesse como alvo o país como um todo.

O texto legal traz alguns dos marcos que justificaram a criação do MinC, mas será necessário compreender como outros aspectos podem colaborar para seu entendimento. Em trabalho que tem como escopo as políticas culturais no MEC dos anos 1930 até os anos 1990, Poerner contribui para isso. Uma das suas frentes de análise é a atuação do Fórum de Secretários Estaduais de Cultura, criado em 1983[11], que teria sido um dos principais articuladores de um ministério exclusivamente dedicado ao setor.

---

11 É importante mencionar que os governadores voltaram a ser eleitos com voto direto em 1982, ao passo que o presidente ainda era um militar.

Eleito governador de Minas Gerais, Tancredo Neves criou uma Secretaria de Cultura, assumida por José Aparecido de Oliveira. Assim que se tornou secretário, José Aparecido convocou uma reunião com os titulares de pastas da mesma natureza do Paraná, Rio de Janeiro e São Paulo, além de Afonso Arinos de Melo Franco; e Robert Richard, embaixador da França no Brasil.

> Foi desta reunião, segundo ele [José Aparecido], que partiu "o primeiro grito de alerta em torno dos problemas da identidade brasileira", assim como a ideia de se organizar um Fórum Nacional de Secretários de Cultura, como "instrumento permanente de mobilização de recursos e de vontades para um programa nacional de trabalho, cuja meta-síntese era a criação do Ministério da Cultura" (Poerner, 1997, p. 40).

Nas reuniões do fórum, as propostas oscilavam entre o respeito às unidades da federação, e sua autonomia relativa capaz de fomentar o regionalismo, e a atuação conjunta na direção de criar uma política cultural unificada, que pudesse escoar recursos do governo federal para os estados. Esse último tópico seria facilitado, na perspectiva dos secretários, caso houvesse um Ministério da Cultura.

Se a reivindicação pela criação do MinC foi o ponto aglutinador do fórum desde seu início, ela se tornou ainda mais expressiva ao longo de 1984, quando obteve o apoio de outras instituições.

> A mobilização nacional com vistas à criação do Ministério da Cultura adquiriu maior amplitude no Fórum de São Luís [ocorrido em junho de 1984], que solicitou para os esforços nesse sentido a solidariedade de associações, sindicatos e entidades da área cultural, como a Associação Brasileira de Emissoras de Rádio e Televisão (ABERT) e a Ordem dos Advogados do Brasil (OAB). Os secretários-gerais do Partido do Movimento Democrático Brasileiro (PMDB), senador Affonso Camargo, e do Partido Democrático Social (PDS), deputado federal Homero Santos, foram informados, por sua vez, das expectativas do encontro de que os candidatos

> à Presidência da República assumissem o compromisso de viabilizar, como primeiro ato de governo, a criação do Ministério da Cultura (Poerner, 1997, p. 48).

Amplia-se, assim, uma rede de interesses que se descortinava em todo o país. O Fórum de Secretários deve ser pensado como um mecanismo eficaz de dispersão, onde a representatividade enquanto questão nacional é calcada na sua abrangência territorial. Além disso, num cenário de redemocratização, pesa o fato dos governadores estaduais terem sido eleitos diretamente. Suas posições eram sustentadas por um regime democrático legítimo, o que não era ainda observado plenamente na esfera federal.

Os esforços do fórum obtiveram sucesso. Em março de 1985, já cientes de que o MinC seria criado, os participantes se reuniram e, segundo Poerner, a

> satisfação reinante na instalação do encontro [de março de 1985 que] se traduziu em moção de apoio e aplauso ao presidente eleito Tancredo Neves (...) e num documento intitulado Carta de Goiás. Este definia, após "tantos anos de marginalização da cultura, como instrumento indispensável da participação do povo na fixação dos rumos do País", quais "as premissas políticas sobre as quais se deverá desenvolver o projeto cultural do Estado democrático": liberdade de criação, defesa das raízes da identidade brasileira e democratização dos meios de comunicação de massa (Poerner, 1997, p. 51).

Isaura Botelho[12] também enfatiza a importância da mobilização do Fórum de Secretários e a atuação de José Aparecido até que fosse efetivamente criado o MinC. Ela acrescenta, porém, duas

---

12 As informações apresentadas são oriundas da tese de doutorado da autora, "Por artes da memória: a crônica de uma instituição - FUNARTE", defendida em 1996 na Escola de Comunicação e Artes da Universidade de São Paulo, sob orientação de Teixeira Coelho. O trabalho foi publicado pela Fundação Casa de Rui Barbosa, em 2001, com o título "Romance de Formação: Funarte e Política Cultural - 1976-1990".

interpretações para as intenções do deputado mineiro: a primeira se relacionava a uma tentativa de se manter em evidência no processo de desenho da gestão federal no panorama das eleições diretas — seu objetivo seria a chefia da Casa Civil. A segunda seria assumir o Ministério da Cultura quando de sua criação, o que realmente ocorreu, tendo sido indicado por Tancredo para o cargo. Além disso, a autora salienta que parte significativa dos servidores do MEC era contra um órgão exclusivo para a cultura, pois tinha medo de perder peso político com o desmembramento.

Lia Calabre, por sua vez, retoma a criação do Ministério em livro de 2009, *Políticas culturais no Brasil: dos anos 1930 ao século XXI*, que procura estudar "o olhar do Estado sobre a cultura como uma área que deva ser tratada sob a ótica das políticas públicas" (Calabre, 2009, p. 9). Suas observações são devedoras de Poerner e Botelho, sendo esta última amplamente citada. Nota-se uma preferência por uma descrição mais diretamente focada na sucessão de eventos. A criação do MinC é tratada da seguinte maneira:

> Uma das posições defendidas pelo Fórum de Secretários de Cultura era a criação do Ministério da Cultura, tema sem apoio por parte dos funcionários e dos técnicos da área de cultura do MEC, que temiam pela fragilidade da área. A problemática da criação de um ministério específico para cultura havia sido muito debatida e defendida pelo Conselho Federal de Cultura na década de 1970, que também incentivava os estados e municípios a criarem estruturas autônomas.
>
> Com a chegada da Nova República, a eleição indireta de Tancredo Neves — que faleceu antes de exercer o cargo de presidente da República — e sua substituição por José Sarney, ocorreram mudanças. Por meio do Decreto nº 91.144, em 15 de março de 1985, o governo criou o Ministério da Cultura (Calabre, 2009, p. 99).

Tanto Poerner quanto Botelho e Calabre trazem informações importantes para a compreensão da criação do MinC. Calabre a insere em desdobramentos da gestão da cultura na administração pública desde finais da década de 1970, que teriam se radicalizado no processo de redemocratização, quando eram necessárias estruturas que rompessem com a herança da ditadura. Já Botelho e Poerner usam elementos centrais para entender o processo pelos seus agentes, com várias dessas informações sendo acessíveis somente para pessoas inseridas no contexto — como ambos estiveram.

Essas questões mostram parte das articulações e relações em torno do surgimento do ministério, mas é preciso inseri-las num contexto mais abrangente que possa ajudar na compreensão de sua eficácia. Ou seja, o MinC não pode ser explicado somente pela capacidade de articulação de José Aparecido, mesmo que, provavelmente, não ocorresse sem a intervenção de um político hábil como ele. Mas há de se pensar como os argumentos utilizados para a constituição do ministério se conectavam a outros ideais, gravitando ao redor das esferas de poder que construíram a passagem para a democracia.

Nesse sentido, a criação do MinC tem um duplo efeito. De um lado, não era cabível na imaginação de nação democrática daquele momento não ter um órgão estatal dedicado aos cuidados da cultura — exatamente porque esse era um campo em que o governo ditatorial se fazia sentir através da censura. De outro, dando forma a esse cenário, a cultura passa a ser versada como um direito.

Era necessário um aparato discursivo capaz de fazer a passagem de um Brasil que vivia sob um regime ditatorial para um país democrático, o que pode ser observado em outras áreas e encontra-se largamente presente na constituinte, como veremos a seguir. O Ministério da Cultura pode ser pensado como uma das (muitas) ações que tentaram produzir a passagem para a democracia.

A cultura como direito na criação de um país democrático

Em matéria intitulada "Aparecido quer implantar a Democracia da Cultura", publicada em O Globo em 1985, o recém-empossado ministro José Aparecido expõe as concepções norteadoras da atuação de sua pasta e dá pistas de como "Estado" e "cultura" poderiam ser conectados.

Uma preocupação de José Aparecido era financiar as atividades do setor por meio de um ministério ativo; sem que para isso houvesse uma interferência efetiva do governo nas manifestações culturais. Esse ponto é central para a afirmação da importância do MinC, assim como do que se esperava do Estado com a superação do regime ditatorial em relação às atividades culturais. Mesmo que tenham ocorrido alguns importantes processos institucionais durante o regime militar, o que era marca da atuação do governo no campo cultural e estava muitíssimo presente tanto no processo de escrita da Constituição como nos aspectos que operavam a administração pública da cultura na redemocratização era a repressão do regime, que impedia a expressão individual, artística e estética — sem que houvesse uma interferência do Estado com relação ao "conteúdo" do que era produzido. Foi nesse contexto que José Aparecido pôde fazer as seguintes afirmações:

> O controle do Estado, em todos os setores e especificamente o da Cultura, será feito por mecanismos de representação política e estamos caminhando para a Assembleia Nacional Constituinte.
>
> Fazer definição dos objetivos do Ministério da Cultura é um exercício de poder, Cultura só se desenvolve com a liberdade criadora dos grupos e das coletividades.
>
> O Estado tem o dever de proteger a Cultura. O País tem que ampliar essa fronteira social até que a Cultura deixe de ser um privilégio. Queremos a democracia da Cultura, não devemos

ficar com medo se há regimes políticos que transformaram a Cultura em canteiro de suas ideias. Tancredo foi eleito com a benção do povo. O Brasil está reaprendendo a conviver com a liberdade, e tenho a humildade de saber que não vim para ensinar, mas para aprender (O Globo, 24/03/1985, p. 10).

Nota-se nas falas de José Aparecido preocupações que inscrevem seu ministério na redemocratização. A dimensão da liberdade em contraposição à atuação do Estado é uma das questões mais centrais e, ao que parece, a que estaria mais próxima de uma democracia cultural. Um indício de que a discussão dos direitos culturais seria mais ampla e o MinC uma das suas consequências (e não o contrário), é a menção, pelo ministro, de aspectos que não chegaram a ser totalmente regulados pela pasta — o melhor exemplo sendo a "política cultural indígena"[13].

O próprio Ministério da Cultura pode ser pensado como um dos passos estabelecidos por uma visão mais extensa, que se tornou dominante ao longo da década de 1980, de que o modelo de atuação estatal na área (principalmente na sua expressão repressiva) deveria ser repensado. Um agente estatal que pudesse, se não arregimentar efetivamente, ser uma instância de afirmação simbólica desse processo se tornava possível.

Um outro indício fundamental da compreensão da cultura como direito foi a redação dada ao tema na Constituição de 1988[14]:

> Art. 215. O Estado garantirá a todos o pleno exercício dos direitos culturais e acesso às fontes da cultura nacional, e apoiará e incentivará a valorização e a difusão das manifestações culturais.

---

13 Essa possibilidade já havia sido aventada: segundo Joaquim Falcão, a noção abrangente de bens culturais de Aloísio Magalhães levou-o a propor inúmeras vezes a incorporação da FUNAI pelo Ministério da Educação e Cultura (Falcão, Joaquim. A Política Cultural de Aloísio Magalhães. In: Magalhães, Aloísio. E Triunfo?. p. 19).

14 Foram suprimidas as alterações instauradas por emendas constitucionais nos anos 2000.

§ 1º - O Estado protegerá as manifestações das culturas populares, indígenas e afro-brasileiras, e das de outros grupos participantes do processo civilizatório nacional.

§ 2º - A lei disporá sobre a fixação de datas comemorativas de alta significação para os diferentes segmentos étnicos nacionais.

Art. 216. Constituem patrimônio cultural brasileiro os bens de natureza material e imaterial, tomados individualmente ou em conjunto, portadores de referência à identidade, à ação, à memória dos diferentes grupos formadores da sociedade brasileira, nos quais se incluem:

I - as formas de expressão;

II - os modos de criar, fazer e viver;

III - as criações científicas, artísticas e tecnológicas;

IV - as obras, objetos, documentos, edificações e demais espaços destinados às manifestações artístico-culturais;

V - os conjuntos urbanos e sítios de valor histórico, paisagístico, artístico, arqueológico, paleontológico, ecológico e científico.

§ 1º - O Poder Público, com a colaboração da comunidade, promoverá e protegerá o patrimônio cultural brasileiro, por meio de inventários, registros, vigilância, tombamento e desapropriação, e de outras formas de acautelamento e preservação.

§ 2º - Cabem à administração pública, na forma da lei, a gestão da documentação governamental e as providências para franquear sua consulta a quantos dela necessitem.

§ 3º - A lei estabelecerá incentivos para a produção e o conhecimento de bens e valores culturais.

§ 4º - Os danos e ameaças ao patrimônio cultural serão punidos, na forma da lei.

§ 5º - Ficam tombados todos os documentos e os sítios detentores de reminiscências históricas dos antigos quilombos.

O artigo 215 estabelece diretamente a obrigação do Estado na garantia dos direitos culturais. Isso deveria ser possível, ao que parece, pela valorização e difusão das manifestações tidas como culturais. Aspecto que é algo nebuloso, já que não há uma definição direta de cultura. O contraponto com o patrimônio, previsto no artigo 216, é simbólico de sua centralidade ou amadurecimento: já havia uma prática estabelecida nesse campo para dar margem a uma redação mais clara para o tema, presente inclusive na Constituição de 1967.

No capítulo "Cultura" do número temático dedicado aos vinte anos da Constituição Federal da série "Políticas Sociais: acompanhamento e análise", editada pelo Ipea, Frederico Barbosa, Herton Ellery e Suylan Midlej chamam a atenção para o fato de que uma "democracia cultural" estaria implicitamente inscrita na Carta Magna. Isso seria visível, segundo os autores, na concepção ampliada de cultura, numa acepção de "inspiração antropológica", e na noção do termo como instaurador de um sistema de produção próprio, que definiria um universo possível.

> A CF/88 [Constituição Federal de 1988] reconhece implicitamente as duas dimensões, a cultura se inscreve no rol dos direitos políticos e civis, onde estão as liberdades de expressão, consciência, crença, religião e participação, quando se reconhece o pluralismo. E a cultura está no âmbito dos direitos sociais fundamentais, onde se preconiza o pleno exercício dos direitos culturais — democratização do acesso (incentivo à produção e apoio à difusão de manifestações culturais) (Barbosa, Ellery e Midlej, 2009, p. 261).

A democracia cultural estaria expressa tanto na disponibilidade de consideração pelo Estado dos direitos às expressões culturais quanto no reconhecimento de suas variadas e múltiplas manifestações. Isso significaria dar espaço para diversos sistemas culturais, reconhecendo os direitos das populações indígenas e quilombolas, e uma disponibilidade para considerar práticas, hábitos e ideias como cultura.

A dimensão da democracia cultural também poderia ser vista em outros aspectos da Constituição. O desenvolvimento econômico, no capítulo que trata da "ordem social", é descrito como um caminho para o "desenvolvimento cultural"[15], sendo o mercado interno um patrimônio nacional. Esse ponto reforçaria o argumento sobre a busca de uma democracia cultural, pois esta não poderia ser completa sem que houvesse transversalidade nos temas propostos. Ou seja, para que fosse alcançada seria necessária uma conjunção de investimentos a fim de assegurar o bem-estar e a seguridade social[16].

Mais do que pensar se de fato houve a previsão de uma democracia cultural, como a análise anteriormente citada faz supor, é fundamental a percepção de que a maneira como o texto constitucional trata o tema cultural está envolto em múltiplos planos, que tiveram antecedentes e consequências diversas. O fundamental, contudo, é o tratamento da cultura como direito a partir do uso de uma noção de cultura ampliada, que extrapolasse as artes e o patrimônio.

A preocupação do legislador na Constituição de 1988 foi a garantia do direito de expressão que passa pela produção cultural — e, talvez, aí o enfoque nos direitos ganhe uma importância central, na medida em que há a preocupação com uma liberdade que se sustente individualmente — e do financiamento público de parte dessa mesma produção.

A leitura do texto constitucional de 1988 pode não ser suficiente para dar pistas de sua abrangência enquanto aglutinador de posicionamentos compartilhados por inúmeros segmentos socialmente reconhecidos. É preciso ter em conta que a Constituição foi produzida por meio da consulta a diversos agentes, ouvidos na Assembleia Nacional Constituinte (ver Quadro 1) — em que pese os diferentes

---

15 O artigo 219 tem o seguinte texto: "O mercado interno integra o patrimônio nacional e será incentivado de modo a viabilizar o desenvolvimento cultural e socioeconômico, o bem-estar da população e a autonomia tecnológica do País, nos termos de lei federal".

16 Conforme o artigo 193, "a ordem social tem como base o primado do trabalho, e como objetivo o bem-estar e a justiça sociais".

posicionamentos hierárquicos na estrutura social e a forma como as sugestões foram sistematizadas. O que interessa, portanto, é o que se pode depreender da redação como indício de um universo mais extenso de questões que se desenrolaram no processo de redemocratização do país, o que não deve ser entendido necessariamente como representatividade.

QUADRO 1 — **Sugestões de entidades participantes da Assembleia Nacional Constituinte**

ENTIDADE	SUGESTÃO
Federação Interestadual dos Trabalhadores em Estabelecimento de Ensino	"A cultura é um dever do Estado, que destinará recursos, objetivando garantir a democratização e o desenvolvimento cultural do nosso povo".
Conselho de Reitores das Universidade Brasileiras	Um dispositivo que declara a competência do poder público "para garantir a liberdade de criação, o acesso e a participação da coletividade e do indivíduo nos bens culturais".
União das Nações Indígenas; Centro de trabalho Indigenista Missionário; Operação Anchieta; Associação Brasileia de Antropologia; Associação Brasileira de Linguística	Necessidade de preservação das culturas dos índios brasileiros.
Centro de Estudos Afro-Brasileiros	Garantia dos direitos culturais, reconhecendo o pluralismo cultural do país e a necessidade de preservação do patrimônio cultural.

ENTIDADE	SUGESTÃO
Sistema Nacional de Museus; Serviço do Patrimônio Histórico e Artístico Nacional	Uma política nacional para os museus e a preservação dos nossos bens de valor histórico.
Fórum dos Secretários de Cultura	Dispositivo constitucional que fixasse aplicação de 1% do orçamento federal em cultura e 2 % dos orçamentos estaduais e municipais para o mesmo fim.
Confederação Nacional do Teatro Amador	Estímulo à educação e à atividade teatral, pela liberdade de expressão, democratização dos meios de comunicação de massa, valorização das culturas regionais e pelo acesso aos bens culturais; mais espaço para a juventude na vida cultural.
Sindicato dos Artistas e Técnicos em Espetáculos de Diversões de São Paulo	Contra qualquer tipo de censura à cultura; pela criação de um conselho de ética.
Associação de Ballet do Rio de Janeiro	Reconhecimento da dança como expressão cultural e sua possível inclusão nos currículos das escolas.
Sindicato dos Artistas e Técnicos em Espetáculos de Diversões do Rio de Janeiro	Revisão do Código Brasileiro de Telecomunicações e mais espaço para artistas e obras nacionais.
Sindicato dos Artistas e Técnicos em Espetáculos de Diversões do Estado de Minas Gerais	Defesa da liberdade de expressão, manifestando-se conta a sua limitação por parte do Estado; mais apoio e estímulo à cultura, à descentralização na execução da política cultural e à intocabilidade da legislação que regulamenta as profissões do setor.

ENTIDADE	SUGESTÃO
Comissão Pró-Federação de Arte-Educadores do Brasil	Disciplinamento do ensino e da prática de artes nas escolas.
Secretaria de Apoio à Produção Cultural (MinC)	Fim da censura como exigência da liberdade e da expressão cultural; integração educação-cultura.
Instituto Nacional de Artes Cênicas (MinC)	Visão humanista e sociopolítica da cultura, na expectativa de que fossem garantidos os direitos culturais; cultura como instrumento de restabelecimento da cidadania.
Conselho Nacional de Cinema	Destacou os pontos positivos do cinema brasileiro.
Instituto Nacional do Livro (MinC)	Proteção e apoio ao autor e aos seus direitos; incentivos à indústria editorial; difusão do livro; criação e manutenção de bibliotecas integradas ao sistema de ensino e abertas à comunidade.
Federação Brasileira de Associações de Bibliotecários	Bibliotecas como algo indispensável ao desenvolvimento do país.
Sindicato dos Empregadores em Entidades Culturais, Recreativas, de Assistência Social, de Orientação e Formação Profissional de Brasília	Mais liberdade e reconhecimento da pluralidade cultural brasileira.

FONTE: elaborado pelo autor a partir do "Relatório da Subcomissão de Educação, Cultura e Esportes", v. 207, 1987, p. 19.

No relatório da formatação do anteprojeto constitucional da Comissão da Família, da Educação, Cultura e Esportes, da Ciência e Tecnologia e da Comunicação da Assembleia Nacional Constituinte, a dimensão dos direitos culturais é um dos maiores destaques. A partir de 776 ideias recebidas para o tema da "cultura", foram feitas proposições que deveriam orientar — em conjunto com as sugestões dos constituintes — a escrita do texto constitucional.

Os direitos culturais são descritos no relatório em referência direta aos preceitos estabelecidos pelo sistema ONU. Não podem ser descartadas as inúmeras incursões da Unesco no Brasil, em especial a partir da década de 1960, quando as políticas culturais se tornaram pauta importante da agência, e, depois, na redemocratização (Gonçalves Dias, 2020).

A centralidade do pensamento francês na Unesco, visível num modelo de política cultural levantado por André Malraux, ajuda na compreensão das propostas que emanavam do órgão. Como esse tópico é extenso, merecedor de um trabalho dedicado, não é coincidência que os moldes administrativos e o escopo de atuação definidos para o Ministério da Cultura em seus primeiros anos tenham similitudes claras com o francês[17].

Retomando o relatório da Constituinte, a Declaração dos Direitos do Homem e do Cidadão é a primeira referência feita no documento. Posteriormente, são descritas as diretrizes da Unesco para a cultura, que justificaram a redação dada ao tema na Constituição Federal.

---

17 A participação de Celso Furtado nesse processo não pode ser desmerecida. Primeiro ministro a organizar a estrutura administrativa do MinC, ele passou quase todo o período da ditadura em Paris, tendo sido professor da Sorbonne por mais de vinte anos. Além disso, era amigo pessoal de Jack Lang, ministro de Cultura da França entre 1981 e 1986 e 1989 e 1993. Furtado integrou, ainda, a Comissão Mundial de Cultura e Desenvolvimento da Unesco.

> Os direitos culturais se confundem com o direito de ser do Homem. Eles permitem ao Homem atingir a sua verdadeira dimensão, de animal racional que se emociona, sonha, tem memória e herda, ao estar livre para pensar, criar, praticar, expressar e conviver. No gozo desses direitos, o Homem pode tomar parte livremente na vida cultural da comunidade, e adquire a sua "cidadania cultural". Com a sua prática, revelam-se outros direitos como o de autodeterminação, o direito à educação, o direito de receber e divulgar informações, o direito ao trabalho, o direito a uma remuneração justa e satisfatória que lhe assegure a vida conforme a dignidade humana etc.[18]

Se a cultura é um direito a ser exercido pelo cidadão, num ponto de vista individual, se supõe que os "homens" são, eles próprios, definidos por sua capacidade de produzir cultura. E, porque essa seria a característica instauradora da humanidade, seria obrigação do Estado garantir a cultura como direito individualmente expresso.

Discursivamente inscrita, esta tornou-se a explicação dominante, capaz de subsidiar as preocupações do Estado com relação à cultura. Além disso, o reconhecimento da "cultura como direito" ajudou a construir novas esferas de atuação no campo cultural, das universidades aos institutos privados. A amplitude dessa noção talvez seja uma das características que permitiram a eficácia da "cidadania cultural" como justificativa para diferentes ações e posicionamentos políticos, transformando-se em discurso dominante. Daí a possibilidade de basear situações tão distintas como a gestão de Marilena Chauí[19] como secretária de Cultura da prefeitura de São Paulo e a criação da Lei Rouanet, como veremos mais adiante.

---

18 Assembleia Nacional Constituinte. Relatório da Subcomissão de Educação, Cultura e Esportes. v. 207, 1987, p. 19.

19 Marilena Chauí foi secretária municipal de Cultura de São Paulo durante a gestão de Luiza Erundina (1989-1992) e situa o seu trabalho à frente da pasta como um esforço por uma "cidadania cultural" (ver Chauí, 2006).

Somando instituições: o Ministério da Cultura em sua formação inicial

Esse aparato discursivo garantiu, assim, um cenário em que a criação do Ministério foi possível. Isso não quer dizer, contudo, que logo na criação — que não passou de um rearranjo de instituições pré-existentes — houvesse de fato uma instância operativa eficaz.

As seguintes instituições foram transferidas para o MinC: Conselho Federal de Cultura (CFC), criado pelo Decreto-lei nº 74, de 21 de novembro de 1966; Conselho Nacional de Direito Autoral (CNDA), Lei nº 5.988, de 14 de dezembro de 1973; Conselho Nacional de Cinema (CONCINE), Decreto nº 77.299, de 16 de março de 1976; Secretaria da Cultura, Portaria nº 274, de 10 de abril de 1981; Empresa Brasileira de Filmes S/A (Embrafilme), Decreto-lei nº 862, de 12 de setembro de 1969; Fundação Nacional de Arte (Funarte), Lei nº 6.312, de 16 de dezembro de 1975; Fundação Nacional Pró-Memória (Pró-Memória), Lei nº 6.757, de 17 de dezembro de 1979; Fundação Casa de Rui Barbosa (FCRB), Lei nº 4.943, de 6 de abril de 1966; Fundação Joaquim Nabuco (Fundaj), Lei nº 770, de 21 de julho de 1949, que atualmente é vinculada ao Ministério da Educação.

A criação do Minc foi um acontecimento que rearranjou o campo das políticas culturais no Brasil, assim como seu processo de institucionalização. Mas a manutenção desse processo precisaria de outros mecanismos que pudessem sustentar a necessidade de um ministério dedicado à cultura no cenário da administração pública federal. Foram outros os movimentos que garantiram institucionalidade do MinC nos anos seguintes, especialmente a partir da operação das leis de incentivo.

Os primeiros anos do MinC foram marcados por trocas constantes de ministro. José Aparecido ficou apenas três meses no cargo, antes de se afastar para assumir o governo do Distrito Federal, cargo de maior peso político e que ainda não era determinado por eleições diretas. Seu sucessor, Aluísio Pimenta, professor da Universidade Federal de Minas Gerais, também ficou poucos meses na pasta, tendo sido acusado em várias oportunidades de idealista. Com sua saída, o ministério foi acumulado por Hugo Napoleão do Rego Neto, então titular da Educação.

Essa fragilidade foi superada somente em 1986, quando Celso Furtado assumiu o MinC, gestão marcada por dois pontos fundamentais. Pela primeira vez, havia uma dimensão conceitual clara que pudesse fundamentar um projeto efetivo de política cultural: a relação entre cultura, desenvolvimento e criatividade. É nesse momento que a estrutura administrativa do ministério amadurece, adequando-se às concepções e propostas definidas para sua atuação. Esse último aspecto merece maior destaque. Vejamos a seguinte citação de Isaura Botelho:

> Atropelados pelas constantes trocas de ministros (...), os órgãos federais começaram a sofrer uma desagregação interna, motivada não só pela superposição de um poder que quebrou sua autonomia, como também pelo fato de ter havido necessidade de se improvisar uma burocracia, em Brasília, que desse conta da nova estrutura ministerial. A própria clientela se viu confundida com a criação desse ministério que, alterando os canais habituais de encaminhamento de projetos, auxiliou na deslegitimação de suas instituições (Botelho, 2001, p. 218).

Se os primeiros anos do ministério foram atribulados, não é menos importante a dimensão da criação de uma burocracia que pudesse não apenas inventar uma rotina administrativa para o MinC, mas também fazer com que suas instituições funcionassem minimante integradas em uma unidade de gestão. A questão, porém, é que sua criação se deu a partir da junção de alguns órgãos previamente existentes e cujas rotinas burocráticas já estavam estabelecidas.

Um ponto central para compreender a maneira como o Ministério da Cultura ganha efetividade administrativa, assim, são as leis de incentivo à cultura. Como elas, um universo de atuação é definido e uma finalidade nova, marcada por uma igualmente nova rotina burocrática, é estabelecida.

CAPÍTULO 2

As leis de incentivo, a normatização do marketing cultural no Brasil e o fortalecimento do Ministério da Cultura

Depois de construído o aparato discursivo que justificou a criação do Ministério da Cultura, sua sustentação precisaria de uma estrutura administrativa eficaz, calcada em ações além das já realizadas pelas instituições que compunham o MinC. É importante ressaltar, de saída, que o caráter relativamente independente dos órgãos já existentes não foi apagado com a consolidação do ministério, mas é certo que as leis de incentivo à cultura trouxeram uma função socialmente reconhecida para o MinC que deve ser enfatizada.

Ainda havia o financiamento de projetos pelas instituições que foram colocados sob a nova égide, mas o surgimento de um mecanismo de fomento e sua continuidade como princípio foram definitivos para afirmar o MinC como estrutura necessária na administração pública federal. Foi nesse movimento, ainda, que se criou tanto uma rotina burocrática reconhecível para o novo ministério como uma padronização da interação com produtores culturais. Além disso, e talvez mais importante, há um outro rebatimento, como veremos mais adiante, que foi primordial na aquisição de importância política para o Ministério da Cultura: a gestão de recursos financeiros significativos, duplicando seu orçamento.

Inicialmente, vamos apresentar as duas principais leis de incentivo à cultura elaboradas na esfera federal no Brasil: a Lei Sarney, de 1986, e a Lei Rouanet, de 1991. Depois, devemos estudar seus mecanismos de funcionamento efetivo e como eles se conectam aos padrões empresariais do marketing cultural.

As Leis Federais de Incentivo à Cultura

A Lei Sarney, nº 7.505 de 02 de julho de 1986, foi assinada pouco mais de um ano depois da fundação do ministério. Os primeiros projetos para uma legislação que previsse investimento privado em ações culturais por meio de renúncia fiscal foram feitos por José Sarney ainda na década de 1970, em seu primeiro mandato como senador. Já como presidente, ele assinou a lei com os ministros da Fazenda, Dilson Domingos Funaro; do Planejamento, João Sayad; e da Cultura (em exercício), Angelo Oswaldo de Araújo Santos, que substituía momentaneamente Celso Furtado.

A gestão da Lei Sarney, regulamentada pelo Decreto nº 93.335, de 03 de outubro de 1986, era feita pelos ministérios da Cultura e da Fazenda (por meio da Secretaria da Receita Federal), que mantinha ainda o recém-criado Cadastro Nacional de Pessoas Jurídicas de Natureza Cultural (CPC), com ou sem fins lucrativos. A transferência de recursos de empresas ou indivíduos financiadores para os inscritos no CPC gerava dedução no Imposto de Renda, sem que os investimentos fossem necessariamente destinados a ações específicas.

A lei operava em três modalidades:

1. **DOAÇÃO:** transferência definitiva de valores ou bens, sem proveito pecuniário. Nesse caso, o preço do bem era declarado e poderia ser verificado com perícia pelos ministérios.
2. **PATROCÍNIO:** promoção de atividades culturais sem proveito pecuniário ou patrimonial direto para o patrocinador.
3. **INVESTIMENTO:** aplicação de bens ou numerários com proveito pecuniário ou patrimonial para o investidor. Era

possível somente a compra de cotas, sem direito a voto, em empresas livreiras ou editoriais com pelo menos 30% de autores nacionais entre seus títulos e que estivessem devidamente inscritas no CPC; a participação em títulos patrimoniais de associações; e a compra de ações nominativas sem direito a voto ou de cotas do capital social de sociedades que tinham por finalidade produções cinematográficas, musicais e de artes cênicas, comercialização de produtos culturais e outras atividades empresariais de interesse do setor.

Pessoas físicas poderiam descontar até 10% da renda bruta, respeitando os seguintes critérios: até 100% do valor da doação, 80% do patrocínio e 50% do investimento.

Já o apoio de pessoas jurídicas, apesar de respeitar essas três linhas de desconto, era limitado à alíquota de 2% do imposto devido. A empresa patrocinadora, à sua escolha, poderia lançar o custo como uma despesa operacional, garantindo a diminuição do valor sobre o qual é calculado o Imposto de Renda global devido. A lei previa, ainda, que as empresas pudessem doar 5% do imposto devido ao Fundo de Promoção Cultural, gerido pelo Ministério da Cultura.

O MinC tinha poderes para determinar as atividades de natureza cultural, para além dos casos já estabelecidos pela Lei Sarney, que estão descritos abaixo:

1. incentivar a formação artística e cultural mediante concessão de bolsas de estudo, de pesquisa, e de trabalho, no Brasil ou no exterior, a autores, artistas e técnicos brasileiros ou estrangeiros residentes no Brasil;
2. conceder prêmios a autores, artistas técnicos de arte, filmes, espetáculos musicais e de artes cênicas, em concursos e festivais realizados no Brasil;
3. doar bens móveis ou imóveis, obras de arte ou de valor cultural a museus, bibliotecas, arquivos, e outras entidades de acesso público, de caráter cultural, cadastradas no Ministério da Cultura;

4. doar em espécies às mesmas entidades;
5. editar obras relativas às ciências humanas, às letras, às artes e outras de cunho cultural;
6. produzir discos, vídeos, filmes e outras formas de reprodução fono-videográficas, de caráter cultural;
7. patrocinar exposições, festivais de arte, espetáculos teatrais, de dança, de música, de ópera, de circo e atividades congêneres;
8. restaurar, preservar e conservar prédios, monumentos, logradouros, sítios ou áreas tombadas pelo Poder Público Federal Estadual ou Municipal;
9. restaurar obras de arte e bens móveis de reconhecido valor cultural, desde que acessíveis ao público;
10. erigir monumentos, em consonância com os Poderes Públicos, que visem preservar a memória histórica e cultural do País, com prévia autorização do Ministério da Cultura;
11. construir, organizar, equipar, manter, ou formar museus, arquivos ou bibliotecas de acesso público;
12. construir, restaurar, reparar ou equipar salas e outros ambientes destinados a atividades artísticas e culturais em geral, desde que de propriedade de entidade sem fins lucrativos;
13. fornecer recursos para o Fundo de Promoção Cultural do Ministério da Cultura, para fundações culturais, ou para instalação e manutenção de cursos de caráter cultural ou artístico, destinados ao aperfeiçoamento, especialização ou formação de pessoal em estabelecimentos de ensino sem fins lucrativos;
14. incentivar a pesquisa no campo das artes e da cultura;
15. preservar o folclore e as tradições populares nacionais bem como patrocinar os espetáculos folclóricos sem fins lucrativos;
16. criar, restaurar ou manter jardins botânicos, parques zoológicos e sítios ecológicos de relevância cultural;
17. distribuir gratuitamente ingressos, adquiridos para esse fim, de espetáculos artísticos ou culturais;
18. doar livros adquiridos no mercado nacional a bibliotecas de acesso público;

19. doar arquivos, bibliotecas e outras coleções particulares que tenham significado especial em seu conjunto a entidades culturais de acesso público;
20. fornecer, gratuitamente, passagens para transporte de artistas, bolsistas, pesquisadores ou conferencistas brasileiros ou residentes no Brasil quando em missão de caráter cultural no País ou no exterior, assim reconhecida pelo Ministério da Cultura;
21. custear despesas com transporte e seguro de objetos de valor cultural destinados a exposição ao público no País;
22. outras atividades assim consideradas pelo Ministério da Cultura.

Houve veto parcial da lei, sendo retiradas as menções aos Conselhos Municipais de Cultura, por causa da autonomia dos poderes municipais para provimento de serviços públicos locais instituída pela Constituição de 1967, então vigente[20]. Nota-se uma atuação que procurava assegurar uma centralidade no poder federal para o uso da lei. Mesmo a menção aos conselhos estaduais deve ser lida com cautela, pela ausência à época destes órgãos na grande maioria dos estados brasileiros. Uma centralidade dos estados, no entanto, está na inscrição do CPC, que era recebida pelas secretarias de Cultura e remetida para a Secretaria Geral do Ministério.

Uma das críticas mais contundentes à Lei Sarney era a ausência de mecanismos que pudessem garantir a aplicação efetiva de recursos em ações culturais[21]. Esse ponto expunha uma fragilidade importante do texto: possibilitar a doação direta de recursos a produtoras

---

[20] O artigo 15° da Constituição de 1967 institui a criação de municípios a depender de legislação estadual. É mencionado apenas que "a organização municipal poderá variar, tendo-se em vista as peculiaridades locais".

[21] Não há previsão de prestações de contas na lei. A única menção ao controle do uso dos recursos ficava por conta do artigo 13°: "A Secretaria da Receita Federal, no exercício das suas atribuições específicas, fiscalizará a efetiva execução desta Lei, no que se refere à realização das atividades culturais ou à aplicação dos recursos nela comprometidos".

ou empresas de natureza cultural significava não ter um controle mínimo de como o dinheiro teria sido empregado. Por isso, não se sabe os valores exatos captados através da lei.

A Lei Sarney foi extinta em 1990, quando o recém-empossado presidente Fernando Collor de Mello instituiu o Plano Brasil Novo, que ficou conhecido como Plano Collor. Além do fim da lei, que acompanhou outras ações de corte de incentivos ficais, o Ministério da Cultura foi extinto, dando lugar a uma Secretaria da Cultura diretamente ligada à Presidência da República. As instituições que compunham o MinC foram renomeadas ou extintas, num processo que gerou comoção da classe artística e de produtores culturais, bastante representativo do modelo de gestão que Collor pretendia aplicar.

Com o fim da Lei Sarney, foram pensados outros mecanismos para atrair investimentos para a área cultural. O principal projeto da gestão de Ipojuca Pontes, primeiro secretário de Cultura de Collor, era a criação dos Fundos de Investimento Cultural e Artístico (Ficart) para gerar aportes no setor. A proposta para esse fundo, elaborada pelo Ministério da Economia com o apoio de Pontes, era a de que o Estado conseguisse captar recursos com a iniciativa privada vendendo, na Bolsa de Valores, cotas de produções artísticas nacionais. Segundo Artur Moreira Lima, convidado a comentar o projeto por O Globo, o Ficart

> é uma burrice. O troço é ridículo, só vai servir de ajuda para a Xuxa e Os Trapalhões. Isso nunca vai substituir a Lei Sarney porque a maioria dos empreendimentos culturais de melhor nível são deficitários. As leis adotadas no Rio e em São Paulo são bons exemplos para legislação federal. Para financiar a cultura, é necessário que o Estado abra mão da sua receita, dando isenção de impostos às empresas. Este fundo compara o produtor cultural ao agricultor que pede empréstimo ao Banco do Brasil, o que é um absurdo (O Globo, 20/03/1991, p. 1).

O fundo acabou não sendo implementado individualmente, mas acoplado, ainda no governo Collor, à Lei Rouanet, nº 8.313 de 23 de dezembro de 1991, que se encontra até hoje em vigor. Sérgio Paulo Rouanet, secretário de Cultura à época[22], apresentou um projeto que pretendia reformar a Lei Sarney. A principal mudança era o direcionamento do financiamento para um projeto específico e não para um proponente, o que assegurava um controle mais efetivo sobre como os recursos seriam utilizados. Além disso, a Rouanet trouxe novas cotas de desconto no Imposto de Renda e permitia que instituições públicas propusessem projetos.

No preâmbulo do documento, descreve-se o restabelecimento da Lei Sarney para instituir o Programa Nacional de Apoio à Cultura (PRONAC), com o objetivo de captar e direcionar recursos para o setor cultural. É através das novas possibilidades de financiamento que se poderia garantir, segundo o texto, os seguintes pontos:

1. contribuir para facilitar, a todos, os meios para o livre acesso às fontes da cultura e o pleno exercício dos direitos culturais;
2. promover e estimular a regionalização da produção cultural e artística brasileira, com valorização de recursos humanos e conteúdos locais;
3. apoiar, valorizar e difundir o conjunto das manifestações culturais e seus respectivos criadores;
4. proteger as expressões culturais dos grupos formadores da sociedade brasileira e responsáveis pelo pluralismo da cultura nacional;
5. salvaguardar a sobrevivência e o florescimento dos modos de criar, fazer e viver da sociedade brasileira;

---

[22] Substituto de Ipojuca Pontes — exonerado depois de uma conturbada gestão de 11 meses, marcada pelas respostas que teve de dar por conta do fim dos incentivos fiscais para a cultura —, Rouanet é diplomata aposentado, tendo ocupado importantes postos no Brasil e no exterior. É graduado em Ciências Jurídicas e Sociais pela PUC-Rio e doutor em Ciência Política pela FFLCH-USP. Desde 1992, é membro da Academia Brasileira de Letras.

6. preservar os bens materiais e imateriais do patrimônio cultural e histórico brasileiro;
7. desenvolver a consciência internacional e o respeito aos valores culturais de outros povos ou nações;
8. estimular a produção e difusão de bens culturais de valor universal, formadores e informadores de conhecimento, cultura e memória;
9. priorizar o produto cultural originário do País.

Numa comparação com a Lei Sarney, percebem-se os objetivos se tornarem menos amplos e o léxico da cultura como direito — nos termos observados na Constituição — já no primeiro inciso. Esse aspecto é visível, ainda, na presença de outros termos como "pluralismo", "formação de conhecimento", "memória" e "criadores de cultura".

Além disso, há uma mudança de paradigma com relação ao conceito de cultura. O que ficou convencionado como "sentido abrangente" ou "antropológico" de cultura pode ser visto no inciso V: "salvaguardar a sobrevivência e o florescimento dos modos de criar, fazer e viver da sociedade brasileira". Se na Lei Sarney havia uma centralidade da produção artística e/ou de instituições culturais, como museus e bibliotecas, a Lei Rouanet trabalharia para uma noção ampliada de cultura — que contém esses pontos, mas que em alguma medida os supera.

Há três mecanismos centrais de funcionamento da Lei Rouanet: o Fundo Nacional de Cultura (FNC); os Fundos de Investimento Cultural e Artístico (Ficart) e o incentivo a projetos culturais. A organização da lei, que apresenta os mecanismos na ordem descrita, dá a entender que o mais importante seria o FNC. Havia na primeira lei de incentivo a previsão do Fundo de Promoção Cultural (FPC), que não chegou a ser largamente utilizado. De alguma forma, um dos objetivos da Rouanet era fazer com que o FNC se tornasse a principal modalidade de investimento em cultura gerenciada pelo MinC, o que não ocorreu, sendo esse um dos aspectos centrais da reformulação do documento.

A forma como o FNC foi redesenhado a partir do FPC se relaciona com a intenção de fazer com que seus investimentos fossem reflexos mais diretos de uma política cultural. A inserção do FNC no PRONAC ocorreria com cinco objetivos:

1. estimular a distribuição regional equitativa dos recursos a serem aplicados na execução de projetos culturais e artísticos;
2. favorecer a visão interestadual, estimulando projetos que explorem propostas culturais conjuntas, de enfoque regional;
3. apoiar projetos dotados de conteúdo cultural que enfatizem o aperfeiçoamento profissional e artístico dos recursos humanos na área da cultura, a criatividade e a diversidade cultural brasileira;
4. contribuir para a preservação e proteção do patrimônio cultural e histórico brasileiro;
5. favorecer projetos que atendam às necessidades da produção cultural e aos interesses da coletividade, aí considerados os níveis qualitativos e quantitativos de atendimentos às demandas culturais existentes, o caráter multiplicador dos projetos através de seus aspectos socioculturais e a priorização de projetos em áreas artísticas e culturais com menos possibilidade de desenvolvimento com recursos próprios.

O FNC deveria atuar para reduzir a concentração de investimento em projetos e ações culturais no eixo Rio-São Paulo, além de possibilitar financiamento para áreas que normalmente não teriam apelo para um patrocínio privado. De alguma forma, o fundo faria as vezes de investimento "social" do MinC[23], a fim de que ações que não tivessem apelo de mídia pudessem ser financiadas.

Uma diferença crucial entre o FNC e o FPC é que o último só receberia recursos de doadores interessados na isenção fiscal prevista na Lei Sarney. Para o FNC, a Rouanet prevê uma série de fontes de

23 O Globo, em matéria que informa sobre o envio do projeto de lei para o Congresso, explica que os investimentos do FNC deveriam garantir a "diversidade cultural" do Brasil (O Globo, 30/08/1991, Segundo Caderno, p. 1).

recursos, como o Tesouro Nacional, sobras na execução de projetos, subvenções de organizações internacionais, 3% dos valores arrecadados com as loterias federais, entre outros. O FNC arcaria com até 80% do valor total do projeto, devendo o proponente comprovar que possuía os outros 20% necessários para sua realização.

Os Ficart, em continuidade, são fundos de investimento criados para o financiamento de projetos culturais. Com regulação da Comissão de Valores Mobiliários, os projetos têm cotas comercializadas, sob forma de condomínio e sem personalidade jurídica, de maneira que sejam levantados os recursos para sua implementação. Os donos das cotas teriam direito a parte dos lucros obtidos com os projetos, com diferentes incidências de cobrança de Imposto de Renda de acordo com a sua natureza jurídica. As seguintes ações poderiam ser contempladas:

1. a produção comercial de instrumentos musicais, bem como de discos, fitas, vídeos, filmes e outras formas de reprodução fonovideográficas;
2. a produção comercial de espetáculos teatrais, de dança, música, canto, circo e demais atividades congêneres;
3. a edição comercial de obras relativas às ciências, às letras e às artes, bem como de obras de referência e outras de cunho cultural;
4. construção, restauração, reparação ou equipamento de salas e outros ambientes destinados a atividades com objetivos culturais, de propriedade de entidades com fins lucrativos;
5. outras atividades comerciais ou industriais, de interesse cultural, assim consideradas pelo Ministério da Cultura.

Percebe-se o privilégio de ações que exigem grandes volumes de recursos, mas teriam maior chance de lucro. Os Ficart ainda não foram utilizados, segundo informações do Ministério da Cultura[24], por falta de interesse do empresariado.

24 Disponível em: http://blogs.cultura.gov.br/blogdarouanet/o-que-muda-na-lei--rouanet/. Acesso em: 07/10/2013.

O último dos mecanismos, o incentivo a projetos, ficou conhecido como mecenato e traz alguns aprimoramentos com relação aos usos da renúncia fiscal, se comparado à Lei Sarney. A isenção fiscal de doação ao fundo (no caso da Rouanet, o FNC) foi mantida, permitindo agora o apoio a ações culturais, cujos montante e extensão teriam de ser aprovados pelo MinC e publicados no Diário Oficial. Os projetos deveriam, ainda, ser encaminhados com orçamentos analíticos, prevendo como seriam aplicados os fundos obtidos com renúncia fiscal.

Os empreendimentos poderiam ser incentivados por meio de dois mecanismos: o patrocínio, lido como

> a transferência de numerário, com finalidade promocional ou a cobertura, pelo contribuinte, do imposto sobre a renda e proventos de qualquer natureza, de gastos, ou a utilização de bem móvel ou imóvel do seu patrimônio, sem a transferência de domínio, para a realização, por outra pessoa física ou jurídica de atividade cultural com ou sem finalidade lucrativa.

e a doação,

> distribuições gratuitas de ingressos para eventos de caráter artístico-cultural por pessoa jurídica a seus empregados e dependentes legais; [ou] despesas efetuadas por pessoas físicas ou jurídicas com o objetivo de conservar, preservar ou restaurar bens de sua propriedade ou sob sua posse legítima, tombados pelo Governo Federal.

Os projetos poderiam ser apresentados por pessoas jurídicas ou físicas (esta última, mais uma inovação da Rouanet), desde que possuidoras de natureza cultural, e deveriam trabalhar para o desenvolvimento das

> formas de expressão, os modos de criar e fazer, os processos de preservação e proteção do patrimônio cultural brasileiro,

e os estudos e métodos de interpretação da realidade cultural, bem como contribuir para propiciar meios, à população em geral, que permitam o conhecimento dos bens de valores artísticos e culturais, compreendendo, entre outros, os seguintes segmentos:

1. teatro, dança, circo, ópera, mímica e congêneres;
2. produção cinematográfica, videográfica, fotográfica, discográfica e congêneres;
3. literatura, inclusive obras de referência;
4. música;
5. artes plásticas, artes gráficas, gravuras, cartazes, filatelia e outras congêneres;
6. folclore e artesanato;
7. patrimônio cultural, inclusive histórico, arquitetônico, arqueológico, bibliotecas, museus, arquivos e demais acervos;
8. humanidades; e
9. rádio e televisão, educativas e culturais, de caráter não comercial.

Os valores investidos nos projetos poderiam gerar descontos de até 80% das doações e 60% dos patrocínios feitos por pessoas físicas e de 40% de doações e 30% de patrocínios de pessoas jurídicas (sendo mantida a possibilidade dos aportes serem lançados como despesa operacional, o que reduz o montante sobre o qual incide o Imposto de Renda). Uma mudança na Lei Rouanet, através da Lei nº 9.874, de 1999, permitiu que projetos nas seguintes áreas pudessem descontar 100% do investimento, seja por meio de patrocínio ou doação, do imposto devido: artes cênicas; livros de valor artístico, literário ou humanístico; música erudita ou instrumental; circulação de exposições de artes plásticas; e doações de acervos para bibliotecas públicas e museus. A Medida Provisória nº 2.228-1, de 2001, alterou, posteriormente, os itens elegíveis ao desconto total: artes cênicas; livros de valor artístico, literário ou humanístico; música erudita ou instrumental; exposições de artes visuais; doações de acervos para bibliotecas públicas, museus, arquivos públicos e cinematecas, bem como treinamento de pessoal e aquisição de equipamentos para a manutenção desses acervos; produção de obras cinematográficas e videofonográficas de curta e média metragem e preservação e difusão do acervo audiovisual; preservação do patrimônio cultural material e imaterial. A Lei nº 11.646, de 2008, inclui, por fim, mais um item: construção e manutenção de salas de cinema e teatro, que poderão funcionar como centros culturais comunitários, em municípios com menos de 100.000 habitantes.

Os projetos enquadrados na lei, de acordo com o artigo 22, não podem passar por apreciação subjetiva quanto ao seu valor artístico ou cultural. O máximo de deduções que cada pessoa física ou jurídica pode fazer sobre o Imposto de Renda devido é fixado pelo presidente da República, por decreto, podendo ser modificado anualmente.

Essa questão, contudo, leva ao próximo ponto da argumentação: as Leis de Incentivo ganham efetividade prática a partir dos modos como são regulamentadas. Dito de outra maneira, essas leis têm seus mecanismos de uso definidos por outros dispositivos legais, como Decretos Executivos, Portarias Ministeriais e Instruções Normativas. Esses documentos têm caráter administrativo — são de responsabilidade do poder executivo federal — e têm sido considerados menores nos estudos acerca do incentivo fiscal à cultura.

As leis de incentivo aplicadas: a normatização a partir de documentos administrativos

Os textos das leis de incentivo trazem questões primordiais para a formatação do incentivo à cultura como mecanismo legal. É notável que não haja, para ficar no exemplo mais óbvio, nenhuma menção a como um projeto deve ser enviado ao ministério. Esse e outros detalhes são definidos por regulamentações expedidas pelo Executivo para fazer com que as determinações legislativas tenham operacionalidade. Tomemos a Lei Rouanet até setembro de 2013[25] como exemplo: desde a sua criação, 11 decretos administrativos embasaram a sua utilização, conforme se observa no quadro abaixo.

QUADRO 2 — **Decretos que regulamentam a Lei Rouanet e suas modificações**

DECRETO	PROVIDÊNCIA	SITUAÇÃO EM SETEMBRO DE 2013
Decreto nº 455, de 26 de fevereiro de 1992	Primeiro decreto que regulamenta a Rouanet.	Revogado em 1995
Decreto nº 800, de 20 de abril de 1993	Altera as entidades que compõem o comitê assessor do FNC em virtude da reativação do MinC.	Revogado em 1995
Decreto nº 1.215, de 08 de agosto de 1994	Aumenta para dois anos a duração do mandato dos representantes na Comissão Nacional de Incentivo à Cultura (CNIC).	Revogado em 1995
Decreto nº 1.234, de 31 de agosto de 1994	Altera o Decreto nº 455, de modo que o FNC pudesse ser usado a fundo perdido por instituições públicas ou sem fins lucrativos através de subvenções, auxílios ou contribuições.	Revogado em 1995

[25] Considero esse um período de maturidade da Lei Rouanet, com seus aspectos principais já estabelecidos, fazendo que se possa produzir uma análise mais concreta de sua efetividade administrativa. As reformas mais recentes na lei, notadamente a partir de sua regulamentação, serão analisadas no capítulo 8 deste livro. É importante apresentar aqui o funcionamento mais completo do documento, de modo a construir subsídios para compreensão de seu desmonte nos governos Temer e Bolsonaro.

DECRETO	PROVIDÊNCIA	SITUAÇÃO EM SETEMBRO DE 2013
Decreto nº 1.442, de 04 de abril de 1995	Insere novas entidades no comitê assessor do FNC; prorroga o mandato dos membros da CNIC à época.	Revogado em 1995
Decreto nº 1.494, de 17 de maio de 1995	Renova integralmente o Decreto nº 455, de 26 de fevereiro de 1992, e dá novo regulamento para a Lei Rouanet.	Revogado em 2006
Decreto nº 2.290, de 4 de agosto de 1997	Regulamenta a arrecadação de recursos da loteria federal para o FNC.	Revogado em 2006
Decreto nº 2.585, de 12 de maio de 1998	Dá ao ministro de Cultura a responsabilidade de gestão sobre o FNC a partir de um plano de trabalho anual, ficando as secretarias do MinC responsáveis por sua execução; fica extinto o Comitê Assessor do FNC.	Revogado em 2006
Decreto nº 4.397, de 1º de outubro de 2002	Prevê o patrocínio para planos plurianuais de atividades culturais apresentados por entidades de relevantes serviços prestados à cultura nacional; equipara a projetos culturais os planos de atividades de instituições privadas sem fins lucrativos (antes somente aquelas ligadas à União e a estados e municípios poderiam ser contempladas); estabelece valores entre R$ 2 e R$ 20 milhões para incentivo de planos de atividades culturais, com periodicidade de três a cinco anos.	Revogado em 2006

DECRETO	PROVIDÊNCIA	SITUAÇÃO EM SETEMBRO DE 2013
Decreto nº 4.483, de 25 de novembro de 2002	Diminui o valor mínimo para plano de atividades de entidades privadas sem fins lucrativos para R$ 1.	Revogado em 2006
Decreto nº 5.761, de 27 de abril de 2006	Cria novo regulamento para a Lei Rouanet, revogando os decretos anteriores.	Em vigor (Setembro 2020)

FONTE: elaborado pelo autor.

É possível notar a existência de questões pontuais, como mudanças em aspectos específicos da utilização da lei, e algumas mais profundas, como regulamentações completamente novas. Nesse sentido, temos o primeiro decreto que regulamenta o documento, de 1992; uma normatização, em 1995; e outro decreto, em 2006, que ainda está em vigor. As modificações apresentadas trabalharam para assegurar uma ligação mais direta entre as plataformas de gestão dos sucessivos presidentes e ministros e os preceitos previstos no texto.

Analisar essas modificações ajuda a discutir a forma como há uma normatização instaurada com a Lei Rouanet, expressa num corpo documental, por meio da interconexão de vários agentes. Desta forma, para compreender o seu "funcionamento", é preciso levar em conta, hierarquicamente: as já citadas disposições acerca da "cultura" na Constituição Federal (considerando as emendas acrescidas); o texto da Lei Rouanet (levando-se em conta as várias emendas), aprovado pelo Congresso e pelo Senado e sancionado pelo presidente da República; o Decreto nº 5.761, de 27 de abril de 2006, que regulamenta o documento, assinado pelo presidente; e a Instrução Normativa nº 1, de 24 de junho de 2013, assinada pela então ministra da Cultura, Marta Suplicy, que a operacionalizou.

O primeiro ponto da Instrução Normativa[26] era o estabelecimento de um léxico mínimo, capaz de criar as bases para um processo comunicacional que redundasse no uso da lei e garantisse um respaldo jurídico para problemas advindos desse uso. Os dispositivos prescritos estabeleciam os agentes e as regras básicas da interação com o MinC na busca da aprovação de um projeto na Lei Rouanet. O que se notava eram noções consecutivas que criavam os interlocutores, seu mediador, a interlocução em si e seus resultados possíveis. Estabeleciam-se, portanto, dois polos de interação, os múltiplos mecanismos para que esta interação ocorresse, e um novo estatuto a partir da aprovação do projeto pelo ministério.

Inicialmente, havia o produtor cultural, que na Instrução Normativa era referenciado com também com outras duas expressões. A primeira era "usuário do Salic", ou seja, aquele que utilizaria o sistema online para apresentação do projeto. A diferenciação entre este e o "proponente", o segundo termo usado para se referir ao produtor, era cabível, pois o usuário seria necessariamente um indivíduo, enquanto o proponente poderia ser uma pessoa jurídica. O "proponente" e o "usuário do Salic" não eram coincidentes, apesar de figurarem no mesmo polo.

Um aspecto importante e que situava o ministério, o outro vértice dessa relação, era o "Plano de Trabalho Anual de Incentivos Fiscais", no qual eram estabelecidos os pontos prioritários de investimentos do MinC, com maior relevância para a aplicação dos recursos do FNC, por meio da Lei Rouanet. Era preciso que houvesse uma coincidência entre as ações previstas nesse plano de trabalho — que deveria ser publicado com a assinatura do ministro até o último mês do exercício anterior — e as ações de incentivo efetivamente praticadas. O plano não era estabelecido com "participação social",

[26] Instrução Normativa é um "ato administrativo expresso por ordem escrita expedida pelo Chefe de Serviço ou Ministro de Estado a seus subordinados, dispondo normas disciplinares que deverão ser adotadas no funcionamento de serviço público reformulado ou recém-formado. Será também considerada como norma expedida no sentido de interpretar uma lei" (Acquaviva, 1999, p. 214).

sendo relacionado diretamente a uma projeção da arrecadação com Imposto de Renda para que se estimasse o montante de recursos passível de ser aplicado através da lei.

O Ministério da Cultura era também referido por seu papel de receptor de propostas, cujo foco era o Salic, o sistema informatizado que recebia os planos e toda a documentação pertinente para a aprovação de uma proposta cultural. O programa era, ainda, o canal de comunicação entre MinC e proponentes ao longo de todo o processo, da avaliação à prestação de contas. Já se tinha, assim, o estabelecimento do "produtor", que usaria o Salic como meio para o envio de projetos para o ministério. A Instrução Normativa se concentrava no projeto, que atuava como mediador concreto entre os dois polos de relação e da passagem de proposta para aprovado, que, como tal, obtinha a autorização para captar recursos com renúncia fiscal para o investidor.

O primeiro ponto de referência era a "proposta cultural", caracterizada como conjunto inicial de documentos enviados ao MinC para apreciação visando sua aprovação. Se cumpridos os critérios burocráticos[27], ela começava a trilhar o processo de avaliação, ou seja, teria de cumprir exigências documentais iniciais para que se tornasse um "projeto cultural". Nessa instância, ocorria o registro no Pronac e o projeto ganhava um número com o qual passava a ser localizável, tanto para o "usuário do Salic" como para o próprio MinC.

O "projeto cultural" poderia ser entendido partindo-se de dois enfoques principais: por um lado, era a ideia que procurava consolidar e embasar um conjunto de ações que seriam executadas, por outro, era a própria textualidade que descrevia essas ações. Nesse sentido, um projeto cultural deveria conter um "plano de execução", que era exatamente a texto do projeto e sua previsibilidade enquanto algo

---

27 Os proponentes precisavam comprovar sua existência legal, através de CPF regular ou de certidão de CNPJ, e que estavam em dia com seus tributos, apresentando certidões negativas de débitos. Deviam, ainda, apresentar o projeto usando o preenchimento das etapas textuais disponíveis na plataforma online SalicWeb, como será detalhado mais adiante.

executável, capaz de gerar ao menos um "produto principal" — e, em alguns casos, também "produtos secundários". Nessa esfera, no "plano de execução", o projeto se afirmava como gênero textual — como formato previsível, "contendo a definição de objetivos, metas, justificativa, etapas de trabalho, orçamento, cronograma de execução e produtos resultantes". Esse formato, assim, se apresentava nos múltiplos campos dispostos na plataforma online do Salic para preenchimento pelo usuário.

O termo também se referia ao acúmulo de documentos necessários para avaliar a exequibilidade das ações propostas, tanto na qualificação para apreciação como na aprovação final. É nesse registro que se poderia agrupar certos mecanismos como o "plano de divulgação", o "projeto pedagógico", o "plano de distribuição", a previsão da "democratização do acesso", e as "medidas de acessibilidade"[28]. Havia movimentos previsíveis que dariam materialidade ao projeto a partir das características e critérios estabelecidos pelo MinC e serviriam para a criação destes critérios. É importante relembrar que, de acordo com o artigo 22 da Lei Rouanet, não era permitido estabelecer critérios estéticos ou culturais para a avaliação, que se dava em grande parte pela habilidade do proponente de apresentar a documentação adequada.

O preenchimento desses requisitos (a habilidade para apresentar um projeto e todo o seu escopo documental) era parte determinante para a aprovação na lei. Outro ponto, previsto na Instrução Normativa, era a avaliação pela Comissão Nacional de Incentivo à Cultura (CNIC)[29], que determinava se o valor pedido seria condizente

---

28 Há outras exigências documentais específicas por área: uma proposta de vídeo de animação, por exemplo, precisa apresentar um *storyboard*; a de restauro de edificação deve vir acompanhada de um projeto arquitetônico, e assim por diante. Esses itens são apresentados também na Instrução Normativa.

29 A CNIC tem a seguinte composição: ministro da Cultura; os presidentes das instituições supervisionadas pelo MinC; o presidente da entidade nacional que congregar os secretários de Cultura das unidades federadas; um representante do empresariado brasileiro e seis de entidades associativas dos setores culturais e artísticos de âmbito nacional.

com a estrutura que o projeto precisava e se esta era coerente com as ações previstas. Mais uma vez, o que se tinha em mente era uma exequibilidade que estava relacionada ao valor pedido e ao que a CNIC consideraria necessário para o projeto. Esse aspecto não era completamente arbitrário, pois havia orientações para a preparação dos orçamentos a partir dos itens financiáveis[30]. Os componentes da CNIC teriam experiência, ainda, na execução e/ou elaboração e/ou avaliação de projetos e, por conta disso, habilidade para identificar custos que porventura não fossem compatíveis com as ações propostas.

O projeto aprovado, assim, permanecia no Salic, mas agora dialogava com outros termos e definições. Ganhava um "prazo de captação", de maneira que seria possível para o proponente conseguir um patrocinador apenas durante um período determinado. Estabelecia-se um "prazo de execução" para o projeto, previsto na proposta apresentada ao MinC, que definia o período em que o projeto poderia cumprir suas ações, contratar serviços e fazer pagamentos. Uma "conta captação" era aberta para que fossem depositados os recursos por patrocinadores, que, desbloqueados pelo MinC, eram transferidos para uma "conta movimento", onde esses valores poderiam ser manipulados livremente para execução do projeto. Do momento em que se recebia um número no Pronac até a prestação de contas final, o projeto era considerado um "projeto ativo".

É notável que a maneira como o projeto era apresentado e aprovado estava ligado de modo claro aos preceitos estabelecidos pela administração pública de modo geral. Além disso, havia inicialmente a dimensão burocrática, que estabelecia, a partir da habilidade na apresentação do projeto no formato esperado — e com toda a documentação obrigatória —, tanto o sucesso na aprovação como a exigência de novos documentos ou de reescrita da proposta. O encaminhamento para a CINIC, posteriormente, era sinal de que

30 Descritos na Seção IV do Capítulo III, chamada "Das Vedações", da Instrução Normativa.

o projeto havia cumprido as exigências documentais previstas na lei e na Instrução Normativa. A aprovação pela Comissão, enfim, garantia que as ações previstas seriam exequíveis e apresentavam orçamento consistente — que poderia sofrer cortes à critério da CNIC.

É importante mencionar, ainda, que todo esse caminho garantia apenas a possibilidade de que o projeto captasse via Lei Rouanet. Ou seja, se a partir da aprovação seria possível que o patrocinador descontasse o montante investido, respeitando as cotas de acordo com a modalidade de investimento, não havia nenhuma intervenção do MinC no contato com possíveis patrocinadores. Nesse cenário, era muito comum que projetos fossem aprovados na Lei Rouanet mas que não obtivessem patrocínio para sua realização efetiva.

Entre as definições que compunham a primeira parte da Instrução Normativa, não havia nenhuma ligada diretamente à esfera do doador ou do patrocinador. Não era necessária uma definição desses dois tipos de apoio, já que o texto da Lei Rouanet, como citado, já explica de que tipo de investimento os termos dão conta. O que se lia na Instrução Normativa não estava relacionado de modo direto com o processo de patrocínio, mesmo que estabelecesse claramente as vedações e regras para as contrapartidas.

Os seguintes pontos foram delimitados: 10% da tiragem de produtos culturais ou ingressos poderiam ser destinados ao patrocinador; serviços de captação não poderiam ser pagos com dinheiro incentivado se o patrocínio fosse atribuído por edital ou se o proponente tivesse sido criado pelo apoiador; os patrocinadores deveriam ter anuência formal no caso de possível mudança de nome, local de realização ou proponente do projeto; estes, por sua vez, teriam obrigação de emitir comprovantes das doações ou patrocínios concedidos.

Refletindo sobre as etapas pelas quais um projeto passava desde sua entrada no processo de aprovação da Lei Rouanet — que era também uma passagem para o universo da administração pública — até o depósito feito pelo patrocinador do montante aprovado para sua execução, era notável um hiato na normatização deste ponto, seja no próprio texto da lei, seja nos documentos administrativos que a regulamentavam. Seria possível imaginar que havia uma interferência pequena do Estado nesse último processo. Ocorre que a forma como os patrocínios eram operados, e o léxico e os mecanismos empregados pelas empresas investidoras, era amplamente correlata às práticas descritas.

Esse processo de patrocínio e investimento de empresas na área, normalmente por meio da Lei Rouanet, é definido como marketing cultural, que pressupõe uma combinação da definição de critérios para que certos projetos sejam patrocinados — em geral ligados às estratégias de divulgação de marca das empresas — e dos mecanismos que operam a seleção de propostas, que podem ser recebidas pelos departamentos responsáveis ou por meio de seleções públicas e editais, estes mais comuns em grandes empresas.

A forma como os patrocinadores, em especial os de grande porte, operam seu marketing cultural é muito próxima das diretrizes estabelecidas pelo MinC. Ou seja, a maneira como o ministério regula e normatiza a interação com produtores é mimetizada pelos maiores investidores em cultura através da Lei Rouanet no Brasil. O marketing cultural tem sido normatizado e é praticado, contemporaneamente, de forma relacionada aos mecanismos previstos pelos dispositivos administrativos criados pelo órgão.

A normatização do marketing cultural

Decretos e Instruções Normativas são instrumentos que dão operacionalidade administrativa e atualidade política para a legislação já estabelecida. Há uma maleabilidade da legislação operada pelos mecanismos administrativos, os quais instauram os dispositivos que criam a relação entre produtores culturais e Estado, e entre este e os patrocinadores. Há uma outra relação que acaba surgindo com esse processo de normatização: entre produtores culturais e empresas patrocinadoras. Vem daí a proposição de que o marketing cultural atual tem seus dispositivos de operação referidos às leis de incentivo.

Em livro de 1993, "Marketing Cultural & Comunicação Dirigida", Roberto Muylaert[31] define marketing cultural como elaboração e execução de eventos culturais. Um dos primeiros trabalhos sobre o tema depois da criação das leis Sarney e Rouanet, o texto delineia um cenário desfavorável para as leis de incentivo:

> Os incentivos fiscais deveriam servir apenas para os projetos que de fato não tenham possibilidade de se viabilizar através de patrocínio.
>
> Na experiência da Lei Sarney o que se viu foi uma enorme quantidade de farsas lesando o erário público e, em consequência, o País (1993, p. 259).

A burocracia da Ley Sarney, segundo Muylaert, produzia papéis que soterravam as "acanhadas instalações" do MinC, num enorme empreendimento para o ministério. Havia, ainda, casos em que as empresas tinham lucro com o apoio a projetos, assim como inúmeras fraudes:

> As empresas entraram honestamente nos abatimentos da Lei Sarney, mas muitas delas acabaram por ter vantagens fiscais absurdas, por artes da inflação, obtendo lucros reais, além de realizar eventos e serviços culturais com desconto do Imposto de Renda.
>
> (...)
>
> Muitos produtores constituíam falsas operações, onde a dedução era total e absoluta, já que nada havia de gasto real na operação fictícia.
>
> E quantas fraudes desse tipo foram apuradas pelo Governo durante a vigência da Lei Sarney? Nenhuma (Muylaert, 1993, p. 260).

---

[31] Roberto Muylaert é jornalista e empresário. Foi ministro das Comunicações do governo Fernando Henrique Cardoso; presidente da Fundação Bienal de São Paulo e da Fundação Padre Anchieta, responsável pela TV Cultura; e vice-presidente da Associação Nacional dos Editores de Revistas (ANER).

Muylaert aponta, deste modo, algumas incongruências importantes na Lei Sarney, cujo mecanismo não era, na sua opinião, a melhor configuração para realização de projetos culturais. Para o autor, projetos bem elaborados e com grande impacto seriam realizados mesmo sem nenhum benefício fiscal.

As observações de Muylaert poderiam ser lidas como um questionamento da eficácia da lei enquanto política cultural, mas há uma evidência clara de que elas ainda não eram, em 1993, o mecanismo prioritário do marketing cultural. Esse tipo de marketing estava relacionado à feitura de eventos culturais com financiamento empresarial. Situava-se, portanto, em práticas mais ligadas às ideias e características que um evento dessa natureza deveria ou poderia ter. As menções ao Estado ou até mesmo a setores empresariais dedicados ao patrocínio cultural não são relevantes.

Analisando manuais produzidos depois, em especial a partir dos anos 2000, nota-se uma ênfase maior na indicação do uso das leis de incentivo no financiamento de atividades culturais. Leonardo Brant, no seu livro "Mercado Cultural: panorama crítico e guia prático para captação de recursos" — publicado em 2001, com uma segunda edição em 2004 —, estabelece pontos que mereceriam reflexão por causa da análise cultural e por propor estratégias para o trabalho prático com a cultura. O que interessa, nesse momento, são as críticas feitas às leis de incentivo, que, com a importância obtida nos anos anteriores por conta do volume de recursos investidos via renúncia fiscal, acabaram por agravar um quadro de desigualdade territorial no investimento cultural. Brant, porém, acredita na possibilidade de sua inscrição numa política cultural mais abrangente, apesar de reconhecer as distorções de mercado:

> É sabido que as leis de incentivo nunca serão capazes de suprir, por si, a ausência de uma política cultural — ainda que continuemos a acreditar que elas possam tornar-se parte importante do desenvolvimento dessa política. Mas no caso de sua utilização no Brasil, têm contribuído para gerar distorções irreversíveis na relação com o mercado (Brant, 2004, p. 68).

Um novo movimento para as políticas culturais, ainda segundo Brant, estaria sendo estabelecido a partir da atuação de Gilberto Gil como Ministro da Cultura. A avaliação das Leis, numa comparação com Muylaert, é também negativa enquanto modelo de investimento em cultura. Mas aqui já está inserida num debate em que elas são a forma primordial de investimento no setor cultural.

Nesse cenário, é fundamental compreender a maneira como Brant advoga por uma relação entre marketing cultural e a esfera estatal. Assim, Brant advoga por uma conexão necessária entre as atividades de responsabilidade social, que as empresas precisariam praticar com as oportunidades de investimentos, e a política cultural estatal. Para isso, seria necessária uma amarração entre práticas já presentes no mercado, no registro da responsabilidade social, com o fomento público à cultura.

Esse ponto, contudo, é complementado a partir de uma proposição importante, que é mais um indício da maneira como há um alinhamento entre as práticas empresariais e as estatais: Brant afirma existirem "políticas culturais" empresariais; calcadas necessariamente na premissa de que o apoio a projetos deveria levar em conta seus benefícios sociais (2004, p. 97-98), os responsáveis pelo impacto de imagem que o patrocínio cultural deveria acarretar. Seria importante que as empresas definissem um "planejamento cultural", "sistema [que] visa a desenvolver uma política cultural privada, respeitando e traduzindo o jeito de ser da empresa ao setor cultural" (2004, p. 119).

A política cultural empresarial, portanto, deveria ter preceitos afeitos às necessidades da empresa, que seriam equivalentes a interesses da sociedade no plano cultural. Não se trata de algo distante do campo semântico empresarial, já que o termo "política" é utilizado nesse universo para designar práticas normatizadas. Mas é singular que seja associado à cultura, quando na realidade são produzidas, no máximo, "políticas de patrocínio".

A inserção desse tipo de terminologia é coincidente com o momento em que as políticas culturais passam a ser operadas pelas leis de incentivo. E a palavra não está apenas nos manuais de marketing cultural, sendo empregada por empresas financiadoras. Produz-se um deslizamento lexical, e é preciso refletir sobre os pontos de encontro e separação entre as políticas culturais estatais e privadas com base em algumas de suas práticas efetivas.

As proposições da Caixa acerca de seu programa de financiamento de projetos vinculados ao patrimônio são significativas para essa reflexão:

> O Programa CAIXA de Apoio ao Patrimônio Cultural Brasileiro tem por objetivo assegurar a preservação e a democratização do acesso ao patrimônio cultural brasileiro por meio do patrocínio a instituições museológicas em todo o território nacional.
>
> A cada edição, são elegidas diferentes ações que podem ser contempladas com o patrocínio, que tragam benefício à instituição museológica a ser apoiada.
>
> Os projetos a serem patrocinados são escolhidos via seleção pública, por entendermos que é a melhor forma de tornar o processo de escolha democrático, descentralizado e transparente.
>
> O Programa encontra-se alinhado à política cultural da CAIXA, que, alicerçada pelo diálogo constante com arte e cultura brasileira, produz condições para o fomento à preservação e valorização patrimonial.
>
> Investir recursos no segmento patrimônio cultural reafirma a visão da CAIXA de que a cultura contribui para o processo de inclusão social, desenvolvimento do pensamento crítico e criativo das pessoas[32].

Nota-se a replicação de um léxico que é tanto identificável com um universo empresarial — e a proximidade com as observações acerca do marketing cultural apresentadas anteriormente seria uma

---

[32] Disponível em: http://www.programasculturaiscaixa.com.br/Home/Programas?idTipoProjeto=4. Acesso em: 20/05/2014.

evidência dessa proposição — quanto com um jargão da administração pública — conforme o que foi descrito até aqui tanto em legislação como na questão da cidadania cultural. Certamente não são todas as empresas que definem suas práticas de patrocínio como uma "política cultural", mas essa aproximação nos termos utilizados para designar os objetivos do trabalho com a cultura é evidente.

É instaurada, na forma como o processo é operado, a correlação entre marketing cultural e administração pública. Atualmente, o mecanismo mais utilizado são as seleções públicas, que se traduzem em "programas de patrocínio" ou "editais". A afirmação da transparência na escolha dos projetos está na apresentação de parte significativa das políticas culturais privadas. O texto abaixo, que apresentava o edital de cultura da Oi Telecomunicações, traz evidências nesse sentido:

> A Oi é uma das maiores patrocinadoras da cultura brasileira e tem, nos últimos dez anos, acreditado no poder transformador da arte. Com o Programa Oi de Patrocínios Culturais Incentivados, apoia projetos nas mais diversas regiões do País e nas mais variadas áreas artísticas, reafirmando anualmente, em Editais Públicos, seu compromisso com a cultura[33].

Para além do compromisso com a cultura brasileira habitualmente reafirmado, a dimensão pública dos editais é também referida. É notável que os formatos dos projetos pedidos, as linhas de patrocínio, as disposições quanto à acessibilidade e à democratização do acesso, entre outros, são feitos com um léxico coincidente com o propagado pelo ministério[34]. As ações e mecanismos de envio das propostas de ação para o patrocinador, como os campos de preenchimento

---

33 Disponível em: http://www.oifuturo.org.br/editais/editais-de-cultura/. Acesso em: 20/06/2014.

34 Sobre esse assunto, cabe mencionar o trabalho de Laura Navallo Coimbra (2014), que mostra como são mobilizados esses instrumentos no financiamento de festivais de dança contemporânea.

numa plataforma online, são os mesmos. E, talvez mais importante, as delimitações das linguagens que podem ser apresentadas para patrocínio são coincidentes com aquelas previstas pelo MinC.

Ainda nessa direção, os manuais de marketing cultural trabalham para ensinar a captura ou crítica desse léxico e/ou a propagação da apresentação de projetos por mecanismos de financiamento previstos na Lei Rouanet. Para além das diferenças observáveis nesses trabalhos e das alternativas que propõem[35], a centralidade do documento é evidente. Essa dimensão aparentemente incontornável da lei está articulada, tanto no sentido de crítica ao mecanismo como em estratégia oposta, no cunho pedagógico adotado por algumas dessas publicações.

O papel dos projetos de ações culturais como mediadores principais para a tríade MinC/proponentes/patrocinadores pode ser relativizado — esse não era o dispositivo principal da Lei Sarney, para citar um exemplo próximo. Há uma dimensão legal e prática, pois se o mecanismo da Lei Rouanet é utilizado pelas empresas, a obediência aos modelos de apresentação propostos no texto legal, apesar de não obrigatória, gera uma redução no volume de trabalho dos proponentes.

O uso do mecanismo de incentivo fiscal não é apontado pelos patrocinadores como condição para o financiamento[36]. Mas se há essa vantagem, mesmo que a prática de patrocínio de atividades culturais como estratégia de divulgação de marcas seja anterior ao surgimento das leis de incentivo, não há por que imaginar que grandes empresas não se aproveitariam tamanho benefício financeiro.

As leis de incentivo representam uma enorme vantagem para as financiadoras. Deixando em suspenso a questão da importância dos projetos, há que se questionar o porquê do Estado possibilitar essa vantagem, que não passa de transferência de recursos públicos. Há uma normatização que emana do Legislativo e do Executivo, mas

---

35 Ver Reis, 2003; Olivieri e Natale, 2010; Machado Neto, 2002; Almeida e Da-Rin, 1992; Fischer, 2002; Cesnik, 2002.

36 Ver Marcos Mendonça, 1994.

essa construção não é feita, apesar dos diversos agentes que têm condição de impactar o processo de produção dos saberes estatais, em conjunto com eles.

Um subsídio importante para esse argumento é o Decreto nº 4.397, de 1º de outubro de 2002, um dos últimos atos do governo FHC na esfera cultural, que permitiu a instituições que prestam "relevantes serviços à cultura brasileira" aprovarem seus planos de atividades para captação via Lei Rouanet. Dessa forma, todo o orçamento necessário para a manutenção de entidades culturais pôde ser assegurado com renúncia fiscal. Esse novo mecanismo, por conta de sua natureza — com investimentos que eram de até R$ 20 milhões, mas foram revistos em 2006, na gestão de Lula, para se tornarem equivalentes à estimativa de recursos passíveis de serem captados a título de doações e patrocínios, de acordo com previsão anual de receita e despesa apresentada pelo proponente —, é possível beneficiador de instituições de grande porte, como fundações ou associações ligadas a grandes empresas. Seria no mínimo ingênuo pensar que sua formulação não surgiu de debates com algumas delas.

Até aqui tratou-se a questão do financiamento através de renúncia fiscal a partir do MinC, mas pode-se pensar no caminho inverso, procurando explicar como as empresas financiadoras conseguiram impactar a construção dos mecanismos atuais de incentivo à cultura estabelecidos pelo governo federal. Esse aspecto perde um pouco da importância se tomarmos como significativo que, no caso do uso da renúncia fiscal para financiamento cultural, opera uma lógica em que o Estado pode ser pensado com base em um feixe de relações que envolve a administração pública e o patrocínio privado. Assim, importa conhecer e apresentar os mecanismos utilizados, como foi feito, e analisar como essa política se efetiva a partir de uma atuação, demarcável no tempo, de agentes e agências da administração pública *em conjunto* com agentes e agências da esfera privada.

Seria possível pensar, a partir de Timothy Mitchell, que a maneira como se procura separar economia, sociedade e Estado não nos ajuda a compreender efetivamente o "fenômeno Estado". Ao contrário, "devemos tomar tais distinções não como a fronteira entre duas entidades distintas, mas como uma linha traçada internamente, dentro da rede de mecanismos institucionais através dos quais uma ordem sociopolítica é mantida"[37](2006, p. 183).

É no trabalho conjunto entre as duas esferas, empresas e administração pública, que se realiza esse tipo de financiamento de práticas culturais. Sua eficácia reside na habilidade para articular muitas agências, ou seja, se o foco sair dos agentes para suas relações e agenciamentos, nas práticas de governo instauradas com esse processo, só podem ter eficácia os efeitos produzidos conjuntamente pela administração pública e pela iniciativa privada — cujas práticas são indícios de um processo de formação de Estado. Articulação essa que é difusa, já que vai além da letra formal da lei e é instituída por relações, nem sempre fáceis de delimitar, que unem os dois tipos de agência.

Esse compartilhamento, no entanto, tem algumas regras aparentes, com implicações políticas e éticas. O processo normatizador emana do ministério — da administração pública, portanto —, mas chega até ele pelas redes sociais, que envolvem o trabalho de empresas, ONGs e movimentos sociais, por meio de relações difusas ou de dinâmicas participativas previstas pela Constituição. Os critérios de seleção, a escolha efetiva do que será financiado (a partir do respeito aos mecanismos comezinhos definidos pelo MinC), são de responsabilidade da iniciativa privada. O que ajuda a perceber a inabilidade da Rouanet para sanar as desigualdades no financiamento cultural, mesmo que essa prerrogativa esteja prevista em seu texto.

Um exemplo, nesse contexto, é a proposta de descentralização do investimento em cultura no eixo Rio-São Paulo[38]. Há aí um

---

[37] No original: "*we must take such distinctions not as the boundary between two discrete entities but as a line drawn internally, within the network of institutional mechanisms through which a social and political order is maintained*".

[38] Dados sobre o volume de projetos apresentados, aprovados e captados via Lei Rouanet e sua concentração regional podem ser encontrados no seguinte documento: "Cultura em Números - 2ª Edição". Brasília: Ministério da Cultura, 2010, p. 187-190.

problema sobre o qual a Lei Rouanet pretendia, politicamente, incidir. Os critérios para a escolha dos projetos não passam pelo ministério, a lógica de aplicação de recursos é aquela que é mais adequada aos interesses do mercado. A lei permite que 20% do orçamento sejam gastos com divulgação, e, no caso de patrocínio (o mecanismo mais comumente utilizado), há veiculação da marca da empresa financiadora. A escolha do que será financiado está relacionada a quem vai ter acesso ao produto cultural previsto e ao desejo que o patrocinador tem de ver a marca em contato com seu público, como nos ensinaram os manuais de marketing cultural. É esperado, dessa forma, que os investimentos se concentram nas regiões mais ricas do Brasil.

Um último ponto precisa ser enfatizado: as Leis de incentivo trabalham para produzir uma institucionalidade para o próprio Ministério da Cultura. Se por um lado temos a já referida normatização da relação possível entre produtores e MinC, por outro há o aumento de recursos sob a guarda do ministério. Desde pelo menos 1995, quando se passou a consolidar os montantes patrocinados via Lei Rouanet, os valores captados por essa via ultrapassam o orçamento total da pasta[39]. Para além do capital financeiro, esse fato implica na sua importância política, seja na relação com outras áreas do governo federal ou na nova proximidade com o empresariado nacional. Essas são as práticas centrais do MinC em seu processo de institucionalização — ainda em curso, mesmo que em outra direção, com o desmonte que se observa a partir do governo Bolsonaro. É necessário, assim, saber como foram construídas as considerações capazes de justificar a atuação e trabalhar conjuntamente para sustentar esse mecanismo.

---

39 Ver "Cultura em Números - 2ª Edição" (2010, p. 187-190).

CAPÍTULO 3

Elaborações das políticas culturais pela administração pública: as proposições de ministros da Cultura

A institucionalização descrita anteriormente — com foco para a compreensão da cultura como direito, a fundação do Ministério da Cultura e a criação das Leis Federais de Incentivo à Cultura — depende da produção em torno da noção de políticas culturais a fim de justificar seus processos. São muitas as esferas que compõem esse movimento, conjugando os diversos agentes institucionais. Cabe investigar quais foram os projetos e concepções de política cultural que emanaram da esfera federal no escopo temporal deste livro. Esse ponto é necessário para que se entenda de que maneira o trabalho feito a partir do Estado colabora com definições do que são (foram e deveriam ser) políticas culturais.

Como a intenção, aqui, é lidar de modo mais direto com aspectos discursivos que foram basilares para construção de ações, planos e projetos, pretende-se explorar essas definições a partir de concepções diretamente elaboradas por três indivíduos capitais no processo de constituição do que se tornou o Ministério da Cultura: os ex-ministros Celso Furtado (1986-1988); Francisco Weffort (1995-2002); e Gilberto Gil (2003-2008).

Nesse sentido, delineiam-se projetos de política cultural que, individualmente enunciados, são possíveis por meio de um campo de possibilidades cujos limites são socialmente determinados (Velho, 1994). Trata-se de um esforço para compreender como alguns indivíduos têm suas trajetórias cortadas por um feixe institucional que eles próprios trabalham para construir e manter.

As observações que se seguem foram realizadas por meio de discursos e textos escritos pelos próprios ministros da Cultura considerados. O objetivo dessa abordagem é a proximidade com noções elaboradas por esses atores quando faziam proposições ou reflexões ligadas às políticas culturais.

Os três autores têm trabalhos que dialogam com outros planos, sejam os de disciplinas científicas, como a ciência política e a economia, sejam questões estéticas e políticas mais amplas. São intelectuais que tiveram proposições — com impactos diferentes — para outras áreas, com efeitos que vão além das políticas culturais. Referências a textos dessa natureza só serão feitas quando necessário para a compreensão de pontos fundamentais de propostas que têm impacto direto nas suas formulações sobre o setor. Procurou-se levar em conta, ainda, a forma como essas concepções se relacionaram com as ações primordiais de cada gestão.

Um último aspecto metodológico importante a ser considerado: não se buscou uma exaustão das ideias dos sucessivos ministros, mas sim trabalhar com base nas que influenciaram de modo mais sistemático a política cultural oficial e cujos preceitos podem ser vistos em sucessores, no caso de Celso Furtado e Gilberto Gil, ou que representam a culminância de um projeto político, como Francisco Weffort. Ressalta-se, enfim, que Furtado teve papel central para a consolidação do MinC, enquanto os outros dois foram os únicos que estiveram por mais de três anos à frente da pasta.

Esses agentes são *atores* e *autores* (Castro Faria, 2002, p. 137), ou seja, seus trabalhos analíticos ou reflexivos não estão nem desligados de sua atuação política nem podem ser encerrados neles mesmos. Seria necessário considerar nesse cenário, como certos autores, caso de Oliveira Vianna, fazem "parte dos escritores que não foram apenas escritores. Foram fundadores, como diz aquele autor, de discursividade, quer dizer, de uma maneira de falar sobre o Brasil da qual ninguém hoje escapa" (Castro Faria, 2002, p. 120).

Celso Furtado e a noção de cultura como antropologia filosófica

Como dito anteriormente, o Ministério da Cultura teve um início atribulado. Com troca constante de titulares, não parece ter havido tempo para que a pasta fosse de fato estruturada num sentido burocrático-administrativo. É nesse cenário que Celso Furtado assume o MinC, com a atribuição de criar um estatuto para o ministério e estabelecer os parâmetros de sua atuação.

Rosa Furtado, esposa de Celso, afirma, na introdução do volume que congrega os textos do autor sobre cultura (Furtado, 2012), que o convite de Sarney, então presidente, vinha acompanhado de uma urgente primeira missão: a criação da estrutura administrativa do ministério. Esse ponto não chegou a ser um grande desafio, já que Furtado tinha larga experiência na administração pública. Já havia sido secretário-executivo da Superintendência de Desenvolvimento do Nordeste (Sudene), entre 1959 e 1964, e atuava, quando recebeu o convite para o MinC, como diplomata em Bruxelas. Teve, ainda, uma respeitada carreira universitária, tendo sido professor de economia do desenvolvimento e economia latino-americana na Sorbonne durante mais de vinte anos.

Os textos considerados aqui foram escritos, em sua maioria, na gestão de Furtado no ministério. É interessante notar um esforço de organização de concepções, a fim de clarificar a relação entre cultura, política cultural, administração pública e Estado. Além disso, ele precisou desenvolver argumentos para justificar uma pasta dedicada à cultura.

Sobre este ponto, Rosa Furtado declara que, revendo

> as pastas de recortes da imprensa que guardamos daquela época, surpreende que tanta gente ligada à cultura, e por tabela os jornalistas que cobriam o setor, ainda questionasse a necessidade de um ministério voltado aos assuntos da cultura. Repórteres repetiam a pergunta ao ministro: "Num

> país que passa fome é necessário um Ministério da Cultura?" Editorialistas de grandes jornais sugeriam que à primeira oportunidade se suprimisse o MinC. A miopia não deixava enxergar que justamente naquele momento de redescoberta das pluralidades culturais tantas vezes abafadas, de reconquista das liberdades ceifadas, um Ministério da Cultura era primordial, tanto mais por se propor não a produzir cultura, mas a mediar e democratizar seu acesso (2012, p. 12).

Celso Furtado foi ministro num tempo em que havia todo um processo de convencimento a ser feito sobre a pertinência do MinC, e isso transparece em suas falas e textos da época. Uma questão primordial em suas reflexões era a crítica a posições doutrinárias que partem de uma isonomia entre desenvolvimento e crescimento econômico. Seria mais adequado um modelo em que a superação da desigualdade estrutural abrisse espaço para a realização das potencialidades da cultura nacional — "falar de desenvolvimento como o reencontro com o gênio criativo de nossa cultura e como realização das potencialidades humanas" (Furtado, 2012, p. 34). Esse processo deveria ser transformado em planos, projetos, ações e reflexões a partir de um comprometimento com um conhecimento da história, pois "a reflexão sobre a cultura brasileira deve ser o ponto de partida para o debate sobre as opções do desenvolvimento" (2012, p. 34). A temática do desenvolvimento, talvez uma das principais da produção intelectual de Celso Furtado, ganhou contornos singulares quando o autor se viu confrontado com o cargo de ministro da Cultura.

Furtado tem uma compreensão de cultura mais abrangente, como a "dimensão qualitativa de tudo que cria o homem. E o que tem sentido profundo para o homem é sempre qualitativo. (...) Em seu esforço para enriquecer a própria vida e a sociedade em que está inserido, o homem cria cultura" (2012, p. 51). Em primeiro plano, ela estaria situada no autocultivo, que ocorreria por um processo de criação de significados. É como se a cultura ocorresse numa ação que impregna de sentidos aspectos específicos da vida. Para isso, subjaz uma concepção de homem que é agente numa atribuição de significados. Há, ainda, uma inserção social, de forma que o processo de significar a própria vida impacta também a sociedade. Esse quadro só seria realidade com uma concepção de cultura que a identificasse duplamente como acúmulo de sentidos e como sistema.

> A reflexão sobre o desenvolvimento traz em si mesma uma teoria do ser humano, uma antropologia filosófica. É nesse sentido que a cultura deve ser observada, simultaneamente, como um processo acumulativo e como um sistema, vale dizer, algo que tem uma coerência e onde o todo não se explica cabalmente pelo significado das partes, graças a efeitos de sinergia (Furtado, 2012, p. 76).

Essa noção de cultura — que, como sistema, deve ser escrita no singular — poderia ser utilizada como chave explicativa de questões amplas. Poderia, ainda, servir de base para certa atuação num campo cultural ou, enfim, justificar certas ações em campos que não necessariamente se liguem a uma esfera da cultura como institucionalizada no Ministério da Cultura. Para pensar política cultural, porém, Furtado faz um recorte nesse conceito, propondo que a cultura que preocupa a administração pública deveria ser pensada como

> o fruto de esforços que realizam homens e mulheres para melhorar sua qualidade de vida, é no cotidiano que deve ser observado, de preferência, o processo cultural. (...) A visão tradicional da cultura como simples enriquecimento do lazer é profundamente antidemocrática, pois nada é mais desigualmente distribuído em nossa sociedade do que o tempo de lazer. Na mesma ótica, atenção particular é dada à melhoria da qualidade de vida dos segmentos sociais mais vulneráveis. É dever do Estado prover os meios para que esses grupos tenham mais facilmente acesso aos bens e serviços culturais (2012, p. 104).

Seria necessária, dessa maneira, uma intervenção do Estado para possibilitar que todos os indivíduos pudessem ser agentes de processos de significação situados no cotidiano. Em alguma medida, se compararmos a noção de cultura mais ampla com esta trazida para ação governamental, o que se poderia imaginar como sendo aspecto definidor é a inserção na esfera cotidiana a partir da qualidade de vida. Desde modo, o que se tem é a crença num potencial de "desenvolvimento cultural" dos segmentos sociais "mais vulneráveis", que não teria sido alcançado por conta de suas dificuldades em acessar bens e serviços culturais.

É nesse registro que a política cultural, na ótica de Furtado, poderia ser compreendida como um

> estímulo organizado a formas de criatividade que enriquecem a vida dos membros da coletividade. Um maior acesso a bens culturais também melhora a qualidade de vida dos membros da coletividade, mas, se fomentado indiscriminadamente, pode frustrar formas de criatividade, mutilando a cultura. (...) Necessitamos de instrumentos para remover os obstáculos à atividade criativa, venham eles de instituições venerandas que se dizem guardiãs da herança cultural, de comerciantes travestidos de mecenas ou do poder burocrático. Trata-se, em síntese, de defender a liberdade de criar, certamente a mais vigiada e coatada de todas as formas de liberdade. Portanto, uma verdadeira política cultural terá de ser conquistada e preservada pelo esforço e vigilância daqueles que creem no gênio criativo de nossa cultura (2012, p. 41).

Observa-se a ênfase em uma cultura nacional, que deveria ser protegida das investidas internacionais que pudessem mutilá-la. Se a criatividade do homem brasileiro poderia ser obtida com o acesso a equipamentos culturais, não são todos os bens dessa natureza que garantiriam o desenvolvimento. A atuação do Estado deveria se contrapor àquela perpetrada pela indústria cultural, cujo avanço seria prejudicial. No outro extremo, uma administração que burocratizasse o apoio à atividade cultural poderia fazê-lo ao ponto de inviabilizá-la.

A política cultural deveria ser uma atuação do Estado que pudesse salvaguardar a herança cultural brasileira a fim de que não se tornasse uma prisão para a criatividade. Ao mesmo tempo, deveria haver ações para que a cultura nacional fosse acessada e melhor conhecida por todos os brasileiros. Furtado pontua a importância da afirmação de uma identidade cultural, fundada na ideia de manter com o nosso passado uma relação enriquecedora com o presente: "[Para] possibilitar o desenvolvimento cultural partindo do pressuposto da própria identidade e do nutrir-se de raízes próprias" (2012, p. 77). Há, portanto, uma ideia de identidade que justificaria e subsidiaria a política cultural — de especial importância na redemocratização, já que a identidade, mesmo que expressa coletivamente, estaria situada, como possibilidade, na experiência de liberdade individual.

Este ponto é correlato às condições mínimas, na opinião de Furtado, para que seja construída uma política cultural. A primeira delas, seria que a liberdade fosse o "clima da cidadania", e a segunda, seria a "garantia pelo governo" de um nível crescente de emprego e renda, a fim de que houvesse uma correção da tendência estrutural da economia brasileira para a concentração de riqueza. A proposta de política cultural apresentaria, assim, uma noção de Estado diferenciável do governo (um sinônimo para administração pública, na escrita de Furtado) a partir da construção de um projeto político — e, em boa medida, ideológico. A concepção de Estado do autor se relaciona a um projeto mais amplo que pudesse balizar a gestão de seu ministério, mas que estaria além dele. Assim, o Estado atuaria como reparador das desigualdades, o que deveria ser a marca da sua atuação no MinC (2012, p. 95).

Com base nas noções de cultura, política cultural e Estado, aliadas aos conceitos de desenvolvimento e criatividade, Furtado estabeleceu quatro diretrizes centrais de sua gestão:

> **1.** a preservação e o desenvolvimento de nosso patrimônio cultural, visto como um todo orgânico que deve se integrar no cotidiano da população;

2. o estímulo à produção cultural, sem interferir na criatividade mas prestando o necessário apoio ali onde ela se materializa em bens e serviços de ampla circulação;

3. o apoio à atividade cultural ali onde ela se apresenta como ruptura com respeito às correntes dominantes, ou como expressão de grupos diferenciados por raízes étnicas, históricas, sociais e mesmo geográficas;

4. o estímulo à difusão e ao intercâmbio culturais visando a democratizar o acesso a nosso patrimônio e a bens e serviços culturais dentro do país e além de nossas fronteiras (2012, p. 78-79).

Nota-se a definição de uma agenda de intervenção pelo ministério com base em pontos marcados que atuariam de modo complementar para dar conta do projeto de política cultural definido para o país. Nesse ponto, como dito, a Lei Sarney foi fundamental, sendo um dos aspectos mais importantes de sua gestão. Na visão de Furtado, ela transferia a escolha do financiamento cultural para a sociedade civil:

> Atendendo às aspirações da sociedade civil no sentido de caminhar com seus próprios pés, livre da contestada tutela do Estado, a Lei Sarney é um desafio para que a própria cidadania assuma as atividades culturais. Seu espírito descentralizador transfere para a sociedade a iniciativa dos projetos, a mobilização dos recursos e o controle na aplicação (2012, p. 84).

Furtado avalia a lei como uma chance para que a sociedade civil tomasse as rédeas do financiamento, livrando-se da tutela do Estado. Se, como mencionado, o autor tem uma preocupação recorrente no estabelecimento de parâmetros a partir da definição dos termos que usa correntemente, "sociedade civil" não é um dos que mereceram grande atenção. Não se sabe ao certo se as grandes corporações — que rapidamente se tornaram as usuárias majoritárias da lei —estariam contempladas na noção. Analisando a teoria do Estado do ex-ministro, que atuaria num sentido de minimizar as desigualdades socioeconômicas, esse modelo de financiamento liberal poderia ser pensado como um complemento às outras políticas executadas pelo ministério.

Celso Furtado pode ser tido como o ministro que estabeleceu os parâmetros de convencimento para a pertinência do próprio ministério. Suas compreensões claras do que seriam cultura e política cultural trabalharam no estabelecimento dessa posição. No plano das ações, a estrutura criada para a pasta, que sobreviveu por muitos anos e ainda está em boa medida no MinC, e a constituição da lei de incentivo são tópicos que deram a necessária materialidade ao ministério em formação.

Francisco Weffort: um modelo neoliberal?

Francisco Weffort, professor de ciência política na Faculdade de Filosofia, Letras e Ciências Humanas da USP, foi ministro da Cultura durante todo o governo de Fernando Henrique Cardoso. Doutorou-se em 1968 com a tese "Populismo e Classes Populares", sob orientação de Paula Beiguelman. Seus temas de pesquisa giram em torno da teoria do Estado, do populismo, do sindicalismo e do comportamento político. Foi presidente da Anpocs (Associação Nacional de Pós-Graduação e Pesquisa em Ciências Sociais) e do Conselho Superior de Ciências Sociais da FLACSO (Faculdade Latino-americana de Ciências Sociais). Um dos fundadores do PT, ele se desfiliou do partido em 1995, quando assumiu o ministério do governo PSDB.

A questão normalmente apontada como primordial de sua passagem pelo MinC é a implantação efetiva da Lei Rouanet. Criada ainda sob o governo de Collor, é durante a gestão FHC que ela se torna o principal mecanismo de financiamento de projetos culturais com apoio da esfera federal. Outras questões precisam ser detalhadas para que se entenda melhor como a lei se inseriu num projeto mais extenso para a pasta.

A produção de Weffort na universidade tem relações com alguns conceitos centrais para a ciência política brasileira contemporânea. Tido como um referencial para a área, ele ajudou a lapidar e popularizar reflexões em volta da modernização e do desenvolvimento; de teorias de dependência; e, enquanto esteve à frente do MinC, das relações entre as questões mencionadas e a "cultura".

O primeiro conceito que se deve conhecer para compreender as concepções de Weffort acerca da política cultural é a noção de cidadania que emprega. Em um livro publicado em 1992, fruto de um seminário financiado pelo Banco Bamerindus de nome "Brasileiro: Cidadão?", Weffort apresentou o texto "Brasil: Condenado à Modernização?". Nele, procura descrever como seria possível uma cidadania no contexto nacional de então.

Suas observações iniciais, após longa citação de Ulisses Guimarães, procuram estabelecer uma dimensão social para o problema da cidadania, a fim de que pudesse ser pensada não apenas como um fenômeno jurídico-legal. O que traria essa dimensão seria a promessa de direitos básicos, como salário justo, moradia, alimentação, acesso a hospitais, médicos e lazer. Para conceder um livre exercício da cidadania seria preciso suprir necessidades mais básicas que transformassem esse direito potencial em algo praticado. Pode-se, assim, pensar na superação de um modelo jurídico que garantiria potencialidade para a cidadania de inscrição social, centrado nos passos necessários para que os indivíduos pudessem, de fato, exercer sua cidadania. É nesse contexto que Weffort, citando Afonso Arinos, afirma que a Constituição de 1988 deveria assegurar direitos coletivos e sociais, mas estaria centrada em direitos individuais.

O autor considera o texto constitucional um passo importante da passagem para a democracia, mas encontra nele traços ainda conservadores. Uma característica da escrita da Carta Magna seria afirmadora dessa posição: ter sido feita por segmentos representados. Esse ponto evidencia o avanço de um cenário repressivo anterior (que, na opinião do autor, é uma melhora significativa), sendo preciso atentar para o fato de que os segmentos que trabalharam no texto constitucional — apesar de incluir movimentos sindicais, partidos políticos de esquerda e direita, e outras instâncias socialmente conhecidas como coletivas — não são representativos de parte significativa dos brasileiros.

É nesse sentido que Weffort se interroga:

> A Constituição define uma intenção com relação ao salário mínimo. Mas eu me inspiro em Afonso Arinos e pergunto: quem garante que esta intenção constitucional se cumpra? A Constituição define uma intenção relativa aos direitos à educação. Quem garante que tais intenções se cumpram? Ela define intenções relativas ao direito de trabalho. Como se garantem tais direitos? Este é o grande problema, a meu ver, quando se trata de enfrentar o tema da cidadania no Brasil. É que estamos dentro de uma sociedade que apresenta uma tal escala de desigualdade que a noção de igualdade, implícita na ideia da cidadania, não tem como se realizar para o conjunto da população (Weffort, 1992, p. 191-192).

Com base nessas observações, que dialogavam com a Constituição Federal escrita há somente quatro anos, Weffort caminha para temas que poderiam ajudar a entender as questões mais importantes para a cidadania do Brasil daquele tempo. O maior problema estaria na imensa desigualdade social, que ele qualifica apresentando dados de pesquisas sobre a renda dos brasileiros.

Estabelecido um contexto de desigualdade, ele se interroga sobre a possibilidade, para a maioria dos indivíduos que tinham mínimas condições materiais de vida, de se inserir num processo de associativismo e organização. Se os cidadãos seriam aqueles capazes de se organizar — e essa concepção foi a tônica no processo constituinte —, a cidadania não seria viável para grande parte dos brasileiros.

Na questão do associativismo, observa-se uma ambivalência, já que o ex-ministro o afirma tanto como indício de que a cidadania não seria alcançada por parte significativa dos brasileiros, excluídos pelos processos materiais de desigualdade, quanto como avanço, já que era uma possibilidade — em contraposição ao regime totalitário anterior — e estava se tornando mais significativo socialmente.

A cidadania, deste modo, estaria ligada a um processo de ampliação das capacidades individuais de participação na vida coletiva, o que deveria ser assegurado por um acesso mínimo a uma existência materialmente possível. Essas proposições levam Weffort a refletir acerca de outros dois pontos que seriam marca de sua produção e influenciariam no seu projeto de política cultural: o desenvolvimento e a modernização, associando-os, com a garantia da cidadania, à questão da cultura.

> Num país que enfrenta condições sociais e econômicas tão difíceis quanto as nossas atuais, a formação da cidadania é um problema que vai além do tema da cidadania. A formação da cidadania vai junto com a consolidação das instituições da cidadania e com o desenvolvimento econômico e social do país. A formação da cidadania é sobretudo, enquanto formação do cidadão, um fenômeno da área da educação, da área da cultura, da área da organização, da área da capacidade de associação das pessoas. (...) No Brasil, as pessoas que participem deste processo de formação da cidadania deverão ter consciência de que ele deve caminhar com o processo de consolidação das instituições democráticas (1992, p. 194).

A área da cultura poderia ser pensada como um lugar importante para a formação da cidadania, onde seria possível vê-la florescer em suas instituições. Esse seria o caminho para que chegasse de forma mais efetiva a um número cada vez maior de brasileiros. A cultura, como a educação e a possibilidade de associação, seria um dos campos que poderiam trabalhar para uma espécie de pedagogia cidadã.

Esse processo, contudo, não seria imediato. As instituições democráticas não têm seu amadurecimento absoluto a partir da instauração inicial da democracia — no caso, a partir da extinção do regime militar. Deveria ser pensada como um processo formativo, cujos ganhos, mesmo que pequenos, devem ser comemorados. A modernização, assim, seria o resultado desse processo juntamente com o desenvolvimento econômico. Esse é um projeto em que a cidadania — calcada num exercício individual de liberdade — deveria ser acompanhada de um desenvolvimento econômico para que o Brasil chegasse a ser um país moderno. É um modelo de inspiração liberal, portanto.

Não seria o caso de fazer uma transposição das questões expostas sobre o pensamento de Weffort e a política cultural que implementou no MinC, mas há, certamente, afinidades. No livro "A cultura e as revoluções da modernização" — publicado pela Edições Fundo Nacional de Cultura, mantida pelo ministério em sua gestão —, ele estabelece alguns traços importantes de sua compreensão sobre o panorama cultural e como o órgão deveria atuar sobre ele.

Ao analisar os caminhos do governo de Fernando Henrique Cardoso nos anos 2000, o ex-ministro nos oferece uma concepção da nova atuação do Estado, que avalia como ideal e teria impactos diretos na forma como atuou no ministério.

> O projeto nacional, mais do que intenção, vontade, discurso, é um processo real no qual trabalham não apenas o Estado, mas o conjunto da sociedade. No país novo que se vê no horizonte, caminha-se, não para o Estado mínimo, mas para a construção de um Estado capaz de "pilotar" o processo de desenvolvimento. Um Estado que vai deixando de lado muitas das suas funções como intervencionista e produtor, para crescer na capacidade de regulamentação. Se os monopólios de Estado não nos servem, não temos por que admitir a vigência dos monopólios privados. Isso significa que o Estado deve tornar-se mais democrático, deve ter mais participação da sociedade e do Congresso (Weffort, 2000, p. 52).

O Estado assumiria um papel regulatório, que ganharia mais importância com as várias privatizações promovidas por FHC, o qual deveria trazer para seu escopo de atuação a sociedade como um todo e o Congresso. Existe nessa argumentação uma confluência com a linha de pensamento político desenvolvida pelo autor, cujo texto menciona, inclusive, que um projeto de nação só seria efetivo quando as mudanças chegassem aos mais pobres. Mas é importante marcar a defesa de um tipo de atuação estatal que, certamente, não estaria no campo de possibilidades do PT da década de 1980.

Há dois aspectos sequenciais na forma como Weffort pensa a relação entre Estado e cultura . O primeiro é o jeito como a identidade nacional, efetivada a partir do cultural, seria fundamental tanto para uma espécie de compreensão social do mundo como para a atuação estatal e suas políticas de governo. O segundo é como esse processo é informado pela cultura nacional.

A identidade seria um ponto de amparo que poderia trabalhar para promover um fortalecimento do país como nação, um processo necessário para que se construísse a expressão identitária num sentido nacional. A dimensão da cultura enquanto valores, costumes e tradições também teria um papel central. Para o ex-ministro, a partir do reforço do que seriam as características principais da cultura do Brasil (historicamente compreendida, mas presentemente significada), poder-se-ia chegar a uma identidade nacional reconhecida por trazer a marca da experiência humana em um contexto brasileiro. Os processos de sua afirmação não seriam óbvios, nem a sua forma acabada — justificando uma atuação sobre a identidade através do trabalho político e de governo. A identidade brasileira deveria ser afirmada pela diversidade: "a vocação da mistura é o essencial da nossa identidade, a vocação da abertura para o diverso. A diversidade cultural é essencial naquilo que nós nos fizemos como país" (2000, p. 98).

O ex-ministro supõe que cultura e identidade têm relações próximas, na medida em que a primeira revela a última. Ter uma identidade nacional é tido como algo essencial, especialmente por conta da globalização. A inserção internacional é valorizada e, para que o Brasil assumisse seu lugar no mundo globalizado, seria preciso um reconhecimento de características próprias face à tendência cultural homogeneizante surgida com a exploração de mercados de consumo.

Esse fato, porém, é tomado como oportunidade. Para assegurar que a internacionalização não seja danosa para a cultura nacional necessitavam-se meios para uma afirmação efetiva da identidade cultural brasileira: "seja como for, as condições da globalização nos obrigam a reconhecer, com mais força do que antes, que temos uma casa, um lugar" (Weffort, 2000, p. 63). É nessa conjuntura que um agenciamento para a cultura poderia ser efetivado com uma atuação conjunta entre Estado e mercado. Deste modo, "desenvolver, fomentar a cultura é matéria de política de Estado que dever ter olho aberto para cultura como valor em si, bem como produto de larga aceitação no mercado" (2000, p. 64).

A atuação do mercado seria primordial tanto como elevador do potencial econômico das atividades culturais como pela oportunidade de acesso, por meio da venda, a essas mesmas atividades. O incremento de ações culturais, financiadas pelo Estado ou reguladas por ele e produzidas pelo mercado, colaboraria para o fortalecimento da identidade nacional. Assim, "a cultura terá que receber (...) reconhecimento como política de Estado se quisermos projetar para o futuro uma visão do lugar deste país no mundo globalizado" (2000, p. 60).

A política cultural teria como função, consequentemente, organizar as atividades culturais partindo de uma concepção específica de identidade nacional, mas não prescindiria da iniciativa privada:

> Nas áreas da educação e da cultura, nem Estado nem mercado resolvem tudo, só podem ajudar se forem concebidos como parceiros em uma trajetória que haverá de apoiar-se no aprimoramento da democracia e no crescimento da economia. É este o caminho que temos trilhado para realizar as tarefas da nova revolução brasileira (Weffort, 2000, p. 67).

Tal estratégia de acoplamento à iniciativa privada, em especial para o financiamento via incentivo fiscal, combinada à interferência mínima do Estado no mercado cultural como regulador (não anulada pela criação da Ancine em 2002), foi a marca central da gestão de Weffort no Ministério da Cultura.

O livro "Um olhar sobre a cultura brasileira" — organizado pelo ministro e por Márcio de Souza, então presidente da Funarte — faz um balanço do MinC no primeiro governo de FHC, expondo as principais ações desenvolvidas pelo ministério nas áreas de patrimônio, música, artes cênicas etc. Chama atenção a ênfase para essas atividades como ações produtivas, num sentido liberal. O prefácio escrito pelo presidente dá o tom da publicação, ressaltando o compromisso do ministro "com o único critério que deve presidir de modo dogmático às ações governamentais nesse terreno: o absoluto respeito ao pluralismo das formas e conteúdos da expressão cultural do nosso povo" (Cardoso, 1998, p. 14).

Gilberto Gil e as políticas públicas de cultura como "do-in" antropológico

Até aqui, foram descritas as proposições de dois intelectuais ligados de forma direta à economia e à ciência política, mas com Gilberto Gil o registro que lidamos não é tão definido. Ele se graduou em Administração Pública pela Universidade Federal da Bahia em 1964, mas foi com a música que se tornou conhecido.

É importante citar as incursões de Gil na política institucional. Em 1987, tornou-se presidente da Fundação Gregório de Mattos, principal órgão voltado à cultura de Salvador. Dois anos depois, após filiação ao PMDB, elegeu-se vereador na mesma cidade. Desfiliou-se e virou membro do Partido Verde (PV) em 1990, integrando sua vertente executiva nacional.

Gilberto Gil não esteve conectado oficialmente a universidades, mas sua atuação no campo musical nunca esteve desligada de elaborações ou militância. Assim como a relação com o movimento tropicalista, como ele mesmo pontuou, não esteve apartada das noções que embasaram sua atuação como ministro. Temos, então, um músico intelectual, com reflexões sólidas e recorrentes sobre sua produção, feitas a partir da construção como invenção cultural.

Cabe refletir sobre o significado de ter um músico negro como chefe da pasta de Cultura. A eleição de Lula trouxe uma série de reflexões sobre o que seria um governo de esquerda. Analisando os ministros anteriores, em sua maioria intelectuais brancos com carreiras universitárias, a estratégia de trazer um "artista" para gerir o ministério ajudou a encenar uma mudança tida como necessária na gestão do MinC. O próprio Gilberto Gil, em seu discurso de posse, dá pistas sobre a importância dessa

> Escolha prática [de Lula, indicando Gil como Ministro], mas também simbólica, de um homem do povo como ele. De um homem que se engajou num sonho geracional de transformação do país, de um negromestiço empenhado nas movimentações de sua gente, de um artista que nasceu dos solos mais generosos de nossa cultura popular — e que, como o seu povo, jamais abriu mão da aventura, do fascínio e do desafio do novo. E é por isso mesmo que assumo, como uma das minhas tarefas centrais, aqui, tirar o Ministério da Cultura da distância em que ele se encontra, hoje, do dia a dia dos brasileiros (Gil, 2013, p. 229).

Trata-se de um ministro capaz de simbolizar a mudança pela qual a pasta deveria passar e de ser uma expressão metonímica do governo Lula. Esse fato já é indício, contudo, de questões que poderiam ser associadas à atuação de um governo de esquerda na esfera da cultura. Cabe conhecer, então, as noções de cultura e política cultural pensadas por Gil enquanto ministro e como elas dialogam com as proposições anteriores.

Em várias oportunidades, seja no seu discurso de posse, seja em aulas magnas ou em falas a deputados e senadores, Gil se preocupa em relacionar a forma como trabalha com o conceito de cultura. A dimensão antropológica dessa noção é largamente citada:

> o que entendo por cultura vai muito além, do âmbito restrito e restritivo das concepções acadêmicas, ou dos ritos e da liturgia de uma suposta "classe artística e intelectual".

> Cultura, como alguém já disse, não é apenas "uma espécie de ignorância que distingue os estudiosos". Nem somente o que se produz no âmbito das formas canonizadas pelos códigos ocidentais, com as suas hierarquias suspeitas. Do mesmo modo, ninguém aqui vai me ouvir pronunciar a palavra "folclore". (...) Não existe "folclore" — o que existe é cultura. Cultura como tudo aquilo que, no uso de qualquer coisa, se manifesta para além do mero valor de uso. Cultura como aquilo que, em cada objeto que produzimos, transcende o meramente técnico. Cultura como usina de símbolos de um povo. Cultura como conjunto de signos de cada comunidade e toda a nação. Cultura como o sentido de nossos atos, a soma de nossos gestos, o senso de nossos jeitos. Desta perspectiva, as ações do Ministério da Cultura deverão ser entendidas como exercícios de antropologia aplicada (Gil, 2013, p. 230).

Há uma pressuposição da cultura como sendo construída por uma coleção de signos, instaurados e instauradores do fazer, que se evidenciam nas experiências individuais, mas que as ultrapassariam. E, se a prática como vida é o aspecto principal da definição, somente aí poderia ser percebida uma articulação com a antropologia. No trecho citado há margem para supormos que se trata de uma concepção semiótica de cultura, mas não está claro com que acepção antropológica (como em tantas outras abordagens a partir das políticas culturais, na fala de Gil é suposto haver "uma" antropologia) dialoga. Em outro momento, o ministro nos oferece tanto uma relação precisa com um conceito antropológico como uma conexão com o que se pensava no tropicalismo:

> Para os tropicalistas — e para o pensamento que defendo até hoje —, a cultura não é uma coisa, uma estrutura já definida e cristalizada, mas um processo, um continuum múltiplo e contraditório, paradoxal até, que existe ao ar livre, fora do "freezer", e não se contém em compartimentos imóveis. Cultura é sinônimo de transformação, de invenção, de fazer e refazer, no sentido da geração de uma *teia de significações* que

> nos envolve a todos — e que sempre será maior que nós, em seu alcance e em sua capacidade de nos abrigar, surpreender e iluminar. Foi por esta compreensão que nunca quisemos ser os donos da verdade. Porque a cultura brasileira é feita pelo povo brasileiro — e não por um punhado de pessoas que se julgam esclarecidas e detentoras do sentido e do destino histórico do país (Gil, 2013, p. 235).

A referência à teoria cultural de Geertz[40] é nítida, e estaria centrada nas teias de significado e na existência do brasileiro como pontuação expressiva de determinado contexto cultural. Por isso, Gil poderia falar do brasileiro tanto quanto Geertz trata do "balinês". Do tropicalismo, tem-se a tentativa de trânsito por diversos fluxos que trabalhariam na construção de práticas para além de hierarquizações, sem que a estrutura social fosse imediatamente reproduzida nas produções simbólicas e conservando sua dimensão hierárquica, como gostariam alguns conceitos de cultura correntes. É com estes pressupostos que seria possível lidar com uma cultura brasileira:

> As culturas populares das várias regiões e microrregiões do Brasil têm histórias de contato com as culturas eruditas e a indústria cultural. (..) O que significa que acreditar na autenticidade é apenas uma maneira de fingir que toda cultura não tem origem na impureza, na troca, na mistura (Gil, 2013, p. 236).

Essa posição poderia fazer supor que o autor não trabalharia com uma identidade nacional definida. Ocorre, no entanto, que a escolha de traço identitário seria exatamente a multiplicidade.

---

[40] "O homem é um animal amarrado a teias de significados que ele mesmo teceu, assumo a cultura como sendo essas teias e sua análise" (Geertz, 1978, p. 15).

> Em verdade, podemos mesmo dizer que a diversidade interna é, hoje, um dos nossos traços identitários mais nítidos. É o que faz com que um habitante da favela carioca, vinculado ao samba e à macumba, e um caboclo amazônico, cultivando carimbós e encantados, sintam-se — e, de fato, sejam — igualmente brasileiros. (...) Somos um povo mestiço que vem criando, ao longo dos séculos, uma cultura essencialmente sincrética (Gil, 2013, pp. 232-3).

O Estado, nesse cenário, não poderia ser um produtor de cultura, mas deveria organizar-se para criar condições de acesso universal aos bens simbólicos. Estabelecida uma concepção de cultura marcada pela diversidade, ele poderia compor uma nova atuação no campo cultural. Para Gil, houve um momento em que o Estado autoritário pautou sua ação em uma noção fechada e imóvel de cultura, sendo substituído por um ente ausente, que transferia para a iniciativa privada sua esfera de atuação. A gestão do ministro pretendia trabalhar com um "Estado presente, democrático, responsável, capaz de apoiar e potencializar a cultura brasileira, por meio de políticas variadas" (2013, p. 413).

Na conjunção da noção antropológica de cultura com uma proposta de Estado ativo e presente, Gil postula uma política cultural que seria, ela mesma, um fazer cultural:

> Não cabe ao Estado fazer cultura, a não ser num sentido muito específico e inevitável. No sentido de que formular políticas públicas para a cultura é, também, produzir cultura. No sentido de que toda política cultural faz parte da cultura política de uma sociedade e de um povo, num determinado momento de sua existência. No sentido de que toda política cultural não pode deixar nunca de expressar aspectos essenciais da cultura desse mesmo povo. Mas, também, no sentido de que é preciso intervir. Não segundo a cartilha do velho modelo estatizante, mas para clarear caminhos, abrir clareiras, estimular, abrigar. Fazer uma espécie de "do-in" antropológico, massageando pontos vitais, mas momentaneamente desprezados ou adormecidos, do corpo cultural do país. Enfim, para avivar o velho e atiçar o novo. (...)

> As políticas públicas para cultura devem ser encaradas, também, como intervenções, como estradas reais e vicinais, como caminhos necessários, como atalhos urgentes. Em suma, como intervenções criativas no campo do real histórico e social (Gil, 2013, p. 233).

Há uma ideia de que a "cultura política" fosse replicada na atuação do Estado. Não fica claro, porém, a forma como a diversidade — para usar um conceito nativo — da cultura política seria transposta para a política cultural. Certamente, Gil responderia a esse questionamento usando as várias instâncias de comunicação e participação criadas por seu ministério, mas esse ponto é definidor de uma das práticas políticas e de representação disponível.

Havia, ainda, na gestão de Gil a preocupação com o financiamento de atividades culturais. O modelo por renúncia fiscal foi alvo de inúmeras críticas, em especial no início de seu período no ministério. Uma de suas propostas iniciais era a

> revisão da legislação de incentivos fiscais que suporta a ação do Mecenato, cujo desempenho, através da Lei Rouanet e da Lei do Audiovisual, acumulou distorções de toda ordem — entre elas, ausência da contrapartida financeira do parceiro privado, concentração regional dos benefícios, aberrações fiscais, surgimento de fundações privadas (de grandes empresas), em larga medida criadas e alimentadas com dinheiro público, sem as devidas contrapartidas (2013, p. 241).

Gil mostra conhecimento sobre aspectos de crítica mais flagrantes nas leis, dando margem para suposições de que construiria uma nova legislação de incentivo ou a extinguiria. Suas propostas culminaram na feitura de uma grande reforma na Lei Rouanet, que só chegou ao Congresso em 2010, quando já não era mais ministro. Não se pode deixar de mencionar que, ainda em sua gestão, houve processos que possibilitaram o aumento do financiamento de fundações privadas, substituindo o teto de R$ 20 milhões por uma quantia "compatível" com o plano de atividades proposto — e admitindo valores maiores, por meio de decreto publicado em 2006.

O léxico dos direitos deveria ser a marca da atuação de seu ministério, de forma que seria possível trabalhar por um processo mais abrangente de desenvolvimento cultural da sociedade. Assim,

> a afirmação deste direito cultural dos brasileiros — no Ministério da Cultura — tem nos levado a incluir grupos culturais e populações que jamais tiveram contato com o ministério, com o Estado, e que produziram cultura apesar das políticas culturais do passado. Grupos indígenas, quilombolas, os milhares e milhares de pontos de cultura, aliam hoje expressões culturais, pesquisa, banda larga, rádio comunitária, exercendo direitos culturais que passaram a ser garantidos minimamente pelo apoio e reconhecimento do Estado (Gil, 2013, p. 412).

É nesse contexto que o MinC deveria ter um

> papel estratégico de promotor do desenvolvimento cultural da sociedade brasileira e criador de condições indispensáveis à construção da cidadania em nosso país, já que o combate à exclusão social passa necessariamente por uma ação de inclusão cultural, que garanta à pluralidade de nossos fazeres o acesso universal aos bens e serviços culturais e à criação e produção desses mesmos bens (Gil, 2013, p. 240).

Afirma-se, assim, a compreensão de que a cultura como direito seria assegurada a partir da atuação do ministério para um público mais amplo, de forma que populações que nunca tiveram a atenção do MinC poderiam, agora, contar com uma interlocução com a pasta. Há, pois, uma atuação reparatória, que garantiria de modo mais abrangente o direito à criação e ao acesso a bens culturais.

A maneira como esse projeto foi efetivado tem relação com uma compreensão de política cultural enquanto política pública de cultura:

> A cultura como direito e cidadania é o que impulsiona e o que permite que falemos em políticas — PÚBLICAS — de cultura. Políticas onde o foco não são os produtores culturais — a antiga clientela exclusiva do ministério — mas toda a sociedade brasileira em seu direito à cultura [grifo no original] (Gil, 2013, p. 412).

Talvez este seja um dos marcos da gestão de Gilberto Gil, transformando a concepção de políticas públicas de cultura em noção hegemônica. Pode-se considerar inédita no país a existência de tantos "planos" e "programas" de ação, que atuam para assegurar a "transversalidade" na gestão do campo cultural, a partir da "territorialidade" ou da esfera "comunitária". Esse processo foi viabilizado através de múltiplos esforços, dos quais dois pontos se mostram como resultados importantes: a mudança na legislação, sobretudo na Constituição Federal, para a criação do Sistema Nacional de Cultura (SNC); e a criação de programas de financiamento com valores médios para ações pré-existentes e desenvolvidas em plano local.

O Sistema Nacional de Cultura criou mecanismos que possibilitam uma integração mínima entre os entes estatais e incita, em consequência, que municípios e estados estabeleçam a estrutura necessária para esse processo. Há inúmeros municípios no Brasil, por exemplo, que não têm um órgão executivo dedicado aos assuntos da cultura. Sem ele, não podem integrar o SNC. E, sem integrar o sistema, possivelmente não terão acesso — ou o terão com muito mais dificuldade — aos financiamentos federais. A implantação do Sistema Nacional de Cultura nos municípios e estados tem sido alvo de inúmeros agenciamentos do ministério[41].

Já sobre os projetos prioritários do MinC de Gilberto Gil, cabe mencionar o Programa Mais Cultura e sua ação mais conhecida: o Programa Cultura Viva, criado em 2003, cuja proposta principal é a

---

[41] A dissertação de Pedro Gondim Davis (2013) analisa alguns dos agenciamentos feitos pelo MinC na cidade de Belo Horizonte.

criação de "pontos de cultura", oferecendo financiamento ao longo de três anos para proponentes que já tenham alguma ação cultural em curso. O valor total de R$ 180 mil é dividido em parcelas anuais e há rubricas pré-estabelecidas para o uso dos recursos, direcionando parte significativa deles para equipamentos multimídia.

É importante, nesse contexto, acenar que os pontos de cultura procuraram lidar com o problema da concentração de recursos — tanto em sentido geográfico, no Sudeste, como de linguagem — rompendo com o privilégio de financiamento de determinadas ações culturais. Foram feitos investimento em ações de natureza cultural que não tinham, necessariamente, organização jurídica ou administrativa para postular recursos públicos ou privados.

Os pontos de cultura podem ser pensados como um programa que procura descentralizar os investimentos nas áreas ricas do país, ensinando aos produtores destacados do mercado cultural como versar suas produções como algo passível de investimento estatal. O preenchimento de editais; o necessário respeito às leis fiscais escritas para grandes convênios; e o aprisionamento de rubricas para certos gastos evidenciam como o mecanismo escolhido para a mudança do curso de investimento é fruto de uma atuação pedagógica do Estado no ensinamento de seus saberes — correlatos, por exemplo, aos exigidos para a Rouanet.

* * *

Celso Furtado, Francisco Weffort e Gilberto Gil tiveram atuações muito diferentes em seus períodos como Ministro da Cultura. O primeiro criou uma estrutura administrativa e a pioneira lei de incentivos ficais; o segundo estabeleceu essa modalidade de investimento, transformando-a no ponto primordial de atuação do MinC; e o último constituiu mecanismos importantes para que a política cultural se institucionalizasse como política pública. Quando se examina como conceituam a política cultural, temos questões coincidentes, que são trabalhadas com matizes distintos.

A coincidência principal, talvez, seja a proposição de uma noção ampliada de cultura. Os três ex-ministros procuram conceituá-la para que seja possível enquadrar no seu escopo distintas práticas, fazendo com que o campo de atuação das políticas culturais supere o das artes. Celso Furtado entende a cultura como um sistema que engloba processos de significação protagonizados pelo "homem", que estaria realizando, também, uma espécie de autocultivo. O conceito de cultura de Gil, por sua vez, preserva a característica semiótica, mas explica o termo como uma rede de significados tecida pelo brasileiro, formatada por fluxos, sem que houvesse uma determinação de origem ou hierarquia. Já Weffort desenvolve de forma menos sistemática uma conceitualização da cultura, apesar de mencionar seu entendimento como um conjunto de hábitos e tradições.

A dimensão da cultura dá margem para a forma como as políticas culturais deveriam construir um projeto nacional. Os autores, nesse aspecto, supõem a existência de identidades culturais brasileiras que deveriam ser o alvo de trabalho do ministério. Esse traço identitário seria caracterizado pela diversidade cultural do país, que teria na mistura sua unidade possível. De algum modo, o pressuposto da identidade ajuda a circunscrever um universo de atuação ao mesmo tempo que a justifica. Há em comum, ainda, o desejo de uma espécie de preservação dinâmica, em que a história do país seja mobilizada para a construção de um projeto de nação.

O desenvolvimento está presente na política cultural dos três. Celso Furtado traz esse tópico para o foco de seu ministério e o extrapola: a cultura deveria permear todo o projeto de desenvolvimento nacional. Na sua ótica, um desenvolvimento de fato só ocorreria quando a dimensão econômica fosse pensada em consonância com a cultura brasileira. Assim, seria possível estabelecer um projeto que tivesse por base a superação da desigualdade material e que seria atingido por meio da criatividade potencial dos brasileiros. Gilberto Gil, apesar de dar uma ênfase menor ao tema, tem posições próximas às de Furtado, citando-o como referência em inúmeras oportunidades. Weffort, por outro lado, situa o desenvolvimento econômico como um dos eixos da modernização, que seria conseguida com o incremento das instituições democráticas, sendo a cultura uma delas.

Os conceitos de política cultural têm variações a partir da conexão entre cultura e identidade, mas passam necessariamente por um conjunto de ações organizadas. Celso Furtado pretendia que sua política cultural abrisse caminho para o desempenho do trabalho criativo por todos os brasileiros. Gil buscava empreender um exercício de antropologia aplicada, um "do-in" antropológico, a fim de que o Estado englobasse práticas culturais de públicos que nunca haviam tido contato com o MinC. Além disso, entendia que as políticas culturais seriam reflexo da cultura política do país e, assim, se constituiriam como uma prática cultural. Weffort, por seu turno, propunha uma política cultural construída com os esforços conjuntos da iniciativa privada e do Estado, a fim de que o acesso aos bens culturais, mesmo que pela via do mercado, fosse preconizado.

Os três ex-ministros se posicionam de forma diferente sobre a atuação do Estado no campo cultural, em que pese a coincidência na busca por garantir que mais indivíduos tenham acesso a bens e serviços culturais. Furtado acredita numa parceria do Estado com a sociedade civil, sendo que a esta caberia a escolha dos projetos culturais a serem financiados pelo uso da renúncia fiscal. No entanto, pensa numa atuação reparatória do Estado, de modo que ele deveria corrigir as desigualdades observadas através de mecanismos específicos. Esse último ponto também é marca da concepção de Estado de Gil, em que pese o seu ceticismo com relação às leis de incentivo. Weffort, enfim, crê na presença do Estado como regulador, cabendo a ele garantir boas práticas de mercado, principalmente no que tange aos monopólios.

Todos os autores/atores enxergam a cultura como um direito, o que poderia ser naturalizado pela sua presença no texto constitucional, mas é significativa a recorrência dessa questão como justificativa da atuação estatal. Chama atenção a forma como, após esse reconhecimento, são elaboradas ações muito distintas.

As inúmeras coincidências conceituais dão margem para perceber a existência de um conjunto de questões que compõem um debate. Mais importante do que a forma como esses conceitos são compreendidos é o fato de estarem sendo pensados com base nos mesmos processos de veridicção, apesar das diferentes respostas.

CAPÍTULO 4

Os "conceitos" de políticas culturais e a produção de conhecimento institucionalizada

O movimento de institucionalização, que envolve de modo direto administração pública e mercado — a partir de diversos mecanismos, como o MinC, as leis de incentivo, documentos administrativos, normatizações, rotinas burocráticas para interações entre produtores culturais e financiadores —, é realizado por instâncias diretamente ligadas à reflexão e à produção de conhecimento em torno das políticas culturais. De maneira afeita às elaborações dos ministros apresentadas anteriormente, são necessárias outras esferas que possam construir as políticas culturais como campo legítimo de atuação e reflexão no debate público.

São numerosas as instituições no Brasil contemporâneo dedicadas ao estudo da cultura, o que não é um ponto novo. Há muitas décadas, o Estado brasileiro atua de forma sistemática na constituição de aportes simbólicos que pudessem dar um suporte à nação. Lilia Schwarcz, por sua vez, identifica uma atuação ao redor da política cultural já no Segundo Reinado:

> D. Pedro, que já completara sua efetiva maioridade, preparava-se para investir em uma política cultural mais evidente no país e parecia ambicionar um projeto maior. Era preciso não só assegurar a realeza, mas destacar também uma memória, reconhecer uma cultura. Esse parecia ser o projeto do Segundo Reinado, uma vez que sanadas as conturbações políticas e econômicas passava a priorizar uma espécie de política cultural afinada com a imagem oficial desse Estado (Schwarcz, 2012, p. 338).

É notável o investimento em instituições — no caso, o Instituto Histórico e Geográfico Brasileiro (IHGB) e a Academia Imperial de Belas-Artes — que poderiam dar forma a essa imagem oficial. Angela de Castro Gomes, em perspectiva afim, mas para outro momento histórico, identifica a série de investidas do Estado Novo na cultura como a conformação de uma política cultural aproximável da "engenharia social ideológica" (1996, p. 22).

Há duas questões contemporâneas acerca de instituições que se dedicam ao estudo da cultura que merecem destaque. A primeira é a existência de pesquisas e contextos institucionais que não estão na universidade nem ligados diretamente ao Estado ou a uma organização da sociedade civil (como sindicatos ou, mais recentemente, ONGs), mas sim a empresas — não somente no âmbito do financiamento, mas da criação de instituições. A segunda é que parte significativa delas têm setores, linhas de pesquisa ou são inteiramente voltadas para as "políticas culturais".

A crescente ampliação do número de universidades, assim como os investimentos maiores no setor de pesquisa em instituições governamentais, explica, em parte, esse fenômeno. No entanto, os movimentos descritos anteriormente têm impacto central no surgimento de instituições dedicadas à reflexão em torno das políticas culturais. Esse fato, como ficará claro a seguir, se situa no plano da elaboração, mas está colocado nos meios de financiamento dessas instituições de reflexão e pesquisa. Algumas delas utilizam-se da captação de recursos via Lei Rouanet, seja para sua subsistência, seja para financiamento de projetos ou ações específicos.

É preciso delinear algumas das noções operadas por intelectuais que se ligam de modo mais direto à universidade e a outros espaços de reflexão — e entender novas instâncias institucionais possibilitadas pelo avanço das políticas culturais. Isso não quer dizer que alguns desses agentes não tenham exercidos cargos públicos executivos. Não se pode perder de vista, contudo, como essas descrições, por conta de suas instâncias de enunciação, são assemelhadas ao discurso científico. Trata-se de evidenciar como elas têm importância para a construção de uma espécie de isenção na formatação das políticas: "central para este processo [a aparência de um discurso neutro das tecnologias políticas] é o uso de conhecimento 'especializado' na concepção de procedimentos institucionais"[42] (Shore e Wright, 1997, p. 7).

Novos aportes institucionais para elaboração e reflexão em torno das políticas culturais

Os primeiros esforços mapeáveis no processo de institucionalização das políticas culturais enquanto campo de estudo dedicado estão relacionados ao contexto universitário, especialmente na pós-graduação. Em 1986, era possível encontrar a linha de pesquisa "Ação Cultural" na área de Ciência da Informação do Programa de Pós-Graduação em Ciência da Comunicação da Escola de Comunicação e Artes da Universidade de São Paulo (Queiroz e Noronha, 2004, p. 133). Um dos seus objetivos era pesquisar os "diversos modos da política cultural, como política pública e ação cultural" (2004, p. 136).

No âmbito da pós-graduação, pode-se destacar o Programa Avançado de Cultura Contemporânea (PACC), ligado ao Fórum de Ciência e Cultura da Universidade Federal do Rio de Janeiro e atualmente coordenado pelas professoras Heloísa Buarque de Hollanda (coordenadora), Ilana Strozenberg (vice-coordenadora) e Beatriz Resende (coordenadora adjunta). O PACC foi criado em 1994 e tem no Programa de Pós-Doutorado em Estudos Culturais um de seus principais focos de atuação. As investigações se distribuem em três linhas de trabalho ("Cultura e Desenvolvimento", "Cultura e Tecnologias" e "Imaginários Urbanos") e têm entre suas principais

42 No original: "*central to this process* [a aparência de um discurso neutro das tecnologias políticas] *is the use of 'expert' knowledge in the design of institutional procedures*".

questões as tecnologias digitais, as novas experiências artísticas, as dinâmicas da desigualdade e os fluxos migratórios globais.

Na mesma quadra histórica, em 1995, foram criados os primeiros cursos de graduação em Produção Cultural do país, na Universidade Federal Fluminense (UFF) e na Universidade Federal da Bahia (UFBA). O da UFF tem por objetivo formar profissionais, de maneira interdisciplinar, nos campos da arte e da cultura através de conhecimentos básicos de fundamentos das expressões artísticas aliados a saberes do planejamento e da administração culturais. Seu intuito é oferecer um programa de consistente aparato teórico-reflexivo, sem perder de vista a formação de caráter técnico, dando respaldo acadêmico para uma profissão que estava consolidada no mercado mesmo antes da criação da graduação. O curso da UFBA faz parte de uma das habilitações do bacharelado em Comunicação Social e se chama Produção em Comunicação e Cultura. Criado no mesmo ano, seus objetivos diferem um pouco do programa da UFF por ter caráter mais voltado para as práticas comunicacionais.

É importante mencionar como o trabalho a partir da cultura passa a ser versado, ainda, como um saber administrativo. Os cursos de graduação em Produção Cultural, ligados às ciências sociais aplicadas, são indícios de uma reformatação da gestão da cultura num processo de profissionalização e especialização. Deve-se pensar em como o uso das Leis de Incentivo à Cultura impactou o mercado cultural no Brasil, de sorte que se fez necessário contratar profissionais que pudessem lidar tanto com demandas burocráticas que gravitam em torno da Lei Rouanet como com exigências de patrocinadores — além, é claro, da execução dos projetos.

É visível até aqui como os arranjos institucionais na universidade para tratar das políticas culturais estão ligados ao setor de comunicação. Isso se evidencia na criação da linha de pesquisa na pós-graduação da ECA-USP, em 1986, e na área de formação dos professores que compõem o PACC, todos da ECO-UFRJ. Na graduação, o curso da UFBA é uma habilitação da formação em Comunicação Social e o da UFF está vinculado ao Instituto de

Artes e Comunicação Social. Posteriormente, em 2012, este instituto lançou uma pós-graduação stricto sensu de nome "Cultura e Territorialidades".

Também na UFBA, ao que parece como desdobramento da graduação, foi desenvolvido o Centro de Estudos Multidisciplinares em Cultura (CULT), um órgão complementar da universidade hoje vinculado ao Instituto de Humanidades, Artes e Ciências Milton Santos (IHAC). Quando surgiu, em maio de 2003, era ligado à Faculdade de Comunicação (FACOM). Atividades de pesquisa, extensão e ensino são desenvolvidas pelo centro, que congrega estudantes e pesquisadores do Programa de Pós-Graduação em Cultura e Sociedade da já citada graduação em Produção de Comunicação e Cultura e dos bacharelados interdisciplinares do IHAC. As atividades do CULT se dividem nas seguintes linhas de pesquisa: "Cultura e Subalternidades"; "Culturas e Artes"; "Culturas e Gênero"; "Culturas e Identidades"; "Culturas e Sexualidades"; "Economia da Cultura" e "Políticas Culturais". Anualmente, são promovidos os Encontros de Estudos Multidisciplinares em Cultura (Enecult). O CULT conta, ainda, com uma revista eletrônica semestral, a "Políticas Culturais em Revista" — cujo primeiro número foi publicado em 2008 —, e com uma série de livros editada pela Editora da Universidade Federal da Bahia (Edufba), a "Coleção Cult".

Se até aqui temos instituições diretamente ligadas a universidades, não se pode excluir de um processo de institucionalização outros espaços, que atuam como elaboradores centrais no debate público em torno das políticas culturais. Esse deslizamento não é algo propriamente novo na história nacional — e o melhor exemplo seria o ISEB (Instituto Superior de Estudos Brasileiros), criado em 1955. O órgão funcionou até o início da ditadura militar, em 1964, tendo como atribuição fazer formulações sobre a sociedade brasileira a fim de que pudesse subsidiar seu direcionamento. Ainda na ditadura, podemos considerar o Conselho Federal de Cultura, de 1966, como criador de políticas culturais. Mas, nesse caso, com uma centralidade mais efetiva de seus conselheiros como intelectuais públicos, que não se ocupavam em construir o CFC enquanto esfera institucional.

O que se vê atualmente tem duas especificidades. A primeira é lidar com um tema relativamente recente e específico, as políticas culturais, construindo de forma sistemática dispositivos que o tornasse cada vez mais disciplinarizado. A outra é como muitas dessas práticas se conectam, com o financiamento via Lei Rouanet, aos mecanismos vigentes das políticas culturais. Duas instituições se destacam: a Fundação Casa de Rui Barbosa, vinculada ao Ministério (em 2020, Secretaria Especial) da Cultura, que tem um Setor de Estudos de Políticas Culturais; e o Itaú Cultural, que financia importantes pesquisas sobre políticas culturais, em especial por meio do Observatório Cultural e do Programa Rumos, na categoria pesquisa.

O Museu Rui Barbosa, inaugurado em 1928, deu origem à fundação, instaurada pela Lei nº 4.943 de 06 de abril de 1966, quando Castelo Branco era presidente. A Fundação Casa de Rui Barbosa foi articulada para o Ministério da Educação e Cultura e sua finalidade, segundo o artigo 4°, era o "desenvolvimento da cultura, da pesquisa e do ensino, cumprindo-lhe, especialmente, a divulgação e o culto da obra e vida de Rui Barbosa". Para isso, deveria promover estudos, conferências, reuniões ou prêmios, visando à difusão da cultura e da pesquisa e ao intercâmbio com instituições nacionais ou estrangeiras de mesma finalidade, além de outras ações buscando a divulgação e o estudo da obra de Rui Barbosa. Nessa lei, assim como no Decreto nº 1.351 de 28 de dezembro de 1994 — que reorganizou a administração pública federal e, consequentemente, a fundação —, não há menções às políticas culturais, menos ainda a um setor específico que devesse lidar com esse tema.

Somente com um novo estatuto, regulamentado pelo Decreto nº 4.812 de 19 de agosto de 2003, é que o termo é mencionado, ainda que os estudos de "políticas culturais" tenham se iniciado em 2002. Com a divisão da fundação nos centros de "Pesquisa" e de "Memória e Informação", coube ao primeiro "realizar estudos e pesquisas ruianas, de política cultural, de história, de direito, de literatura e de filologia". Em 2004, o estatuto passou por uma modificação (regulada pelo Decreto nº 5.039 de 07 de abril de 2004), que manteve o pressuposto do estudo acerca da política cultural na fundação.

O objetivo do Setor de Políticas Culturais é contribuir para a consolidação

> do campo de estudos nesta área e, em especial, sobre políticas públicas de cultura, por meio de pesquisas, estudos, assessorias, palestras, seminários, bolsas e reuniões de estudos, desenvolvidos pelo Setor de Pesquisas em Políticas Culturais. As iniciativas têm sido direcionadas tanto para a recuperação da memória de ação pública federal no campo da cultura, com atenção especial para as décadas de 1960 até 1980, como para a produção de estudos sobre o momento atual, com foco especial na ação pública federal, mas também nas políticas culturais estaduais e municipais[43].

O serviço produz um seminário internacional sobre o tema, que ocorre todos os anos e reúne especialistas da área para palestras e mesas-redondas. Um dos objetivos é "permitir que especialistas brasileiros e latino-americanos dialoguem com estudantes e profissionais em geral sobre problemáticas das políticas culturais contemporâneas"[44].

Já o Itaú Cultural é um instituto

> voltado para a pesquisa e a produção de conteúdo e para o mapeamento, o incentivo e a difusão de manifestações artístico-intelectuais. Dessa maneira, contribui para a valorização da cultura de uma sociedade tão complexa e heterogênea como a brasileira. Ao considerar a cultura uma ferramenta essencial à construção da identidade do país e um meio eficaz na promoção da cidadania, o instituto busca democratizar e promover a participação social[45].

---

43 Disponível em: http://www.casaruibarbosa.gov.br/interna.php?ID_S=121. Acesso em: 23/04/2014.

44 Disponível em: http://www.casaruibarbosa.gov.br/interna.php?ID_S=121. Acesso em: 23/04/2014.

45 Disponível em: http://novo.itaucultural.org.br/conheca/sobre-o-itau-cultural/. Acesso em: 23/04/2014.

O instituto foi fundado em 1987, tendo por base todo o acervo de pinturas e numismática do Banco Itaú. A sede atual, na Avenida Paulista, em São Paulo, foi inaugurada em 1995, em cerimônia que contou com a presença do então presidente da República, Fernando Henrique Cardoso. Desde 2001, Milu Vilela é a presidente da instituição, cujas áreas de atuação são diversas. Atualmente, o Itaú Cultural tem projetos ligados às artes visuais, à música, à memória das capitais brasileiras, à arqueologia, a uma base de dados da dança no país, ao jornalismo cultural, a políticas culturais, à literatura, entre outros. Em 2011, ganhou o chamamento público da Secretaria Municipal de Cultura de São Paulo para ser gestor do Auditório Ibirapuera.

O Itaú Cultural era mantido, até 2014, basicamente com incentivos das empresas que compõem o grupo Itaú Unibanco Holding S.A.[46], através da Lei Rouanet. Ou seja, grande parte do seu orçamento era descontado do Imposto de Renda dessas companhias. Em um relatório disponibilizado no site do Itaú Cultural[47], com dados de 2011, são citadas todas as atividades realizadas com incentivo fiscal no período: o montante investido foi de R$ 29,5 milhões, apesar de o instituto ter sido autorizado pelo Ministério da Cultura a captar R$ 49,5 milhões naquele ano. Com informações coletadas no sistema online da Lei Rouanet, o SalicWeb, observa-se que a maioria dos recursos aplicados veio de doações do Unibanco — União de Bancos

46 Segundo a revista britânica The Banker, é o maior banco privado do Brasil e o segundo entre todos os bancos brasileiros, perdendo apenas para o Banco do Brasil (BB). O Banco Itaú é o 39° maior banco do mundo, enquanto o BB é o 36°. Disponível em: http://exame.abril.com.br/negocios/noticias/bb-passa-itau-em--ranking-de-maiores-bancos-do-mundo-3. Acesso em: 23/07/2013.

47 Disponível em: http://d3nv1jy4u7zmsc.cloudfront.net/wp-content/uploads/itau_cultural_relatorios/1860_0596848001328789559_relatorio.pdf. Acesso em: 23/03/2014.

Brasileiros S.A.[48] A escolha pela doação, em detrimento do patrocínio, se justifica pela porcentagem maior de dedução no Imposto de Renda por meio dessa modalidade de investimento. O mecanismo é legal, já que não aparecem as marcas das empresas do grupo nos materiais de divulgação do instituto — mesmo que a associação fique óbvia na presença da palavra "Itaú" no nome da instituição.

O setor voltado para pesquisas nas áreas de gestão, economia e políticas culturais é o Observatório Cultural, criado em 2006, cujo objetivo é "estudar e debater esses temas, estimular a reflexão sobre eles em seus vários aspectos e analisar os indicadores nacionais"[49].

Além disso, o Observatório Cultural oferece desde 2009 um curso de especialização em gestão cultural, com a Cátedra Unesco de Políticas Culturais e Gestão, na Universidade de Girona (Espanha), e o apoio da Organização de Estados Ibero-Americanos (OEI). O curso é caracterizado por uma compreensão de que a gestão cultural é um "conjunto de iniciativas inovadoras e criadoras que possibilitam aos participantes o desenvolvimento de seus próprios fins culturais"[50] e não somente uma sucessão de atos rotineiros de administração.

Uma outra via importante de atuação é a Revista Observatório Itaú Cultural, lançada em 2007. A publicação já teve edições sobre os seguintes temas: cultura e economia; políticas públicas para cultura; indicadores para pesquisas em cultura; gestão cultural da cidade; gestão cultural como profissão; Lei Rouanet; diversidade cultural; cultura digital; políticas para o audiovisual no Brasil; direitos culturais; públicos da cultura; e arte como objeto de políticas públicas.

---

48 Além do já citado Unibanco (que contribuiu com R$ 23 milhões), apareciam como financiadores: BFB Leasing S.A. Arrendamento Mercantil, com R$ 5 milhões; Cia Itaú Securitizadora de Créditos Financeiros, com R$ 1 milhão; e Itauseg Participações S.A., com R$ 500 mil.

49 Fonte: http://polobs.pt/basedados/observatorio-itau-cultural/. Acesso em: 27/04/2021.

50 Fonte: https://www.itaucultural.org.br/curso-de-especializacao-em-gestao-e--politica-cultural. Acesso em 27/04/2021.

A última via de atuação a ser citada é a Cátedra Olavo Setubal de Arte, Cultura e Ciência. Em parceria com o Instituto de Estudos Avançados da Universidade de São Paulo (IEA-USP), ela é ocupada desde 2016 por intelectuais e ativistas atuantes na cultura nacional e internacional.

Os contextos institucionais descritos têm características variadas e importantes pontos de conexões. A primeira observação a ser feita diz respeito à presença de organismos muito distintos, mas que estão igualmente preocupados com a produção de pesquisas e disseminação de conhecimento. É notável a conexão entre essas esferas de diferentes ordens jurídicas, complexas e contrastantes no debate público. Trata-se de uma produção de conhecimento difundida por muitos meios, para além daqueles consagrados na universidade. Chama atenção, ainda, os diversos pontos de contato entre instituições afeitas ao mercado, a universidade e órgãos públicos cujo fim é a pesquisa. Essa interconexão se beneficia de diferentes maneiras do panorama material possibilitado pelas políticas culturais. O uso das leis de incentivo, seja em âmbito estadual ou federal, é um fator central nesse cenário.

Um ponto fundamental aos processos de institucionalização, comum aos casos analisados, é a construção de instâncias de multiplicação dos conhecimentos produzidos. Nota-se, assim, a centralidade das publicações, através de revistas, livros, e dos seminários (que posteriormente viram livros). Nesse sentido, tem-se a possibilidade de autoconstrução como repositório de saberes, de modo a ser acessado para pesquisas e se tornar referencial para a constituição de ações, a fim de que subsidiem políticas públicas ou projetos de intervenção pública.

Entre conhecimento científico e políticas públicas

A produção intelectual institucionalizada em torno das políticas culturais no Brasil possui, já há alguns anos, um volume significativo, cuja construção se relaciona às instâncias institucionais dedicadas anteriormente descritas, mas também a outras. Os primeiros esforços de sistematização acerca das políticas culturais remontam a década de 1980, mas uma efetivação — tanto no sentido de volume de trabalhos quanto na possibilidade de capilarização e alcance destes — pode ser observada a partir de 2002, num processo iniciado em finais da década de 1990.

Um dos desafios no trabalho acadêmico-intelectual com "políticas culturais" reside nas múltiplas possibilidades de significação e uso do termo. Uma acepção comum é aquela que as usa como "chaves analíticas". Nesse caso, elas são compreendidas como uma "disciplina do conhecimento", formatadas a partir de mecanismos análogos a métodos científicos. Uma definição precisa desses métodos, contudo, seria impossível por se tratar de uma ciência multi- e/ou inter-disciplinar.

Como Souza Lima e Castro (2008) e Reis (2003) apontam numa análise mais extensa sobre a pesquisa das *policies*, é comum no trabalho intelectual sobre "políticas públicas" a inexistência de um esforço metodológico de afastamento crítico, em especial quando se reflete sobre seus processos de implementação, de forma que o caráter dos textos pende mais para prospecção do que para análise. Esse ponto é ainda observável na produção acerca das políticas culturais — nesse caso, pensadas como "políticas públicas".

Pode-se analisar a produção contemporânea sobre "políticas culturais" no Brasil por essa polarização ideal: de um lado, os trabalhos que fazem uso da categoria como uma "ciência"; de outro, aqueles que se situam como análises e prospecções destas enquanto "políticas públicas". Essa polarização não deve ser tomada como algo exato ou inequívoco, já que há importantes pontos de contato a serem analisados mais à frente, mas para além dos benefícios metodológicos, há um amparo institucional para tal divisão.

Em 1997 foi publicado o "Dicionário Crítico de Política Cultural", organizado e majoritariamente escrito por Teixeira Coelho. No verbete "política cultural" o autor nos oferece uma definição do termo:

> Constituindo, antes de mais nada, como neste dicionário se propõe, uma ciência da organização das estruturas culturais, a política cultural é entendida habitualmente como programa de intervenções realizadas pelo Estado, instituições civis, entidades privadas ou grupos comunitários com o objetivo de satisfazer as necessidades culturais da população e promover o desenvolvimento de suas representações simbólicas. Sob este entendimento imediato, a política cultural apresenta-se assim como o conjunto de iniciativas, tomadas por esses agentes, visando promover a produção, a distribuição e o uso da cultura, a preservação e divulgação do patrimônio histórico e o ordenamento do aparelho burocrático por elas responsável (1997, p. 300).

O texto deixa claro que as políticas culturais seriam a "ciência das formas de organização da cultura". A obra que inscreve essa assumpção, um dicionário, colabora para a força da afirmação. Essa concepção encontraria suas condições de compreensão nos esforços empreendidos por diferentes atores sociais para ajudar, ou mesmo possibilitar, a complexificação das representações simbólicas, através de incrementos no sistema de produção cultural.

O autor identifica, assim, os efetivadores das políticas culturais, a partir de um lugar que é de concepção (calcada na identificação da demanda ou de público), mas também — e talvez em consequência — de ações autorizadas a partir de lugares de fala institucionais — ao que parece, pelo nível de organização, em uma hierarquização que vai dos grupos comunitários ao Estado. É importante ressaltar a pressuposição de que há necessidades culturais de receptores, que seriam supridas por agentes organizados.

Trabalha-se com o termo política cultural a partir da díade "governo-receptores", cujos polos são pensados como possuidores de caracteres homogêneos. Prevalece a visão de uma "gestão da cultura" onde caberia ao "Estado" formar novos receptores — estabelecendo maior contato entre população e manifestações culturais organizadas — e atender aos anseios dos que já têm esse contato e estariam em posição de trabalhar para os processos de elaboração. Tais "receptores" podem ser entendidos como o público das manifestações artísticas e como aqueles que se dirigem ao "governo" buscando financiamento. Torna-se efetivo em alguns textos um caráter amorfo da esfera dos receptores, que são alvos centrais da política cultural. Mesmo que, em algumas ocasiões, sejam colocados como criadores em modelos que se pretendem horizontais.

A concepção de cultura utilizada pelos pesquisadores desta área, por sinal, é estabelecida por um viés mais estético. Talvez seja exagero a identificação de uma correlação imediata entre as acepções usadas por esses estudiosos e as aplicadas na área de letras ou artes, já que estas poderiam variar de T.S. Elliot a Frederic Jameson. Fato é que há uma concepção dos hábitos culturais, ou do "campo cultural", como um universo simbólico, instaurado por signos que deveriam ser analisados ou compreendidos apesar de sua instauração da ordem social. Dito de outro modo, o significado, na concepção de cultura da "política cultural científica", antecede as práticas[51]. É singular que essa argumentação culmine numa acepção de cultura que esteja disponível na esfera do "desejo" — ainda que a "necessidade", criticada por Teixeira Coelho, tenha sido usada por ele logo na sua definição de políticas culturais — e seja correlata a um "esquema do imaginário", mais maleável que o sistema produtivista de uma sociologia da cultura pura.

---

[51] É fundamental, neste ponto, o modo como a política cultural, enquanto ciência, é oposta a uma anterior sociologia da cultura, que, por sua vez, teria superado a filosofia da cultura (Teixeira Coelho, 1997, p. 12).

A partir dessa concepção é possível construir a "política cultural" mais aproximada de práticas com formatos mais estabelecidos, cujos benefícios deveriam ser apreciados por um maior número de pessoas — e aí residiria a necessidade dos agenciamentos produzidos pela política cultural. Na apresentação de uma coletânea de textos sobre política cultural francesa, quando situa os debates acerca do tema naquele país, Teixeira Coelho retoma a posição de Alain Finkielkraut, que, entre outros pensadores, teria se insurgido contra a "ascendência do relativismo cultural que se recusava e se recusa ainda a distinguir entre Shakespeare e uma novela de TV, um relativismo que afirma que tudo vale a mesma coisa em cultura, um jogo de futebol tanto quanto um concerto de música erudita" (2012, p. 12). Não está claro se essa é a opinião do autor sobre o relativismo, mas é bastante significativo que este assunto tenha sido escolhido para compor o texto de três páginas, cujo título é "Política Cultural: uma história comum", que apresenta a coletânea.

Não seria justo com Coelho, por conta de outros artigos de sua autoria, tomar este ponto como algo valorativo num sentido hierárquico ou evolucionista, mas ele certamente se relaciona com o tipo de "cultura" que deveria ser incentivada pelas políticas culturais[52].

O exemplo francês é largamente acessado pela bibliografia sobre política cultural de caráter científico, o que se nota ainda mais nas menções ao Estado, ao aparelho burocrático ou à Administração Pública. A França teve o primeiro Ministério da Cultura do Mundo, que tinha feições de um Ministério de Belas Artes, criado em 1958, sob o comando de André Malraux.

A política cultural científica é utilizada, ainda, como chave analítica — para além de se tornar um universo pesquisável, ela funciona como uma perspectiva. Há um livro de Isaura Botelho que trabalha parcialmente a partir desse registro, já que

---

[52] Teixeira Coelho, José. "Nem tudo é cultura". In: A Cultura e Seu Contrário. São Paulo: Iluminuras, Itaú Cultural, 2003.

> tem como pano de fundo o grande debate que esteve presente em todas as outras instituições da área cultural dos anos 1970. Espero poder, através da observação e análise de uma delas, expor alguns dos problemas que têm impedido a área cultural de se consolidar enquanto estrutura organizacional diante das mudanças de conjuntura política no país (2001, p. 20).

A análise de Botelho é importante por mostrar — por dentro, já que a autora trabalhava na Funarte — como esse processo foi conduzido na administração pública, além de sinalizar uma situação mais extensa. Pode-se pensar, como propõe a autora, num contexto nacional mais abrangente e na fundação como um de seus indícios. Como o método, aqui, é sociológico, é possível, contudo, inserir essa mesma leitura, numa perspectiva outra, em que tanto o livro como o que ele relata podem ser pensados como um indício epistemológico, consequência da afirmação da política cultural como um domínio discursivo individualizável. Chama atenção no texto como é dado como certo, naturalizado, que a atuação da Funarte era uma "política cultural". Essa postura não dá margens para uma análise das condições de possibilidade tanto da "gestão" pública voltada para cultura nos moldes praticados pela instituição.

As políticas culturais como "políticas públicas para cultura" têm desenvolvimentos e pretensões diversos. Antonio Rubim, nos primeiros parágrafos de um texto que pretende discutir as abrangências e fronteiras das "políticas culturais", afirma que não está preocupado em formatá-las como uma ciência:

> A pertinente afirmação deste campo singular de estudos não pode ser turvada e obscurecida pela problemática pretensão de uma nova ciência, em especial, formulada nesses termos [os de Teixeira Coelho: "uma ciência da organização das estruturas culturais"] (2011, p. 57-58).

O autor, ao contrário, preconiza a construção de um conceito de políticas culturais com base em temas que deveriam, seguindo sua argumentação, ser abarcados por ele. A maneira como dá início a esse debate é usada por outros pesquisadores no campo: uma discussão da definição de cultura. O caminho percorrido por Rubim inicia-se no momento em que vê uma autonomização relativa da cultura em relação a outras esferas sociais. Esse movimento teria começado na modernidade — não é sinalizada a forma como compreende o termo — e sido marcado por um processo de secularização que tiraria da Igreja o papel de definidora das dimensões simbólicas mais importantes da vida e de delimitação das instâncias significativas em plano político. A passagem ao contemporâneo, em continuidade, seria pautada pela mercantilização dos bens simbólicos. Uma questão primordial estaria na "indústria cultural", expressão que toma de empréstimo de Adorno e Horkheimer. Seria pertinente identificar, segundo o escritor, o processo em que o capital avança sobre a produção de cultura após o século XIX.

A partir daí, seria possível visualizar um incremento da "tecnologização da cultura e da comunicação", culminando na cultura midiatizada. Esta seria acompanhada da expansão das redes e de todo um conjunto de ciberculturas, inscritas em processos globais com base em relações cada vez mais dinâmicas, promissoras e complexas. Uma outra faceta dos tempos atuais seria a culturalização da política, caracterizada pela inserção de novos temas (ecologia; gênero; sexualidade; modos de vida; estilos de sociabilidade; comportamentos; desigualdades societárias; diferenças étnicas, religiosas e nacionais; diversidade cultural; entre outros) àqueles que mais comumente ocupavam o debate político (Estado; monopólio legal da força; direitos civis; liberalismo econômico etc.). Ao mesmo tempo, podem-se identificar outros processos contemporâneos aos citados: a globalização, com a significação territorial de questões globais, e o aprimoramento nos meios de transporte, que facilita a conexão entre diferentes expressões culturais, em especial com os processos migratórios.

A argumentação de Rubim culmina na dimensão híbrida das culturas contemporâneas, cuja percepção está calcada num conceito ampliado do termo. Esse ponto é a base dos pesquisadores que percebem as políticas culturais como políticas públicas de cultura. Esse conceito dialoga com as várias modificações ocorridas no mundo contemporâneo, que trabalham para redefinir a questão cultural como centro dos desenvolvimentos atuais.

As políticas públicas que lidam com o tema, assim, precisariam de uma concepção de cultura suficientemente ampla de modo a abarcar tantos novas sociabilidades e práticas urbanas, geradas em contextos globais e com fortes impactos nas expressões estéticas — especialmente nas diversas manifestações artísticas, mas não apenas — e, na mesma medida, as diferentes expressões culturais populares. É possível notar, assim, a partir da disseminação desse tipo de conceptualização, práticas de governo tão distintas quanto a patrimonialização de bens imateriais — que na maioria das vezes são práticas — e o financiamento e estudo de culturas populares não folclorizadas — como as expressões culturais de favelas cariocas.

Se essa noção de cultura pôde, por um lado, abarcar e trazer para o contexto analítico universitário uma série de práticas culturais populares, por outro a ampliação do conceito parece trabalhar para o esvaziamento de sua dimensão operativa — ou, em alguns casos, de sua dimensão política. Nota-se uma tendência para um uso da cultura como se ela fosse um dado nas experiências humanas, e não uma abstração conceitual para explicá-las.

Esse movimento, contudo, é necessário para que se criem políticas públicas como ações de nicho, como certa ação público num domínio da vida. Ou ainda: para que as políticas culturais como políticas públicas sejam justificadas, é necessário um conceito de cultura maleável o suficiente para garantir o abarcamento de pautas, questões e manifestações diversas. A inclusão a partir da ampliação do conceito de cultura, assim, é condição de possibilidade desse tipo de políticas culturais nelas mesmas. Isso não significa, contudo, que agências estatais ou acadêmico-intelectuais não possam priorizar determinadas manifestações. Deve haver, porém, uma chance de pertinência, mesmo que não haja efetiva participação na reserva de recursos, para questões qualificáveis como culturais.

Tal concepção de cultura se orienta pelas práticas cotidianas dos vários grupos sociais, aproximando-se, como alguns dos textos produzidos nesse polo reivindicam, de um conceito antropológico do termo. Essa mobilização, análoga à acepção dada pela Unesco (Gonçalves Dias, 2020), passa por uma cristalização de fragmentos de cultura — para que possam ser classificados, organizados e, consequentemente, alvos de agenciamentos. Há um destacamento, ainda, desses fragmentos do tecido social, algumas vezes desligando-os de dimensões sociais, políticas e culturais.

A partir dessa argumentação acerca do conceito de cultura, pode-se formular a noção de políticas culturais como um conjunto de intervenções resultantes de atividades políticas — que incluiriam o Estado, grupos comunitários, sociedade civil, iniciativa privada, entre outros — possuidoras de caráter normativo e organizado. É nesse contexto que Rubim afirma que "toda política cultural é composta por um conjunto de formulações e ações desenvolvidas ou a serem implementadas" (2012, p. 67).

O emprego da noção de Estado é pouco questionado nos textos sobre políticas públicas para cultura, produzindo uma isonomia entre "políticas públicas" e "políticas estatais". Utiliza-se o termo, principalmente, quando se escreve sobre condições para implementação das políticas, já que elas teriam especificidades por conta de "condições nacionais", ligadas à administração pública e à "cultura" brasileira num sentido mais amplo.

No campo da formação dos pesquisadores que lidam com políticas culturais como "políticas públicas de cultura" é possível encontrar uma primeira geração graduada em ciências humanas — com ênfase para ciências sociais e história — que, atualmente, leciona em cursos de comunicação e/ou produção cultural, formando outros pesquisadores, portanto, especialistas. Era comum para essa primeira geração de doutores em sociologia ou história orientarem novos doutores em programas de pós-graduação em comunicação ou de caráter multidisciplinar na área de cultura.

É importante citar outras proposições que tendem para um dos dois polos, mas que têm características próprias. José Carlos Durand

(2001) entende as políticas culturais como "políticas públicas de cultura". Porém, propõe que elas sejam construídas em "defesa e promoção das artes e do patrimônio cultural". Se aproxima do polo científico, contudo, ao postular que a área da cultura pertinente às políticas culturais excluiria a "indústria cultural" e o "espetáculo", vistos de modo negativo. Em sua composição há uma ênfase para a recepção, ou seja, para os públicos que precisariam de uma ação em políticas culturais. Uma de suas proposições mais contundentes seria a "ampliação do público para cultura", a fim de "transformar um frequentador ocasional" em "habitual", o que poderia ser conseguido oferecendo "educação artística" ao público. Nota-se, aqui, um uso da "cultura" no singular, ora com um sentido de civilização, ora como um sinônimo para arte.

Lia Calabre - que tem extensa produção sobre as políticas culturais, especialmente ligada ao campo da história - também compreende as *políticas públicas de cultura* como o ponto definidor das "políticas culturais" contemporâneas. Tem uma preocupação, contudo, de aglutinar os dois polos de conceituação especialmente a partir do que possuem em comum: ações coordenadas para suprir as necessidades culturais da população. Seu conceito de cultura também se aproxima ao postulado no campo das políticas públicas, tendendo, assim, para uma noção ampliada do termo. Mas ao mesmo tempo, utiliza-se da política cultural como categoria analítica.

Se a definição de cultura é a questão de maior diferenciação entre os dois polos, é necessário mencionar que há pontos de contato importantes; talvez o mais centrais deles seja o uso da "noção de campo cultural". Termos como "mundo cultural" ou "campo cultural" contribuem para construção de um senso de totalidade fundante, criando um domínio para atuação em políticas culturais que é também uma instância de enunciação. Para isso, é necessário criar elaborações discursivas, com mecanismos e recursos estilísticos claros, que trabalhem para a constituição da cultura como esfera autônoma, possuidora de características e movimentos singulares. Primordial nesse sentido é a efetivação de concepções que instituem um domínio relativamente compreensível de atuação e têm fluidez para garantir a abrangência de situações, fatos e ações de características variadas, como já dito.

O texto abaixo é uma ilustração do trabalho partindo da noção de "campo cultural":

> Com a modernidade temos a autonomização (relativa, é claro) do campo cultural em relação a outros domínios societários, notadamente a religião e a política. Tal processo de autonomia — que não deve ser confundida com o isolamento, desarticulação ou desconexão com o social — implica a constituição da cultura enquanto campo singular, o qual articula e inaugura: instituições, profissões, atores, práticas, teorias, linguagens, símbolos, ideários, valores, interesses, tensões e conflitos, como assinalou Pierre Bourdieu em textos acerca da cultura. [...] A partir desse momento e movimento, a cultura passa a ser nomeada e percebida como esfera social determinada. A partir de então é possível estudar a cultura em sua singularidade (Rubim, 2011, p. 58-9).

José Carlos Durand constrói observações sobre as relações entre "cultura" e as "políticas públicas" com base em um "mundo de cultura". Para ele, trata-se de algo que concerne "ao amplo, diverso, rico, abstrato mundo da cultura" (2001, p. 66). Sua preocupação inicial é delimitar um universo que pudesse abarcar os "debates acerca da cultura", em contraposição às ocasiões em que seria preciso compreendê-la como um elenco delimitável e factível de ações políticas, administrativas e econômicas. Na realidade, a diferenciação está na visão analítica, pois se ataca um mesmo objeto, o "mundo cultural". É importante mencionar que o autor usa "cultura" sempre no singular, o que dá margens à compreensão desse "mundo da cultura" como sendo possuidor de características delimitáveis, mesmo que não num sentido definitivo e unívoco.

Um outro ponto de contato entre os dois polos está no uso de um paradigma de escassez, notável na dificuldade de formar quadros que pudessem trabalhar com as "políticas culturais", por um lado, e na ausência de trabalhos acadêmicos de fôlego sobre o tema, por outro. Durand (2001) oferece espaço importante para essa afirmação, quando lamenta uma falta de impulso para o debate da "cultura" como campo de atuação das "políticas públicas" no Brasil. Um outro ponto, elaborado pelo mesmo autor, seria o crescimento do "amadorismo artístico" nas grandes cidades, que deveria ser combatido por políticas culturais. Nesse sentido, ficam ainda mais eloquentes dois pontos de sua argumentação: o primeiro é dimensão moralizante das "políticas culturais" quando propõe uma espécie de "conversão à cultura"; o segundo é a centralidade das práticas artísticas para esse tipo de política, trabalhando com um "cultural" que poderia, sem grandes perdas, ser trocado por "artístico".

Antonio Rubim, por outro lado, acredita ser fundamental a qualificação profissional dos atores que transitam pelo "sistema cultural" e, ao mesmo tempo, o compõem. Para o autor,

> A cultura necessita ter profissionais qualificados nos seus mais diferenciados ramos. Nesta perspectiva, a formação de pessoal no campo cultural torna-se essencial. Sem uma formação adequada de pessoal — profissional ou não —, a esfera cultural fica bastante fragilizada. Um sistema cultural não pode prescindir de pessoal competente, formado e qualificado. Por conseguinte, a formação e a capacitação permanentes de pessoal aparecem como uma das exigências mais vitais para renovar o campo cultural (2011, p. 109).

Nota-se que as visões de Durand e Rubim são um tanto dissonantes, já que no primeiro caso se pede uma profissionalização de um setor amador e no outro se afirma a necessidade da qualificação num processo de continuidade para assegurar o fortalecimento do campo cultural. Há, deste modo, uma discordância com relação às características da formação — de um lado, profissional; do outro, formação com espaço para questões mais amplas. Não se deve desprezar, no entanto, os dez anos que separam os textos citados.

Com relação à escassez de trabalhos escritos nesse campo, Lia Calabre afirma:

No Brasil, os estudos na área das políticas culturais são muito recentes, produzidos de maneira dispersa, em diversas áreas do conhecimento, tais como Comunicação, Sociologia, Direito, Economia, Ciência Política, História, entre outras, e ainda conta com um volume muito pequeno de publicações (2009, p. 10).

Além disso — ou, talvez, por causa disso — a autora atenta para a oportunidade de realização de novas pesquisas:

O aprofundamento de estudos em temáticas ou em períodos específicos poderá resultar em novos trabalhos, dada a riqueza do campo de estudos das políticas culturais. (...) Enfim, existe um horizonte aberto de possibilidades de estudos a serem realizados no campo das relações entre Estado e cultura no Brasil. Aventure-se! (2009, p. 128).

Observa-se, deste modo, o convite ao desbravamento de uma área que é recente enquanto campo de estudos, mas que deveria contar com novas pesquisas por causa de suas múltiplas facetas. A noção de descoberta de um campo, assim, é marcadora de determinado panorama que procura fomentar seu crescimento.

Chama atenção na produção sobre "políticas culturais" o caráter prospectivo de seus textos. Em grande parte deles, por sinal, ter uma preocupação política é ser prospectivo na construção das políticas públicas ou ser crítico com relação ao que é implementado. Não parece haver preocupação com as visões que antecedem a análise. Uma postura política, deste modo, não seria considerada, da mesma forma como os objetos e problematizações são construídos em si. A citação a seguir, de Isaura Botelho, dá indicações importantes desse ponto:

Essas relações entre desenho institucional e acumulação de experiência, embora na aparência mais de cunho administrativo, são, na verdade, sempre políticas. Este aspecto me parece da maior relevância: as experiências sofridas em passado recente, onde a ineficiência e descontinuidade se

> tornaram hábito, impedindo um processo de amadurecimento de uma prática governamental, evidenciam isso muito bem. Recuperar a experiência da construção da Funarte traz, na verdade, a esperança de que se possa tirar dela subsídios mais consistentes para a construção de um quadro institucional menos instável para a área cultural e para a condução de políticas, uma vez que aborda exatamente o problema central da tradução destas em providências na esfera da administração (2001, p. 24).

O teor do texto, publicado em 2001, dá indícios de uma avaliação das políticas culturais naquele momento. Ao chamar atenção para determinada ação política — ou, mais frequentemente, da administração pública — pode-se impactar um cenário, sinalizar para uma outra frente capaz de levar a uma mudança.

Quando as "políticas culturais" são entendidas como "políticas públicas", sua dimensão prospectiva encontra-se na análise e/ou na criação de ações que deveriam garantir o direito à cultura. Nesse contexto, pode-se afirmar que

> as políticas culturais para se desenvolverem têm como desafio conformar âncoras consistentes que redefinam, afirmem e legitimem a centralidade da cultura na contemporaneidade. Tal centralidade pode estar fundada na ideia de que a riqueza da humanidade e de cada nação singular deriva da diversidade cultural (Rubim, 2011, p. 99-100).

Tem-se um caráter normativo que se espraia para as duas versões das "políticas culturais". No caso da política cultural como "ciência" há um aspecto normativo instaurado na criação de um léxico e de um corpus disciplinar a partir da disposição de reorganizar conhecimento, conceitos e questões que já estariam presentes em outras áreas. A dimensão política estaria situada na disponibilidade para "reorganizar o elenco de conhecimentos de uma época para dar um passo à frente" (Teixeira Coelho, 1997, p. 9).

Com os governos do Partido dos Trabalhadores em nível federal, observa-se a proeminência do tratamento das políticas culturais como políticas públicas no Brasil contemporâneo. Esse modelo de atuação passa a ser lido como uma possibilidade de superar as desigualdades observáveis no acesso aos meios de produção cultural. Tal inflexão deve ser questionada, inserindo esse processo num movimento mais geral de reforma da administração pública — visível tanto no final da ditadura como no início da democracia pós-eleições de 1990.

Por outro lado, as elaborações analisadas são devedoras de uma série de práticas possibilitadas pela construção de um processo de institucionalização das políticas culturais no Brasil contemporâneo — especialmente no que diz respeito ao financiamento. O quadro delineado apresenta uma cooperação entre instâncias diversas, que envolvem a administração pública, o mercado cultural, o empresariado, a sociedade civil e a universidade.

A eficácia das relações — que possibilita o funcionamento desse arranjo institucional — não é algo implícito, ao contrário, é possibilitada pelo compartilhamento de alguns preceitos que fazem com que essas interações sejam possíveis. Um ponto central nessa conjuntura, como analisado, são as noções de política cultural que tangenciam tais arranjos institucionais. Não se trata de encontrar um baseamento fundamental, como se houvesse noções e conceitos unívocos, mas de mostrar como a intenção de conceber definições é um movimento correlato à manutenção de um campo de possibilidades estratégicas, uma esfera de atuação e elaboração.

CAPÍTULO 5

Reflexões sobre "Estado" e "cultura" no Brasil nos anos 1980

Uma análise das maneiras como as relações entre Estado e cultura nos anos 1980 eram criadas ajuda a compreender as especificidades da construção da noção de política cultural contemporânea. O interesse por esse período se dá porque a ideia de política pública de cultura começa a ser utilizada no Brasil nesse momento. Mapear fragmentos discursivos em torno do conceito de política cultural significa entender como a acepção que se tornaria dominante, principalmente após os anos 2000, é incipiente na década de 1980. Identifica-se, ainda, preocupações analíticas e políticas que vão sendo perdidas ou reformuladas nas épocas seguintes.

Para isso, serão emparelhados textos de gêneros e características distintos que têm como marca a definição do que seria, e deveria ser, uma política cultural. A intenção não é a descrição do debate, mas observar o que está em jogo em algumas dessas definições e como, por meio de sua análise, podemos problematizar o posterior domínio das políticas públicas de cultura.

Mais do que uma comparação direta — mesmo que na escrita alguns pontos sejam cotejados —, o objetivo é mostrar como outras concepções sobre política cultural que não consideram uma política pública de cultura se sustentam com base em projetos políticos e intelectuais diferentes. Com esse fim, serão analisados a coletânea "Estado e Cultura no Brasil", organizada por Sergio Miceli e publicada em 1984 pela editora Difel; o livreto "Política Cultural", de 1981, que buscou uma perspectiva para a política cultural do Partido dos Trabalhadores (PT); o fascículo "Política Cultural", organizado pelo mandato de Marco Maciel em 1982, quando este era senador; o livro "O que é Política Cultural?", escrito por Martin Cézar Feijó em 1983; o livreto "Por uma Política Nacional de Cultura", de Marcos Vinicios Vilaça, secretário de Cultura do MEC, publicado em 1984; e, enfim, a tese de doutorado em sociologia "Cultura, Partido Comunista e Política Cultural", defendida por Antonio Albino Canelas Rubim na FFLCH-USP em 1987.

Estado e cultura no Brasil, 1984

Na nota introdutória de "Estado e Cultura no Brasil", Sergio Miceli menciona a origem dos textos apresentados: o seminário "Estado e Cultura no Brasil - Anos 70", realizado pelo Instituto de Estudos Econômicos Sociais e Políticos de São Paulo (IDESP) em convênio com a Fundação Nacional de Arte (Funarte), no segundo semestre de 1982. Como não havia uma compilação de todas as comunicações, o organizador optou pela edição de parte delas — bem como de artigos reelaborados a partir dos comentários —, "privilegiando os resultados de pesquisas recentes acerca do processo de 'estatização' da atividade cultural e das mudanças ocorridas no âmbito do mercado de bens culturais" (1984, p. 1).

Temos, dessa forma, um trabalho conjunto entre uma instituição jurídica privada, o IDESP, e um órgão governamental, a Funarte. Essa união de esforços, que passaria a ser marca da maioria das pesquisas produzidas sobre o campo cultural nos anos 2000, é possível a partir das mudanças observadas na administração pública na década de 1970. Em alguma medida, o objeto de estudos é condição de possibilidade para o próprio livro.

A Funarte foi criada, em 1975, em meio a uma confluência de fatores que buscava trazer autonomia administrativa para a área cultural, ainda sob a chancela do MEC. A fundação acabou por se orientar como uma das principais oposições ao caráter "patrimonialista" da intervenção estatal no setor. Assim, foi-se construindo, pouco a pouco, esferas legítimas que pudessem financiar ações culturais não relacionadas ao patrimônio — que nessa época ainda era muitíssimo identificado com a proteção de prédios e monumentos —, mas às artes.

O livro foi dividido em quatro partes: "Políticas Públicas na Área Cultural", "Mecanismos de Estatização das Atividades Culturais", "Os Mercados de Bens Culturais" e "Depoimentos", que sugerem que a relação entre Estado e cultura poderia ser estudada a partir dos pontos que enunciam. Quando os textos são analisados individualmente, nota-se uma série de particularidades em suas composições que são reveladoras do investimento maior ou menor de cada um dos colaboradores nos tópicos com os quais procuram dialogar.

"Estado e Cultura no Brasil" é uma obra que abarca textos muito diferentes, tornando ainda mais significativo o fato de serem inscritos sob a chancela que o título propõe. As abordagens do que seria política cultural são, pois, vagas e, quando apresentadas, diferem bastante quanto à sua concepção. De qualquer modo, nota-se três movimentos dominantes quando se analisa os artigos buscando por uma compreensão do que seriam políticas culturais. O primeiro as identifica como sendo uma política pública, é visível a adesão de aspectos voltados para a eficiência, contando com um caráter avaliativo de situações ocorridas para aprimorar a gestão pública. O segundo trata as relações entre Estado e cultura como questão, de modo que o movimento analítico não está necessariamente direcionado para as ações. Tal visão tende a analisar determinadas conjunturas sem que promova um inventário de programas ou projetos que poderiam ser realizados a partir de suas conclusões. Isso não quer dizer que não sejam apontadas proposições mais gerais — como a de que o Estado não deve ser produtor de cultura. O terceiro é um híbrido entre ambos, podendo trabalhar a partir de questões conceptuais para chegar num processo avaliativo ou na preparação de diretrizes para a ação.

A mesma heterogeneidade é observável nas trajetórias dos autores[53]. Não seria o caso, aqui, de analisá-las como explicações dos textos, mas é importante notar, para além da centralidade das ciências sociais, as características das formações como indícios de outras questões, em especial de um fluxo institucional. A maioria dos escritores da coletânea é formada por doutores e tem relação, ainda que não seja seu vínculo principal, com a reflexão acadêmica e com a universidade. Chama atenção, ainda, o trânsito desses agentes na administração pública ou em importantes organizações da sociedade civil, sempre em cargos de confiança, em posições hierárquicas altas — afirma-se a elite como formuladora e implementadora das políticas culturais.

Há, enfim, uma tríade que baseia grande parte dos textos: um problema, o financiamento; um recurso metodológico explicativo, a historicização; e um ponto unificador, a noção ampliada de cultura. Tanto na menção a problemas e soluções que viriam do Estado para a esfera cultural como na sua relação espúria com certo tipo de produção — por exemplo, a comunicação de massa —, o foco dessa relação é o financiamento das atividades, fazendo com que seja característico do debate, seja para incentivar seu incremento, seja para condená-lo.

A dimensão histórica é tomada tanto como recurso explicativo quanto como justificativa. Retomando equívocos e fragilidades, pode-se assinalar a necessidade de criação de outras instâncias administrativas — e aqui o Ministério da Cultura seria o melhor exemplo. Por outro lado, os riscos da produção ideológica dominante perpetuada pela indústria cultural e a conivência estatal para tanto são abordados historicamente

[53] Os textos que compõem a coletânea foram escritos por Mario Brockman Machado; Joaquim Arruda Falcão; Ruben George Oliven; Sergio Miceli; Gabriel Cohn; Maria Madalena Diégues Quintella; Muniz Sodré; Edmundo Coelho; José Carlos Durand; José E. Mindlin; e Roberto Parreira.

É preciso mencionar, por último, que algumas das proposições do livro sedimentaram posições muito marcadas no contexto das políticas culturais. A primeira é uma espécie de uso anacrônico da ideia de política pública para avaliar ações estatais no campo cultural quando o termo ainda não havia sido estabelecido. O texto de Joaquim Falcão é exemplar nesse sentido, já que procura fazer uma análise da política patrimonial brasileira compreendendo-a como uma política pública. Para isso, parte do pressuposto de que haveria uma política patrimonial não a partir de seu desempenho no restauro arquitetônico nem como um órgão burocrático, mas sim no que sua gestão teria contribuído ou não para a democracia no Brasil. Assim, ele pretende adotar uma visão pragmática da política patrimonial, a fim de que fosse pensada como um processo histórico de decisões, contrapondo-as às efetivamente tomadas. Central, porém, é como define política pública enquanto chave analítica, um movimento que se perpetua nas décadas seguintes.

A segunda proposição é a interpretação proposta por Gabriel Cohn sobre os dois principais documentos acerca da política cultural produzidos durante a ditadura, com o objetivo de fazer uma periodização da década de 1970 no que diz respeito à noção de política cultural empregada: "Diretrizes para uma Política Nacional de Cultura", de 1973, e "Política Nacional de Cultura", de 1975. Ambos foram escritos com a chancela do Conselho Federal de Cultura e com a participação de quadros do MEC. O autor mostra a existência, no texto de 1973, de uma visão de política cultural que pretendia unir as políticas de segurança e de desenvolvimento. Dessa forma, o Estado atuaria para a integração do país no seu processo de desenvolvimento cultural, o que não deveria ser confundido com censura ou tutela. Cohn identifica incoerências no documento — escrito para agradar aos militares e tecnocratas do desenvolvimento —, que são interpretadas como indício das dificuldades que perpassaram a sua feitura, marcada por pressões e tensões dentro do MEC e em outras instâncias federais. Esse ponto denunciaria a impossibilidade política de criar uma proposta de política cultural integrada e coerente.

O texto de 1975 teria fundamentos doutrinários semelhantes, mas foi desenvolvido em condições políticas mais propícias. Sua concepção de cultura seria "essencialista" e "instrumental", de modo que o desenvolvimento nacional não poderia ser visto somente através de uma perspectiva econômica, mas também social, e a cultura desempenharia um papel primordial. A visão essencialista estaria nos processos que dariam margem à "plena realização do homem brasileiro como pessoa". Já a visão instrumental se situaria na necessidade de preservação da cultura, que seria "o meio indispensável para fortalecer e consolidar a nacionalidade". Contudo, seria observável uma difusão das propostas efetivas, ou seja, o plano teria ganhado coerência e perdido eficácia. Tal entendimento sobre os documentos vem sendo reproduzido desde os anos 1980 (Calabre, 2009).

As concepções centrais — capazes de dar unidade ao livro, situando um conjunto de questões sob uma mesma chancela — são o compartilhamento da noção ampliada de cultura e o processo de abertura política e redemocratização, que produziu unidade a partir de uma oposição comum à ditadura civil-militar. A afirmação, enquanto política pública, precisava de um embasamento sobre a necessidade de que o campo cultural fosse alvo desse tipo de política.

Partido

Publicado em 1981, com uma segunda edição em 1985, "Política Cultural" foi editado pela Mercado Aberto em conjunto com a Fundação Wilson Pinheiro. Escrito por Marilena Chauí, Antonio Candido, Lélia Abramo e Edélcio Mostaço, o livro tinha por finalidade compilar os subsídios para a formulação de uma política cultural do Partido dos Trabalhadores. O documento integra a coleção "Tempo de Pensar", cujo objetivo era chegar ao maior número de pessoas, enfocando temas "polêmicos" e utilizando linguagem precisa, mas o menos acadêmica possível. Era sua intenção, ainda, aliar a "experiência erudita e acadêmica" à "popular".

O livro foi escrito num momento em que a redemocratização avançava. Suas linhas buscam estabelecer parâmetros para uma compreensão ampla e socialista do que deveria ser a política cultural. Deste modo, oscila entre análises e reflexões mais gerais sobre a cultura, apresentando um caráter propositivo. A Secretaria Nacional de Cultura do PT, responsável pelo documento, o construiu a partir de quatro premissas básicas, recorrentes nas discussões sobre o tema em todo o país: a questão da cultura está intimamente ligada à ideologia e à dominação política a partir das ideias; o PT precisa conhecer por dentro a indústria cultural e a comunicação de massa para que possa intervir e modificá-las; a discussão da política cultural não pode ser feita por "um grupo de intelectuais iluminados", sendo primordial a participação de todos os membros do partido (sob pena de reproduzir internamente a divisão do trabalho intelectual capitalista); há pouco interesse na elaboração de uma política cultural, já que o esforço de atuação acaba por se concentrar nas esferas econômica e política propriamente dita. Este último ponto aponta para uma necessidade de convencimento dentro do próprio partido acerca do tema, o que pode ser constatado na citação a seguir:

> Fizemos essas considerações em torno do uso da cultura dominante como instrumento poderoso de controle, de exclusão e de invalidação social, política e cultural, como separação entre dirigentes e dirigidos porque nos preocupa que a Executiva Nacional não se tenha dado conta da gravidade da questão cultural, sobretudo para um partido que pretende a democracia (portanto, desfazer a separação entre dirigentes e executantes), que pretende o socialismo (portanto, a autogestão em todas as esferas da vida social) e que entre seus militantes justamente aqueles são o alvo preferencial da "competência" cultural: os trabalhadores manuais e os pequenos funcionários (Chauí et al., 1985, p. 21).

O grupo que escreveu o texto é composto por intelectuais importantes da década de 1980. Antonio Candido já era um dos mais prestigiados críticos literários do país, além de professor de teoria literária na USP e pensador respeitado. Marilena Chauí se afirmava como filósofa, já como professora da FFLCH-USP. Os dois autores são de diferentes gerações, mas têm em comum a capacidade formativa. Candido formou toda uma geração de críticos literários, com extensa carreira acadêmica, tanto na USP como fora dela. Chauí tem perfil próximo, sendo orientadora de pós-graduação de grandes filósofos, como Ricardo Terra, Leon Kossovitch, Sônia Salzstein, José Carlos Bruni e Olgária Matos, para citar somente os que se tornaram professores na universidade. Em texto publicado na revista Lua Nova, ela afirma começar a ocupar, como Antonio Candido, um lugar de "testemunha ocular" de tempos históricos sobre os quais têm sido convidada a falar (2007, p. 177). Lélia Abramo, por sua vez, foi uma reconhecida atriz de teatro, TV e cinema. Filha de militantes italianos, sempre se preocupou com a dimensão política em seu trabalho, além de militar contra Mussolini na Itália. Edélcio Mostaço, por fim, é um importante crítico teatral, graduado em direção teatral na década de 1970 na USP, tendo se dedicado à sua própria produção. Foi responsável por montagens de prestígio, mas preferiu voltar-se à carreira acadêmica. Em 2002, concluiu o doutorado em artes na ECA-USP e atualmente é professor da graduação e da pós-graduação em teatro na Universidade do Estado de Santa Catarina (UDESC).

A importância da cultura é delimitada no livro a partir de dois argumentos: a atenção que o Estado dava ao tema na época e a expansão dos meios de comunicação de massa como instrumentos de manutenção da ordem social vigente, produzindo um conformismo político. Nesse sentido, os autores assinalam uma mudança na atuação do Estado contemporâneo, sem tratá-la com base em especificidades territoriais, ao contrário do que se observava no liberalismo clássico.

> O Estado que conhecemos perdeu aquela característica [a visão marxista do Estado como uma superestrutura jurídica separada da infraestrutura econômica], pois com o capitalismo monopolista e com o capitalismo de Estado, este passou a intervir e a participar diretamente da economia como sócio e parceiro da classe dominante, e como poderoso acumulador de capital. Já não é possível tomar o Estado como simples superestrutura jurídica, mas é preciso considerá-lo parte integrante da própria infraestrutura (1985, p. 7).

Esse tópico teria criado uma necessidade de ações por parte do Estado para que pudesse tomar o aspecto de uma "realidade universal". Dois dos instrumentos mais eficazes para isso seriam — além da política social, que representaria uma despolitização através do uso de procedimentos de mercado — a política cultural e a indústria cultural, que atuariam para a manutenção da ideologia dominante:

> A política cultural efetuada pelo Estado se realiza nas escolas (do pré-primário às universidades), nos laboratórios e centros de pesquisa científica e artística, nos planos nacionais de educação e de cultura, nos museus, na literatura oficial e em todas as empresas nacionais de cultura. A indústria cultural (que pode ser estatal ou não) se realiza pelos meios de comunicação de massa — imprensa, rádio, televisão, propaganda, serviços editoriais, discos e artes audiovisuais. (...) A política cultural pode oferecer-se como política nacional que interessa à nação e à sociedade como um todo, enquanto a indústria cultural se oferece diretamente determinada pelo jogo do mercado e da competição (Chauí et al., 1985, p. 8-9).

Há uma preocupação em enfatizar a importância da política cultural para um partido de esquerda, que deveria trabalhar para questionar as ações existentes como uma forma de legitimação do Estado e de perpetuação das ideologias dominantes. Partindo dessa observação inicial, os autores passam a esmiuçar as noções de política e de cultura e como elas impactam a compreensão e operação da política cultural.

Nesse quadro, procura-se estabelecer que a política não se reduz ao Estado, havendo ao menos três questões que dariam corpo para essa afirmação: a do poder, que faz com que a força e a violência sejam eliminadas pelas ideias de justiça e de direito[54]; a da justiça, de modo que haja um discurso de que todos têm o direito de participar do poder, quando na prática há procedimentos para impedir que isso ocorra (existindo, por conta disso, inúmeras democracias formais e não concretas); e a da coisa pública, que precisa assegurar a existência de espaços para fruição e expressão dos cidadãos nas instituições, serviços e práticas. A compreensão de cultura, em continuidade, seria correlata a essa explicação mais extensa do mundo.

> [É importante] distinguirmos dois planos no que se entende por essa palavra: a cultura em sentido amplo, isto é, como conjunto de práticas, idéias e sentimentos que exprimem as relações simbólicas dos homens com a realidade (natural, humana e sagrada) e a cultura no sentido estrito, isto é, como conjunto de práticas e de idéias produzidas por grupos que se especializam em diferentes formas de manifestação cultural — as artes, as ciências, as técnicas e as filosofias (Chauí et al., 1985, p. 11).

A política cultural deveria se ocupar de ambas as esferas. O livro faz uma extensa crítica aos usos da cultura por determinado tipo de populismo — cujo delineamento remete ao filistinismo burguês, posteriormente definido por Chauí (2006) — e às formulações que agem de cima para baixo, de modo que competiria aos intelectuais fazer cultura e ao povo absorvê-la, a partir de critérios que não o levam em conta. O diferencial do PT seria o fato de considerar os dois planos da cultura sem que isso representasse uma reprodução da ideologia dominante.

---

54 "Por esse motivo, o Estado é a forma pela qual o poder se manifesta e se exerce em muitas sociedades, mas não é o poder político enquanto tal. Uma política cultural precisa levar em conta a diferença entre Estado e poder político" (Chauí et al., 1985, p. 11).

A política cultural do PT, assim, poderia ser construída a partir de conhecimento prático, vivido, tanto por seus quadros intelectuais como pelos trabalhadores que integravam o partido. Nesse sentido, haveria uma relação com a experiência, intelectual ou popular, que não seriam possíveis para as políticas culturais observadas no país da ditadura de então. Nesse cenário, avaliação dos planos de cultura escritos na década de 1970 são importantes balizadores da maneira como a oposição era construída no plano cultural.

> Assim, cremos que a diferença fundamental entre os planos culturais dos anos 60 e início dos anos 70 e do final dos anos 70 e início dos anos 80 está no seguinte: os primeiros não escondiam seu caráter controlador e autoritário, enquanto os segundos tentam uma liberalização que dissimule o autoritarismo (1985, p. 40).

Chama atenção como o projeto de política cultural do PT é pensado como estratégia para lidar com as potencialidades políticas no manuseio da cultura, o que fica claro na avaliação dos planos autoritários vigentes, mas também é a característica que reforça a necessidade de um partido de esquerda investir em ações e reflexões no campo da cultura.

A ideia de política cultural como política pública — com o seu léxico que prevê clientela, diagnósticos, estatísticas e programas executivos integrados — está ausente do projeto do partido e poderia ser aproximada do que se chamou no documento de liberalização. É singular que haja uma inclusão na avaliação da política cultural de sua faceta industrial, com uma parte do governo federal no setor, como a Embratel, que dificilmente é levada em conta por outras abordagens.

Há, aqui, uma crítica da cultura como questão ampla, envolvendo seus impactos sociopolíticos. É essa a preocupação principal, que somente em segundo momento é transmutável num corpo de ações. Não se trata de um domínio de administração pública, mas de uma esfera da vida que precisa de intervenção para que não trabalhe para reproduzir os mecanismos de desigualdades característicos do capitalismo autoritário.

Militância intelectual

Publicado em 1983, "O que é política Cultural?" tinha objetivo de apresentar o assunto para pessoas menos familiarizadas com os meandros universitários e com a linguagem acadêmica. Martin Cezar Feijó, quando menciona o livro em uma publicação posterior, afirma que seu público preferencial seriam os adolescentes[55]. Parte da coleção "Primeiros Passos", o livro seria fruto também de um movimento que estava disposto a impactar a política cultural naquele momento. Esse ponto fica claro na maneira como Feijó situa a coleção no próprio livro: "da coleção "Primeiros Passos" pode-se dizer que ela própria, no seu todo, é um projeto político-cultural, onde se garante espaço a posições até conflitantes, sendo esta sua maior qualidade" (Feijó, 1983, p. 78).

O processo de redemocratização em curso é reputado como essencial para que houvesse uma militância intelectual importante, com rebatimento partidário ou não. De qualquer modo, pode-se pensar em consonância com o argumento de que o regime daria unidade à esquerda, já que continha posições opostas, mas uma questão comum muito clara. Dessa forma, vários intelectuais se viram compelidos a produzir propostas de compreensão e modificação da realidade naquele momento.

A novidade do pensamento de Feijó, especialmente quando trava contato com leitores habituados à literatura sobre políticas culturais dos anos 2000, é perceber esse movimento e seus resultados materiais como uma política cultural. Em alguma medida, o que se tem como diferenciador é uma concepção de política mais abrangente — que contém planos, metas e organização, além de ser passível de realização não institucionalizada — do que aquela relacionada às políticas públicas, e uma noção de cultura que (mais do que ação ou processo dinâmico e prático) se pretende como interferência na realidade social.

---

55 Feijó, 2001 (ver nota 66).

Feijó compreende cultura da seguinte forma:

> Toda vez que ler a palavra cultura neste livro, ela será entendida como *toda produção ou manifestação voluntária, individual, ou coletiva, que vise com sua comunicação à ampliação do conhecimento (racional e/ou sensível) através de uma elaboração artística, de um pensamento ou de uma pesquisa científica.* Em outras palavras: são culturais as obras da inteligência ou da sensibilidade humana objetivando interferir na realidade, mesmo que seja através de uma descoberta num laboratório, ou até de uma música [grifos no original] (1983, p. 8).

A cultura seria marcada por uma intencionalidade voluntária. É uma ideia capaz de conter um sem fim de situações e produtos, mas talvez sua característica mais presente seja a dimensão política contida no próprio conceito de cultura. Assim, um "ato de cultura" seria também um momento de liberdade, já que efetivado por exercício da vontade. Essa questão faz com que a definição de política cultural seja uma derivação bem direta da ideia de cultura operada pelo autor.

> Não seria a política uma negação da cultura? Se cultura é liberdade e política é organização, como entendermos uma junto à outra?
>
> Aí é que está o *x* da questão. Existem (...) políticas culturais e políticas culturais. Não se pode confundir cultura a serviço da política com política a serviço da cultura. Da mesma forma que pode existir política para a proibição, o cerceamento, o direcionamento, a imposição, também pode existir a organização para o incentivo, para a criação, para o esclarecimento, enfim, para uma elaboração cultural que supere a própria política que lhe deu origem (1983, p. 9).

Trata-se de uma complexificação da cultura a partir de sua relação com a política, de modo que a política cultural pode ser lida como a política a serviço da cultura. É nesse sentido que Feijó afirma que os regimes autoritários têm dificuldades de lidar com a produção cultural.

Por meio do estabelecimento dessas noções, o livro mapeia experiências de política cultural ao longo da história para chegar, posteriormente, ao panorama nacional. Os exemplos iniciam na Grécia Antiga e passam pela Roma de Augusto e pela França pré-revolucionária do século XVIII, chegando ao Iluminismo. Nesse escopo encontram-se as bases da formação cultural moderna, condições de possibilidade para que houvesse as lutas revolucionárias do século XIX, que possibilitaram a ideia contemporânea de política cultural. Trata-se de uma política cultural com preocupações bem maiores do que o financiamento da produção, apesar de também prever ações nesse aspecto. Nota-se uma visão que procura analisar conjuntamente, assim como suas relações e repulsões, cultura e política. O que se tem de mais claro é que política cultural não é necessariamente algo a ser implementado pelo Estado. É um conceito que abarca, por exemplo, a imprensa libertária da década de 1920 (que teria entusiasmado Lima Barreto) e o movimento modernista de São Paulo.

Feijó usa política cultural no singular, como uma matéria genérica que pudesse ser ramificada — menos pelas suas possibilidades de atuação, mais pelas muitas perspectivas capaz de circunscrever. Dessa forma, tem-se uma política cultural que procura superar uma discussão da estética como crítica cultural no sentido quase que jornalístico, mas que trabalha para tornar possível e incentivar o trabalho estético com preceitos políticos — porque revolucionários.

Chegando ao cenário nacional, Feijó cita a experiência do governo de Pernambuco na década de 1960, na gestão de Miguel Arraes, como a mais avançada política cultural praticada no Brasil até então, sendo sua marca principal a aplicação da política de alfabetização baseada no modelo criado por Paulo Freire. Um outro exemplo citado como sendo positivo foi a atuação do CPC na mesma década.

Quando são mencionados os períodos ditatoriais, a ênfase recai — como não poderia deixar de ser — sobre as políticas repressivas, especialmente aquelas direcionadas aos intelectuais. Trata-se, portanto, de uma perspectiva que se opõe à política cultural oficial. Os moldes da crítica são próximos ao visto no documento do PT. A noção de política cultural, contudo, é diferente. É aberta, dando menor centralidade ao Estado. Há também a dimensão da cultura como ato da vontade individual; em alguma medida como cultivo. Esse ponto nos leva ao subitem seguinte, onde uma concepção de cultura afim é operada por um projeto político distinto.

"Estado"

Eleito senador em 1982, o pernambucano Marco Maciel cumpriu o mandato pelo PDS. Sua carreira política tem confluência com questões capitaneadas por figuras conhecidas do Estado. Foi pesquisador na Fundação Joaquim Nabuco, sendo apadrinhado por Gilberto Freyre; vice-presidente do Brasil durante o governo de Fernando Henrique Cardoso; e, desde 2004, ocupa a cadeira número 29 da Academia Brasileira de Letras (ABL).

"Subsídios para uma política cultural" é o fascículo 16 da série "Ação Parlamentar", publicada pela gestão do senador. Os outros números dão conta de assuntos variados, como desenvolvimento, ciência e tecnologia, indústria sucroalcooleira, e simplificação das leis. A apresentação do eixo central da publicação aponta a correlação entre educação e cultura como um dos tópicos a serem desenvolvidos (Maciel, 1983, p. 3). O primeiro texto do livro, "Museus fontes da memória nacional", discorre sobre a necessidade de ações voltadas para os museus — motivada pelo VIII Congresso Nacional de Museus, ocorrido em junho de 1983. O evento contou com presenças importantes, como o então secretário de Cultura do MEC, Marcos Vinicios Vilaça. Já o segundo texto, "Incentivo às atividades editoriais", tem por objetivo discutir a cena editorial no Brasil e quais estímulos seriam necessários para que ele fosse incrementado. O último texto, enfim, tem o título "Importância da Biblioteconomia", e trata da "função social" do bibliotecário; o tema foi motivado pela participação do senador no XII Congresso Brasileiro de Biblioteconomia e Documentação.

Na leitura do documento transparecem concepções que perpassam suas três partes, baseando as propostas de ação do mandato no reconhecimento do que seria uma atuação possível na área cultural. O aspecto inicial dessa reflexão é a maneira como se compreende a política cultural.

> [A política cultural] é de vital significação para o país. Com efeito, o que é uma nação senão primordialmente, essencialmente uma realidade histórico-cultural?
>
> (...) A pátria é o sonho do futuro compartilhado — como fronde imenso de uma árvore lançando-se para o alto, mas com o tronco solidamente plantado, firmado em raízes profundas que lhe dão a seiva vital.
>
> Vem daí a enorme importância cívica do conhecimento do passado do país, o seu inestimável acervo de realizações históricas, artísticas, científicas ou técnicas. Vem daí a significação do museu como instituição criada precisamente para conservar, estudar, valorizar por todos os meios e essencialmente expor para educação e — se quiserem — deleite do público esse mesmíssimo inestimável acervo (Maciel, 1983, p. 9).

Não há, de modo aparente, uma visão prospectiva para a cultura a partir de uma concepção técnica de política cultural. Não é através da proposição do que é política cultural que se desenvolve um plano de ações, ela aparece de modo quase que axiomático, como algo que é necessariamente componente da feição de uma nação. Assume-se que há uma cultura nacional que necessita de preservação e pode ser alvo de propostas para sua fruição. Os projetos são apresentados para garantir a permanência de certos traços. Não há uma subsunção da política cultural a partir dos projetos que compõe; ela não pode ser definida como um conjunto de ações.

Nesse sentido, parece haver uma ênfase maior para a cultura do que para a política. Primordial, deste modo, é conhecer a noção de cultura operada.

> A nossa era é cada vez mais a era pedagógica, até porque parece claro a todos o entendimento de que "só na cultura o homem vive uma vida verdadeiramente humana" — consoante frase do papa João Paulo II, inspirada em multissecular ensinamento tomista coincidente, de resto, com a mais moderna acepção antropológica do termo **cultura** [grifo no original] (Maciel, 1983, p. 10).

Tal concepção parece correlata a uma proposição que compreende a cultura como sendo definidora da humanidade do homem, apresentando-se como cultivo do espírito. Esse ponto se acopla à questão da educação, num processo em que a culturalização pela pedagogia faria dos homens mais humanos. Para isso, constrói-se uma crença na habilidade da cultura subsidiar o desenvolvimento ancorado na educação (Maciel, 1983, p. 10-11). Não é surpreendente que as ações propostas e que os problemas que o mandato do senador procura sanar sejam relacionados com uma visão institucional — ou patrimonializada, para usar o termo de Miceli (1984) — de cultura.

É nesse escopo de atuação que é possível pensar na regulamentação da profissão do museólogo, assim como em investimentos para cursos formativos nessa área. É, ainda, nesse registro que é possível propor que o "desenvolvimento cultural de um povo se faz também e, talvez, sobretudo, pela leitura de livros, revistas e jornais" (Maciel, 1983, p. 15) e partindo desse pressuposto propor ações que pudessem incrementar o setor editorial do país — através, por exemplo, do abatimento do imposto de renda do valor empregado na compra de livros. E, enfim, a presunção de que a biblioteconomia — e o bibliotecário — "vincula-se a uma atividade pedagógico-social, de difusão de conhecimentos, de informações, de artes e humanidades em geral" (Maciel, 1983, p. 30), justificando que se busquem "subsídios para robustecer a consciência do papel dessa importante profissão e de chamar atenção para a transcendência de sua atividade, inclusive para construção de uma verdadeira sociedade democrática" (Maciel, 1983, p. 36).

Esse aparato conceptual apresentado pelo autor é, em boa medida, consonante com a proposta do já citado secretário de Cultura Marcos Vinicios Vilaça[56], que substituiu no cargo Aloísio Magalhães, falecido na Itália quando representava o Brasil num encontro da Unesco, em 1982. Escritor de obra conhecida, Vilaça entrou para a Academia Brasileira de Letras em 1985[57] e recebeu Marco Maciel quando este se tornou acadêmico, sendo responsável ainda pelo convite feito a José E. Medlin para que se candidatasse a uma cadeira na instituição.

"Por uma política nacional de cultura", publicado em 1984 pela Secretaria de Cultura do Ministério da Educação, é composto, basicamente, de pronunciamentos do secretário entre 1982 e 1983. Sua edição foi de responsabilidade da Coordenação de Desenvolvimento de Projetos Especiais para Difusão Cultural, órgão da Fundação Nacional Pró-Memória, cuja presidência Vilaça acumulava com a secretaria. A apresentação do livro ficou a cargo do maranhense Josué Montello, ex-presidente do Conselho Federal de Cultura e membro da ABL desde 1955, que descreve Vilaça da seguinte maneira:

---

56 Questão que é perceptível nas proposições conceituais dos dois autores e afirmada direta e textualmente: "Proteger, restaurar, divulgar os bens do patrimônio cultural brasileiro, propiciando à comunidade nacional melhor conhecimento, maior participação e vivência dos valores que lhes são imanentes — eis uma belíssima tarefa da mais alta significação cívica. Essa, aliás, tem sido a orientação que tem imprimido — à frente da Secretaria de Cultura do MEC — o professor Marcos Vinícius [sic]. Ele, com a visão larga e o tirocínio administrativo que o caracterizam, vê a cultura não apenas num conceito amplo, mas de abrangência, no qual consideram-se tanto os bens móveis e imóveis, plenos de valor histórico e artístico, quanto os bens de produção cultural" (Maciel, 1983, p. 11). Outra menção a Vilaça, dessa vez por conta de seu esforço na criação de uma política cultural emergente, é feita no segundo texto do livro (1983, p. 25).

57 A ausência de Vilaça enquanto militava por uma vaga na ABL seria o motivo da diminuta verba da Secretaria de Cultura, que depois de sua gestão se transformaria no Ministério da Cultura, o que não teria sido alvo de discussão quando da aprovação da dotação orçamentária para 1985.

> Marcos Vinicios Vilaça, escritor, antigo presidente da Academia Pernambucana de Letras (que lhe deve o Palácio de sua esplêndida sede, no Recife), poderia dizer, numa ocasião análoga [a do escritor Bernardo Guimarães, que apresentou suas duas filhas a D. Pedro II como suas mais importantes obras], que, além de seus livros e de seus filhos, tem ele também, no acervo de suas realizações magníficas, todas as grandes iniciativas da Secretaria de Cultura, no Ministério da Educação.
>
> Essas iniciativas são de dupla natureza: umas efêmeras, nos puros atos culturais; outras, permanentes, nas obras que vem empreendendo para preservar e salvar o patrimônio histórico e artístico nacional, que em boa hora lhe foi confiado.
>
> Quando morreu Aloísio Magalhães — tão operoso, tão rico de ideias, tão dinâmico — ficamos a pensar quem poderia ser seu sucessor na Secretaria da Cultura. Dificilmente encontraríamos, nesta hora, um homem tão a propósito, competente, dedicado, desprendido, enérgico, quanto o fora Aloísio. E eis que nos aparece Marcos Vilaça. (...) [As iniciativas] dele o fazem, neste momento, um dos grandes beneméritos da cultura nacional (Montello In: Vilaça, 1984, p. VI).

Para além do teor comemorativo e de reconhecimento dos "sacrifícios" de Vilaça em prol da cultura nacional, Montello menciona um ponto importante: um diferencial do secretário, enquanto gestor, seria a forma como construiu uma "filosofia" que baseou sua atuação, calcada em noções que gravitaram em torno do seu entendimento da cultura como campo de atuação. A citação abaixo, quando Vilaça se pronuncia sobre a Bienal Internacional do Livro em São Paulo, dá pistas de quais seriam essas noções:

> Uma festa da educação e da cultura brasileiras. Uma festa de sentido desenvolvimentista, porque o desenvolvimento é a cultura em processo. Envolvem-se, aqui, o esforço em favor do crescimento econômico e o da repartição social dos seus frutos. E eles exemplificam como a cultura deve ser

> prestação de serviços à comunidade, sem intransitividade; dando e recebendo, crescendo com ela, sob a inspiração maior de como são unívocos a educação e a cultura na realização da integridade do homem (Vilaça, 1984, p. 6).

Numa comparação com Maciel, nota-se que a ênfase na educação persiste, mas vem acompanhada pelo desenvolvimento, compreendido em sentido lato, que seria expresso pela cultura. A dimensão da qualidade de vida, trazida para a atuação no campo cultural da administração pública por Aloísio Magalhães, é um aspecto importante, já que ajuda a justificar as ações a serem implementadas para a realização efetiva do homem.

Também é visível em Vilaça uma noção de cultura baseada na ideia de "cultivo espiritual" do homem. Sem que estivesse, no entanto, desprendido das dimensões materiais que comporiam o processo cultural — estando inserida nessa concepção uma pressuposição da cultura como algo dinâmico. É nesse contexto que a dimensão comunitária é valorizada, pois seria o espaço onde se poderia perceber "que a cultura é um processo, uma dinâmica, em que as manifestações materiais e espirituais estão inseridas e se complementam" (1984, p. 8). Esse fato é exemplificado através de uma ação em que certa comunidade, utilizando-se de refugos têxteis, criou um complexo artesanal para a produção de roupas. Na sua perspectiva, esse é um exemplo importante de desenvolvimento cultural, já que congrega a distribuição de renda e o uso de saberes próprios, "sem perda de sua característica fisionomia socioeconômica-cultural" (1984, p. 8).

Há, assim, uma proposta de valorização dos contextos locais, de modo que, amparado no conceito de cultura mobilizado, seria capaz de trabalhar a partir da diversidade cultural observada no país.

> A razão de um conceito de cultura tão amplo reside no reconhecimento da diversidade cultural de nosso país, onde não é possível uniformizar a ação governamental, dado que os contextos regionais são diversos entre si e precisam ser valorizados pelo que apresentam de traços próprios e autênticos (Vilaça, 1984, p. 76).

Essa concepção da cultura como processo, amparada em aspectos identitários que, manipulados, levariam ao desenvolvimento é importante para explicar a estrutura da Secretaria de Cultura. Vilaça menciona, nesse sentido, o caráter patrimonial do seu exemplo, e o faz para evidenciar como essa questão pode ser alinhada com a produção cultural, reproduzindo os dois braços que compunham o órgão. Além disso, está presente nas falas do autor uma conexão com a esfera privada para atrair verbas para as ações culturais.

> Precisamos, pois, buscar fontes alternativas de financiamento de nossa atividade, o que a SEC já vem fazendo. Para os senhores terem uma ideia, basta dizer que em 1983 os recursos oriundos de fontes alternativas, isto é, que não vieram do Tesouro Nacional, representaram cerca de 43% de nosso orçamento; o que significa que esta estratégia está certa e pode, evidentemente, ser aplicada com igual êxito nos âmbitos estadual e municipal (1984, p. 78).

Temos, assim, uma noção de política cultural que alia a dimensão do autocultivo à questão do desenvolvimento. Se é possível traçar inúmeras ações a partir desses preceitos, está claro que isso não é feito usando as políticas públicas como chave de atuação.

Universidade

Antonio Albino Canelas Rubim pode ser considerado hoje um dos mais importantes intelectuais das políticas públicas para cultura. É professor da UFBA e ocupou importantes cargos públicos, como o de secretário de Cultura do estado da Bahia. Realizou o seu doutorado em sociologia sob a orientação de Gabriel Cohn, autor de inúmeros trabalhos na área da sociologia da comunicação, com a tese "Partido Comunista, Cultura e Política Cultural", defendida em 1987.

A intenção inicial era um estudo sobre marxismo e cultura em sentido mais amplo, continuando sua pesquisa de mestrado, que examinou a indústria cultural sob uma perspectiva marxista. No decorrer do trabalho, contudo, foram feitas algumas adequações, reduzindo seu universo para as ações no campo cultural — compreendido, com fins metodológicos, como arte e ciência — do Partido Comunista Brasileiro (PCB).

Os dois primeiros capítulos procuram fazer uma apresentação das atividades do Partido que Rubim identifica como possuidoras de natureza cultural. O primeiro capítulo trabalha com as publicações do PCB, especialmente as revistas culturais desde seu surgimento em 1922. O segundo amplia o universo analítico, dando espaço para outras atividades e áreas culturais, como produção editorial, cinema, artes plásticas, etc.

O terceiro capítulo, por sua vez, tem cunho mais analítico. A primeira parte discorre sobre as questões mais presentes no debate marxista acerca do que o autor chama de política cultural: herança cultural; cultura contemporânea; tipos de cultura propostos; entre outros. A segunda trabalha para periodizar as possíveis políticas culturais do PCB. O autor sugere que nos anos 1950 havia uma "política cultural sistemática, com ações e reflexões articuladas e explicitadas, o que praticamente não acontece em outros períodos" (1987, p. ii).

Rubim justifica seu trabalho por meio de um desconhecimento sobre a atuação do Partido Comunista no campo cultural/ideológico, de modo que seria necessário empreender um estudo com esse escopo:

> No Brasil, o Partido Comunista criou seus meios de produção e difusão cultural de forma mais limitada ou expressiva, sempre na dependência das condições da conjuntura histórica. Em momentos de maior repressão, estes meios eram fechados e/ou destruídos, por vezes, o partido se reduzia a um punhado de indivíduos lutando para fazer o partido sobreviver física e politicamente. Já em períodos de maior liberdade e nos pouquíssimos anos de legalidade (aproximadamente 4 em 64 anos de existência), o Partido Comunista quase sempre colocou em funcionamento — obviamente de forma desigual — uma série de organizações, desenvolveu

> inúmeras atividades e interviu em diversos campos culturais/ideológicos. Entretanto, o conhecimento desta faceta político/cultural e ideológica do Partido Comunista é quase zero e as dificuldades para este estudo são significativas (Rubim, 1987, p. 3).

Tem-se uma presunção de que as ações empreendidas pelo partido no campo cultural configurariam uma política cultural, o que baseia a argumentação da tese e as escolhas de fontes, como se observa a seguir:

> O PC intervém no campo e nos debates culturais, difundindo suas visões e propostas ideológico-culturais. Também através destes meios impressos [revistas culturais], o partido divulga produtos de áreas culturais específicas como: crônicas, contos, partes de romance, poesias no campo da literatura; desenhos e ilustrações na área de artes plásticas; ensaios e artigos no campo das ciências sociais etc. Estes jornais e revistas propiciam igualmente ao PC instrumentos para atuação no meio intelectual, pois agem como centros de produção, debate e difusão culturais, atraindo e, em menor escala, empregando intelectuais, particularmente aqueles vinculados ao partido. Todos estes mecanismos de intervenção cultural, possibilitados pela imprensa, consubstanciam uma prática efetiva do PC na esfera cultural (1987, p. 83-4).

O autor demarca, deste modo, os meios aplicados pelo Partido Comunista para intervir no cenário cultural brasileiro, como as revistas (e sua ação para influenciar a imprensa) e outras linguagens culturais. Na tese, há uma parte dedicada aos livros publicados pelo partido ou a ele relacionados, normalmente pela autoria.

Chama atenção no trabalho do autor o emprego de alguns termos sem que houvesse um esforço em defini-los. Entre eles, destacamos "ação cultural"; "organização da cultura"; "atividade político-culturais"; e "intervenção cultural do PC". Isso pode ser atenuado pela preocupação metodológica apresentada por Rubim, quando diz compreender cultura como arte e ciência. Nota-se, porém, no decorrer do trabalho, como o uso dos termos adjetivados como culturais extrapolam o universo da arte e da ciência. Como compreender a comunicação nesse corte estabelecido para a cultura, para mencionar apenas a questão mais candente?

O lugar da cultura num projeto de intervenção política, no caso baseado em uma ideologia partidária, parece ser a definição utilizada de política cultural. Não fica claro, porém, um ponto: se o objetivo é trabalhar a partir das elaborações do PCB, por que utilizar política cultural como chave analítica se ela não era utilizada, ao que parece, correntemente nas publicações estudadas?

Importa destacar, contudo, que essa concepção de política cultural seja articulada num sentido abrangente, que não se restringe a um conjunto de ações ligadas a necessidades culturais de certa comunidade — local ou nacional. Ao contrário, o que se observa a maneira como a cultura trabalha para garantir a penetração de certas concepções ligadas a um projeto político mais amplo. Deste modo, se foi possível para Rubim tratar um grupo de ações do PC como constituintes de uma política cultural é exatamente porque há uma concepção ampliada — política e revolucionária — que foi capaz de possibilitar estas ações — que nem por isso se caracterizaram, em seu tempo, como uma política cultural. Não se trata aqui de apontar o anacronismo no trabalho de Rubim, mas, ao contrário, de mostrar exatamente como a noção de política cultural possuía, no momento da escrita do trabalho, uma certa fluidez.

* * *

As proposições analisadas mostram uma ideia de cultura ampliada, que ultrapassa as belas artes, mas não se traduzem numa perspectiva unívoca para as políticas culturais. A dimensão prospectiva não tem tanta centralidade para as análises colocadas. Mesmo naquelas que tratam também de projetos executados, nota-se um descolamento entre o que seriam políticas culturais e as ações em si.

Uma provável consequência deste fato, e certamente uma confluência entre os trabalhos apresentados, é a perspectiva para um Estado não interventor no campo cultural como criador. Não se trata de visibilizar as inúmeras incongruências do regime militar — apesar disso ser feito em alguma medida —, mas de pensar um trabalho a partir da cultura que evocasse uma reflexão sobre a (modificação da) ordem política. Com o documento do PT, se estabelecem linhas para uma atuação partidária socialista, e revolucionária, no campo cultural. Feijó, por seu turno, pontua uma agenda cultural e política com espaço para temas mais diversificados. Vilaça e Maciel utilizam-se do binômio cultura-educação como justificativa genérica para atuação governamental. E Rubim, afinal, usou a política cultural como chave analítica, tentando observar a projeção do Partido Comunista na disputa do setor cultural.

As políticas públicas se afirmavam como uma das estratégias legítimas, mas não dominantes, para tratar das políticas culturais como questões intelectual e de governo. A emersão dessa possibilidade está relacionada a aspectos mais gerais observados no país naquele momento. É preciso levar em conta um movimento de ruptura com a ditadura que implicava a enunciação de outras estratégias de gestão pública. Nesse sentido, as políticas públicas — e não apenas as culturais — surgiriam como um dos formatos para essa atuação.

A compreensão das políticas culturais que não são definidas como políticas públicas na década de 1980 deve ter em conta sua inscrição numa época em que definir uma estratégia para atuação política estava mais relacionado a um novo projeto de nação. É visível nos textos a afirmação de projetos políticos e ideológicos na construção das políticas culturais. E é essa uma das dimensões que é transformada quando as políticas públicas de cultura passam a ser dominantes, exatamente porque são enunciadas como estratégias de gestão pública eficazes enquanto mecanismo — sendo sua aplicação, portanto, de aparência técnica.

Um pensamento mais diretamente de "esquerda" acaba por contrapor-se às noções vinculadas às políticas públicas apresentadas em "Estado e Cultura no Brasil". Não pretendemos afirmar, porém, que necessariamente a compreensão dos serviços estatais como políticas públicas seja uma prerrogativa da "direita". Mas, numa confluência histórica nos anos 1980, há uma divergência clara que se inscreve nas concepções de políticas culturais a partir de concepções políticas — e ideológicas —, que envolviam mudanças estruturais para o país.

Deve-se pensar que a primeira metade da década de 1980 é um momento na história nacional em que os partidos estavam sendo reorganizados, fazendo com que projetos políticos fossem reatualizados de maneira mais viva, tendo cada vez menos a oposição ao regime militar como questão central. Dito de outro modo, é um tempo em que as políticas culturais passam por um processo de reflexão a partir de uma estratégia de gestão pública. Ele possibilitaria, posteriormente, que fossem pensadas como políticas públicas, coincidindo com uma reorganização da vida política nacional que vai além do movimento de combate ao regime.

Esse contexto é marcado pela necessidade de criar novas formas de gestão que pudessem fazer a passagem para democracia, de modo mais restrito, e a organização geral do país. Isso significou, por exemplo, a participação de intelectuais importantes como dirigentes de órgãos culturais no período de abertura — como especificamente Brockmann Machado e Joaquim Arruda Falcão. Mesmo trabalhando em conjunto com o regime, não é o caso de identificá-los como afeitos à ditadura. Ao contrário, argumentavam estar preparando um cenário para a redemocratização do país.

Foi nessa época que aspectos importantes do que viria a ser um governo democrático no Brasil foram definidos e parte significativa das instituições culturais federais, como a Embrafilme e a Funarte, foram reorganizadas em moldes que perduraram, no mínimo, até o governo Collor. Os preceitos incorporados — muitos trazidos de um debate acerca das *policies* que era comum nas universidades estrangeiras na década de 1970 — se mostraram sobreviventes, em especial aqueles identificáveis com um pensamento de "direita" mais ao "centro", como o que sustenta o PMDB. Suas lógicas de atuação foram reinventadas com contornos distantes do que era debatido pela esquerda, especificamente o PT, no final do processo de redemocratização.

Talvez seja exagero sugerir que a forma como essas instituições e órgãos culturais foram geridos no reinício do regime democrático tenha se dado nos moldes das políticas públicas — pode-se recorrer ao texto de Marcos Vinicios Vilaça para ajudar a relativizar o ponto. Fato é que foi nesse cenário que se iniciou uma perspectiva para a política cultural como ações a serviço dos anseios culturais dos cidadãos (ou do povo, dependendo da abordagem ideológica). Foi nesse contexto, ainda, que alguns dos preceitos fundamentais, mais num sentido ideológico do que técnico, delinearam um panorama que permitiria a dominância posterior das políticas públicas de cultura.

A política cultural que não é política pública é interessada politicamente, ou, ao menos, tem algum tipo de mudança na produção cultural como perspectiva. E, por isso, pode ser boa ou má; de direita ou de esquerda; liberal ou socialista. As políticas públicas de cultura — à medida que se percebem como serviços, programas e ações para a população — têm a sua projeção política esterilizada. A pretensão em lidar com o que é público e comum tende a esconder suas escolhas num vocabulário de gestão, que transfere as mais importantes para mecanismos aparentemente isentos, como diagnósticos, pesquisas ou conselhos.

CAPÍTULO 6

As políticas culturais como políticas públicas de cultura

A noção de política cultural esteve situada, na década de 1980, numa disputa pela sua conceptualização. Esse ponto, naturalmente, tem rebatimentos para os modos como os agentes estatais atuam em torno do tema, gerando posições mais ou menos conflitantes na administração pública.

É a partir dos anos 1980 que a elaboração das políticas culturais como políticas públicas emerge no país. Esse fato se relaciona com as reformas na administração pública, quando se pretendia implementar um modelo calcado no planejamento. No campo cultural, é visível o preenchimento de cargos na esfera federal por uma intelectualidade envolvida no processo de redemocratização, que estava interessada na inserção de novas práticas de gestão pública.

Esse conceito, no entanto, só tem um uso recorrente nos anos 2000, quando — como mostrarei adiante — as políticas públicas de cultura passam a ser versadas para além do planejamento de serviços públicos. Elas começam a designar um momento da vida nacional com um projeto específico para a cultura. É necessário compreender o que está em jogo com o seu uso e como um debate sobre a relação entre administração pública, Estado e cultura passa a ser construído ao redor das políticas públicas.

Ao analisar a produção intelectual sobre agricultura no Brasil nos anos 1960, Moacir Palmeira pontua questões de importância para a minha proposta analítica, mesmo através de um tema tão distinto. Ele identifica uma tendência nas discussões voltadas para a natureza do latifúndio no Brasil: algumas proposições que se pretendiam divergentes se aproximavam de uma caracterização muito próxima das questões com as quais trabalhavam e do uso, em vários momentos, dos mesmos recursos explicativos. Palmeira sugere que uma análise do debate, "uma reflexão sobre o conjunto da produção intelectual, não só sobre o conteúdo da proposta de cada autor, mas sobre a própria maneira como o conhecimento era produzido naquele momento" (1984, p. 13) seria proveitosa para a compreensão daquele cenário.

De maneira análoga, pode-se identificar o debate em torno das políticas públicas de cultura pela forma como esse corpo de questões trabalha por meio de alguns procedimentos coincidentes na sua autoconstrução como conhecimento. Com essa estratégia, pretendo analisar o modo como a constituição de problemas é acompanhada de uma série de soluções. Ou seja, é a partir da formulação desses problemas e de suas soluções que se faz um universo de atuação e análise.

Além disso, será importante compreender a maneira como o debate — e esse ponto não é uma novidade dos anos 2000 — procura se construir como algo recente, com perguntas e respostas novas, criadas exatamente a partir de situações de cunho "social" e/ou "cultural" — e essa não é uma novidade dos anos 2000. Cabe mencionar as justificativas amplas e distintas, muitas vezes utilizadas pelo senso comum intelectual, como o "incremento nas tecnologias de comunicação", o "crescimento da importância da cultura no mundo contemporâneo" ou os "desdobramentos da institucionalização da cultura no Brasil". Se as explicações nem sempre se encontram, seu uso como definidor de algo novo, seja "um universo de atuação" ou "um campo do saber", pode ser tomado como um dos pilares que sustentam a discussão. O que só ocorre pois o "algo novo", apesar de disperso, está sendo sempre alimentado por novas produções que se filiam às políticas públicas de cultura nos mais diversos suportes discursivos: livros, artigos, anuários estatísticos, seminários, colóquios, encontros, projetos, programas etc. Esse processo é necessariamente contemporâneo e indissociável de todo um suporte institucional capaz de sustentar essa produção, de um ponto de vista material inclusive, que é, ao mesmo tempo, justificado por ela.

Não se trata de uma apropriação desse paradigma analítico, nem por este trabalho nem por seus nativos, mas de perceber de que forma uma proposição mais extensa para a administração pública tem impacto na efetivação das políticas culturais como políticas públicas de cultura. De saída, deve-se situar uma definição de política pública num registro clássico, já que

> uma política pública consiste, pois, na identificação de um problema, na formulação de um argumento racional, ou em um conjunto de respostas científicas para o "problema" que acaba sempre sendo traduzido em última instância como problema de natureza essencialmente econômica. Dentro desta visão, para ser implementada uma política pública necessita não apenas de um saber específico (com seus modelos e aparatos metodológicos e teóricos próprios), mas também de profissionais específicos (Souza Lima e Castro, 2008, p. 359).

As políticas públicas evidenciam-se como uma maneira de operar a ação da administração pública por um paradigma de planejamento racional. As etapas e ações propostas estão ligadas a um movimento inicial de desenho do problema a ser atacado, normalmente com diagnósticos. Nesse quadro, há que se ressaltar a participação de profissionais especializados tanto na efetivação dos diagnósticos como na delimitação das ações propostas.

Essa noção precisa levar em conta alguns aspectos que partem de uma postura crítica. Seria importante mencionar as ressalvas feitas por Souza Lima e Castro quando retomam alguns dos esforços de conceptualização das políticas públicas através da ciência política, assim como relativizar a

> ideia de que o eixo reflexivo da área é tratar de ações racionais promovidas por indivíduos visando a organização coletiva e

> a instituição de uma ordem social. Neste quadro, uma política pública é o *conjunto de postulados e mecanismos investidos pelo aparato governamental para a manutenção da ordem social* [grifos nossos] (Souza Lima & Castro, 2008, p. 364).

Esse modelo de atuação deve ser lido em consonância com projetos políticos que têm marcas ideológicas. E, para além disso, como um processo que instaura alguma ordem social, cuja justificação é pacificada pela apresentação como racionalidade. Certos problemas são, assim, naturalizados como coletivos, pautando a atuação estatal através de questões públicas. É preciso, contudo, relativizar a dimensão pública desse tipo de atuação, que seria melhor compreendida como "políticas governamentais", isto é,

> devem ser entendidas como planos, ações e tecnologias de governo formuladas não só desde organizações administrativas de Estados Nacionais, mas também a partir de diferentes modalidades de organizações não redutíveis àquelas que estão definidas em termos jurídico e administrativos enquanto partícipes de administrações públicas nacionais (2008, p. 369).

Deste modo, é necessário considerar como a pressuposição da análise da atuação estatal por meio das políticas públicas tende a se produzir sob uma homogeneização que não é capaz de criar uma mirada crítica. Ao contrário,

> redes sociais muito abrangentes, conteúdos simbólicos e formas sociais variadas e em confronto participam dos jogos de poder que se estabelecem em torno do reconhecimento de um conjunto de relações sociais como matéria para intervenção de governo, nomeá-las e se gerar um programa de ações sobre as mesmas, dotado de amplo reconhecimento social, com fundos estáveis que o suportem, com estratégias e táticas de ação acopladas (2008, p. 359).

É nesse sentido que as políticas públicas de cultura podem ser lidas como uma espécie de categoria nativa e cujo uso, apesar de atravessado em alguns níveis pelos processos institucionais citados, tem características e interesses próprios. Ou seja, são operadas a partir de certos temas, enunciados, soluções e problemas específicos.

As políticas públicas de cultura como categoria nativa

Se é importante ter em mente a discussão sobre políticas públicas e reformas administrativas no Brasil desde os anos 1980, é igualmente central compreender o que está em jogo quando se mobiliza a noção de política pública de cultura ou de política pública cultural. É preciso atentar, de início, para como ela é usada ora como sinônimo de "política cultural", ora como uma especialização nesse campo, o que fica claro no trecho abaixo:

> As políticas culturais devem ser desenvolvidas interagindo com fluxos provenientes das dimensões nacionais, globais, regionais e locais, mas também buscando incorporar e articular um conjunto bastante variado de agentes culturais; estados nacionais, subnacionais (estaduais e municipais), supranacionais (organismos multilaterais); sociedade civil; empresas; grupos sociais e culturais etc. Este desafio pode e deve ser enfrentado através da construção de *efetivas políticas públicas de cultura*, nas quais os diferentes agentes culturais sejam incluídos e tenham garantias de participação e deliberação [Grifo nosso] (Rubim, 2009, p. 109).

Isso seria possível a partir do modo como se mobiliza múltiplos agentes para efetivação dos propósitos das políticas públicas desse tipo. Esse uso sem grandes preocupações com definições precisas é indício da maneira como a noção de *política pública* de cultura tende a ser utilizada sem muitas problematizações. É fundamental examinar como não há uma reflexão acerca dessa concepção, mesmo quando as elaborações se inscrevem numa perspectiva histórica.

> As transformações das políticas públicas para a cultura no Brasil são particularmente marcadas em três períodos da história republicana brasileira: a ditadura do Estado Novo — que vai do golpe de estado liderado por Getúlio Vargas em 1937 até à sua deposição em 1945; a ditadura militar de 1964 a 1985 e; a redemocratização da sociedade brasileira, cujos marcos específicos para a política cultural são a criação do Ministério da Cultura (MINC) em 1985, e a promulgação da Constituição em 1988 (Carvalho, Gameiro & Goulart, 2008, p. 3).

Nota-se uma maleabilidade da noção de política pública que pode ser transposta para interpretar eventos muitos espaçados entre si. Em alguma medida, seria possível pensar numa *política pública de cultura* a partir de uma interpretação única para a conexão entre Estado e cultura, fazendo com que fosse possível utilizá-la para refletir sobre diferentes momentos históricos. Há um tratamento do termo em moldes sincrônicos, como uma questão do contemporâneo e sem historicidade enquanto categoria construída. De alguma forma, certos agenciamentos no campo das políticas culturais acabam sendo tratados de modo fatalista, como se os caminhos transcorridos pela ação pública no que se convencionou chamar de campo cultural fossem os únicos. Assume-se, portanto, as políticas públicas de cultura como algo existente na história, sem entender como elas são possíveis.

Há questões que são condições de possibilidade para essa situação. Por um lado, as reconstruções históricas foram feitas por uma assunção de que é assim que o tempo deve ser reconstruído, através do encadeamento de vários acontecimentos que enxergam o presente como fim teleologicamente instaurado do passado. Por outro, parte-se de uma suposição do Estado como uma esfera autônoma, sem relações efetivas, além das meramente analíticas, com as produções discursivas acerca dele — e sem considerar ele próprio como uma. Seu apartamento da produção acadêmica e/ou intelectual possibilita uma escrita "contemplativa" sobre o Estado, de forma que uma revisão histórica linear de sua "atuação" pareça a mais adequada.

A dimensão da reiteração de uma escassez de estudos deve ser pensada como uma estratégia discursiva que ajuda nessa constatação. Ela justifica uma produção textual que classifica ações anteriores — analíticas e de governo — que, não reconhecidas como políticas públicas de cultura, servem para amparar a invenção contemporânea de um lugar de fala, que é, também, um lugar de ação.

A ficção do ineditismo das produções, fundamentado na escassez, só se efetiva porque as análises das relações entre Estado (ou da administração pública) e o que se identifica como políticas públicas de cultura nem sempre consideram analiticamente as maneiras como as políticas desse tipo eram compreendidas e analisadas no presente histórico em que se realizavam.

O uso mais livre das políticas públicas de cultura para analisar eventos, situações e acontecimentos espaçados temporalmente e anteriores aos anos 1960 ajuda a produzir, ainda, uma proposta para a administração pública: o que foi classificado como "política cultural" estava inserido em pastas de educação e/ou saúde, onde o "campo cultural" tinha menor importância do que as áreas a ele conectadas. As análises anteriores, contemporâneas às políticas culturais mas não às políticas públicas de cultura, não teriam condições de abarcar as ações efetuadas a partir da perspectiva — tida como necessária — do "campo cultural". Em boa medida, tanto suas deficiências quanto seus sucessos seriam indicadores da necessidade de conformar políticas públicas de cultura contemporaneamente.

Essa estratégia tem dupla eficácia: diminui-se a importância das produções analíticas exteriores às políticas culturais e explica-se, no mesmo movimento, a eficácia limitada de algumas políticas por conta desse tratamento promíscuo. Fica claro, então, que se cria um espaço na conformação de um discurso científico e de posições na administração pública.

Percebe-se, no entanto, o uso da noção de políticas públicas de cultura por meio de estratégias de planejamento. No artigo "Cultura como objeto de política pública", José Carlos Durand trabalha com esse registro. Na sua argumentação, o termo seria referido às práticas de gestão pública para lidar com o cenário cultural. O texto se desenrola advogando uma política cultural cuja formatação excluiria a "indústria cultural" e o "espetáculo", vistos de modo negativo. Para ele, há uma ênfase na recepção, ou seja, nos públicos que necessitariam de uma ação em políticas culturais, principalmente a partir da "educação artística". Nos processos de gestão e financiamento, o autor advoga por um tratamento da cultura nos moldes de outras políticas públicas:

> Não cabe aqui discutir o tamanho, as características e o mérito de cada uma dessas novas demandas [do trabalho de mudança social que se acredita possível a partir da cultura]; ao contrário, o fundamental é reconhecer que, se os gestores públicos não forem capazes sequer de pensar orgânica e integradamente a área cultural em suas dinâmicas internas (no plural) e em suas interdependências, muito menos estarão preparados para entender a contribuição que podem e devem dar a necessidades mais agudas e que dependem de diagnósticos mais sofisticados e da interlocução com áreas de política pública, em que, geralmente, se sabe melhor o que fazer (2001, p. 71-72).

É perceptível uma equivalência da atuação no campo cultural àquela observada nas diferentes esferas de cuidado da administração pública. Esse viés de comparação com outras áreas está presente em outras abordagens. O uso da noção de política pública de cultura se relaciona a uma busca de legitimidade para o trabalho a partir da cultura, como observado na gestão de outros temas. É nesse registro que são formuladas observações como a que se segue:

> Levar este debate [geração de renda a partir da cultura] para o âmbito do Conselho de Desenvolvimento Econômico

> e Social é definir um lugar para dar tratamento dialogado às políticas públicas de cultura no governo democrático e popular. Para além do recorte específico do Ministério da Cultura que, durante o longo, demasiadamente longo, período Fernando Henrique permaneceu insulado na esplanada e incapaz de estabelecer uma sinergia com os demais organismos de governo (Tierra, 2005, p. 144).

Há, deste modo, um processo de requalificar a gestão pública da cultura por meio de sua inserção e do diálogo com outras áreas, o que parece correlato a um movimento que procura fazer com que as políticas culturais sejam levadas "a sério". Esse ponto pode ser visto na citação a seguir:

> Nesse sentido, a cultura é o setor em que o investimento reverte mais diretamente para o conjunto da sociedade; no entanto, sendo um setor ainda marginal no campo das políticas públicas, vimos dependendo até agora da lucidez e integridade de grandes figuras como Mário de Andrade, Aloísio Magalhães e Gilberto Gil, à espera de que se consiga implantar um verdadeiro sistema nacional de cultura que nos permitirá ampliar o escopo desta interlocução (Botelho, 2007, p. 131).

É notável como o uso da noção de política pública de cultura está ligado a uma modificação do cenário observado nas políticas culturais. Trata-se de uma afirmação da importância da cultura enquanto um setor produtivo que deveria ser alvo de atenção estatal. Um movimento similar está na identificação desse tipo de política como a junção de políticas setoriais. Se no léxico da ciência política a cultura poderia ser compreendida como um dos seus setores de atuação, nas políticas públicas de cultura observa-se como a sua constituição estaria situada exatamente na atenção a uma série de segmentos. A maioria deles, contudo, seria referente às várias linguagens artísticas, sendo também possíveis outros crivos — um bom exemplo seriam as políticas patrimoniais.

Ao examinar os usos elencados até aqui, uma questão parece tangenciar parte significativa deles: a dimensão pública das políticas públicas de cultura. O foco nesse aspecto está situado ora num processo de racionalização que institui uma atuação partindo de necessidades culturais coletivas, ora na necessária dimensão democrática de sua construção. O trecho abaixo ajuda a compreender esse argumento:

> A opção de Gilberto Gil pela abrangência na atuação do Ministério da Cultura trouxe inúmeros desafios, mas soube enfrentar alguns dos dilemas mais recorrentes das políticas culturais da nação e prover a democracia brasileira da capacidade de formular e implementar políticas públicas de cultura (Rubim, 2007, p. 32).

Nota-se a suposição de que uma maneira de fazer política cultural democrática seria através da sua construção como uma política pública de cultura — e a gestão de Gilberto Gil no ministério seria um marco nesse sentido. A implementação de políticas públicas seria, inclusive, um dos ganhos de sua atuação no MinC, já que teria criado mecanismos de formulação e implementação desse tipo de política. O caráter público da atuação do ministro seria visto, ainda, na sua habilidade para incluir diferentes manifestações culturais, agora compreendidas no plural.

> Ao analisarmos a atuação do Ministério da Cultura no primeiro governo Lula, observaremos uma outra perspectiva em relação aos períodos analisados anteriormente: a questão identitária se pluraliza. É recorrente nos documentos e falas oficiais o uso no plural de palavras como política, identidade e cultura: as políticas públicas, as identidades nacionais e as culturas brasileiras (Barbalho, 2007, p. 52).

Ainda lidando com o sentido público, é importante ressaltar como essa dimensão é tratada como equivalente a um cenário de participação na definição das ações estatais.

> Os produtores, os agentes, os gestores culturais, os artistas, o público em geral, também vêm buscando formas de participar e de interferir nos processos de decisões no campo das políticas públicas culturais. Ressurgem movimentos de valorização das manifestações culturais locais que incentivam tanto a redescoberta dos artistas da comunidade como de novas formas de produção artístico-culturais. Aumentam as demandas por uma maior formação e especialização dos agentes culturais locais em todos os níveis, do artesão aos responsáveis pelas atividades burocráticas, que devem implementar seus projetos buscando uma autonomia cultural (Calabre, 2007, p. 101).

Nesse caso, a interferência na definição dos rumos das políticas é algo conquistado. Por fim, cabe registrar a forma como a dimensão pública e democrática seria indício da garantia da cultura como direito a partir da formulação e implementação de políticas públicas de cultura:

> Assim, dentro de uma concepção de políticas públicas, como um direito, é com Mário de Andrade que pela primeira vez se formulou uma política cultural no sentido público, e não apenas dirigida às elites (Simis, 2007, p. 152).

Um último aspecto merece destaque na formatação das políticas públicas de cultura: como elas se desenvolvem sob uma suposição de papéis definidos para o Estado. Um ponto inicial nesse registro é a concordância com o fato de que o Estado não deve ser um produtor de cultura — e isso seria um indício da democracia. A atuação de um Estado democrático nesse campo estaria calcada nas garantias de sua formulação e na expressão da visão de mundo dos cidadãos. Há uma espécie de arbitragem, em que o Estado não estaria diretamente envolvido nas manifestações culturais em si, mas asseguraria sua fruição através da manutenção de um contexto de "liberdade" ou do financiamento de algumas delas.

O Estado deveria, ainda, considerar a diversidade dessas manifestações. É perceptível como as políticas públicas de cultura lidam com a dimensão pública enquanto consideração da "diversidade cultural".

> Todas as formas de cultura que permitam avançar em termos artísticos e de qualidade de vida merecem atenção, pela ação efetiva das várias esferas do Estado na formulação e na implementação de políticas públicas para a área, ação determinante para a contribuição da cultura ao desenvolvimento, notadamente quando este é entendido como combate às barreiras de ordem social, econômica e simbólica — esta última nem sempre suficientemente ressaltada. Sem a dimensão cultural é difícil imaginar o próprio desenvolvimento nacional (Botelho, 2007, p. 129).

Esse tipo de atuação estatal, com uma tutela evitada e desejada, é acionada num panorama de garantia do desenvolvimento nacional. Existe, pois, uma afirmação de que o desenvolvimento estaria relacionado a múltiplas esferas, ligadas às dimensões econômica e simbólica. É central, também, que essa atuação afirme um movimento perpétuo em que as políticas públicas de cultura garantam sua manutenção.

> A função da elaboração de políticas públicas na área de cultura deve ser a de garantir plenas condições de desenvolvimento da mesma. O Estado não deve ser um produtor de cultura, mas pode e deve ter a função de democratizar as áreas de produção, distribuição e consumo. Cultura é fator de desenvolvimento (Calabre, 2007, p. 106).

O Estado deve, ainda, assegurar uma atuação a partir do modelo das políticas públicas de cultura, trazendo outros agentes para a prática. A participação destes nos diversos processos em torno da execução desse tipo de política é tida como primordial. E seria um ponto diferenciador das políticas culturais para as políticas públicas de cultura.

> O tema das políticas públicas de cultura, de imediato, aparece como intimamente associado ao debate acerca dos atores das políticas culturais. Não só dos atores, mas também dos procedimentos envolvidos na confecção de tais políticas públicas. Na perspectiva das políticas públicas, a governança da sociedade, na atualidade, transcende o estatal, impondo a negociação como procedimento usual entre os diferentes atores sociais. Somente políticas submetidas ao debate e crivo públicos podem ser consideradas substantivamente políticas públicas de cultura (Rubim, 2007b, p. 151).

É notável, portanto, a maneira como as políticas públicas de cultura marcam um cenário de mudanças — que teriam como marco a gestão de Gilberto Gil no Ministério da Cultura. Esse ponto fica claro na medida em que se observa sua mobilização para marcar a diferença entre um novo modelo de atuação no campo cultural — estruturado a partir da democracia, da participação, do planejamento e do trabalho conjunto da sociedade civil e do Estado. A dimensão da maleabilidade da categoria é também importante nesse sentido. Os múltiplos interesses de seus usos têm como denominador comum a questão da mudança.

Enunciando problemas e arregimentando soluções

As políticas públicas de cultura lidam como uma conjunção de temas — o patrimônio, a cultura popular, o cinema, a diversidade cultural, entre outros — que trabalham para a conformação de um campo. Porém, esses temas em si não fazem com que essas políticas se constituam. Mais do que um campo temático, há uma linguagem econômica, reconhecida pela comunidade interpretativa (Becker, 2009), que se revela em como problemas e soluções são enunciados. O que conforma as políticas públicas de cultura é o compartilhamento de determinados mecanismos analíticos, preceitos, técnicas e objetivos.

As mudanças promovidas durante o governo Lula — como o Plano Nacional de Cultura e o Sistema Nacional de Cultura, ambos institucionalizados como marcos legais — têm impacto significativo nos universos de atuação dos quais se ocupam as políticas culturais a partir dos anos 2000. No mesmo processo, vale mencionar a criação do Programa Mais Cultura, cuja ação mais conhecida, os pontos de cultura, se tornou alvo de um número significativo de estudos, tanto acerca de sua governança mais abrangente como através de estudos de caso. É em relação a esses programas e proposições que se constrói uma forma de abordar as políticas públicas de cultura.

Anteriormente era possível encontrar questões abordadas de maneira mais tradicional, como certa teoria do Estado em relação à cultura, mas o que se observa agora é uma preeminência teórica que se relaciona à "prática", ao "planejamento" e à "execução", vista nos "*policy studies*" ou nas "teorias organizacionais". Estes acabam por assinalar caráter mais "prático" do que reflexivo, numa passagem explicativa — se fosse o caso de comparar a produção dos anos 2000 com a dos anos 1980, analisadas no capítulo anterior — das ciências humanas para as ciências sociais aplicadas.

Não é surpreendente que a maioria dos textos produzidos sobre políticas públicas de cultura tenham caráter prospectivo, mas o que se observa nos dias atuais é que a prospecção é feita em uma conjuntura de execução mais direta, com soluções palpáveis — e, aparentemente, reconhecidas sem que haja muita necessidade de explicação — e linhas de planejamento. Se antes eram apresentados problemas mais gerais, inquietações cujas resoluções ainda não eram conhecidas, temos hoje um corpo de soluções mais ou menos identificado.

A noção de cultura deixa de ser disputada internamente, de modo que sua versão "ampliada" é a que predomina — em consonância, por exemplo, com as proposições da Unesco sobre o tema (Gonçalves Dias, 2020). Mais uma vez, por meio da pacificação de uma acepção em disputa, cria-se um baseamento para as discussões que as consolidam como um debate possível, de forma que mesmo as suas discordâncias são construídas a partir de um campo de possibilidades definido.

Chama atenção a existência de novos trabalhos que se ocupam da questão econômica que gira em torno da atividade cultural e se revela como um novo panorama para as políticas públicas de cultura. É nesse enquadramento que se podem compreender trabalhos que lidam com situações tão distintas quanto a carga tributária ao redor da atividade cultural; as condições de produção ou de distribuição do cinema; e a dimensão econômica de festas populares. Há uma retórica econômica que trabalha para inserir a política pública de cultura num quadro de referências mais extenso, para o qual aponta o norte da gestão pública.

A afirmação do capital financeiro pode ser lida como uma estratégia de visibilização, pois mostra a pertinência econômica do campo, e como uma técnica que permite a inserção das políticas públicas de cultura num conjunto de tecnologias e saberes já conhecidos e eficazes. Além disso, o tratamento econômico político trabalha para conferir realidade aos tópicos a serem cuidados. Ou seja, como a economia se transforma numa estratégia de construção do real, enquadrar as políticas públicas de cultura nesse registro ajuda a objetivá-las.

Assim, podem-se considerar as análises até aqui em confluência com os processos de governamentalização do Estado (Foucault, 2008). As práticas de governamentalidade, ao mesmo tempo que permitiram a existência do Estado em seus moldes atuais, não encerram nele sua esfera de atuação. Não apenas porque a governamentalidade congrega diversos agentes e agências, mas porque está inscrita em uma série de outros suportes discursivos, cujas interconexões possibilitam e alimentam estratégias de governo. Nesse sentido, compreender um processo de governamentalização passa pela identificação do conjunto de técnicas instauradoras do Estado, em algum nível, mas, de forma muito mais eloquente, estabelecedoras de seus limites, que trabalham para a manutenção de um governo onde o Estado parece necessário — o que pode ser conectado a uma estratégia de poder mais ampla.

Certos conjuntos de técnicas, as tecnologias de governo, trabalham para que as artes de governar se sustentem e se perpetuem.E, de modo mais significativo, fazem com que o próprio processo de governamentalização seja consolidado e perpetuado. Dito de outro modo, são tecnologias inscritas como exercícios de poder em múltiplos níveis, cuja prática está mais relacionada à perpetuação desse jogo, à continuidade dessas práticas em si mesmas.

Mapear algumas das técnicas que inscrevem a produção das políticas públicas de cultura como tecnologias de governo complexificará a análise, inserindo-a numa discussão contemporânea sobre governo. Essa argumentação leva em conta sua produção como conhecimento com pretensão científica e sua inserção em estratégias governamentais. Além disso, será importante considerar a confluência dessas duas esferas, a fim de pensar nos exercícios quase que pedagógicos que apresentam uma separação, nunca efetiva, entre Estado e sociedade. Para isso, serão analisadas algumas das proposições acerca das políticas culturais com foco em quatro técnicas: elaborar, mensurar, normatizar e planejar.

A elaboração das relações entre Estado, administração pública, sociedade civil e cultura é uma forma de produzir as conexões entre as esferas, com produções discursivas que ajudam na sua delimitação e reprodução. Esse desenvolvimento se dá pelo estabelecimento de aportes, questões, situações e problemas que fazem com que o campo se perpetue. Os debates apresentados anteriormente — financiamento de atividades culturais, patrimônio imaterial, inserção de novos agentes no mundo da produção cultural etc. — são correlatos a várias alternativas e soluções, como leis de incentivo, planos de cultura e editais de financiamento direcionados. É preciso que se estabeleçam pontes entre os problemas e soluções que são a base de sustentação para a construção dos enunciados nesse campo.

Deve haver, portanto, uma invenção contínua de artefatos conceptuais — nem sempre novos, mas é importante que sejam qualificados dessa maneira — que trabalham para justificar o campo em si. Esse processo é garantido pela repetição, que se inscreve tanto em concepções expressas em formatos de disseminação (como artigos, dissertações, teses, palestras, seminários e congressos) quanto na construção de um escopo de funções, cargos e salários na administração pública e em organizações da sociedade civil e empresas privadas.

Não é necessária uma coincidência entre as perspectivas analíticas para que a produção do campo seja perpetuada. Se a produção intelectual atua legitimando a ocupação de determinados espaços institucionais, mais do que a forma como se produz ou as perspectivas analíticas empregadas, o trabalho científico, ou a ele relacionado, procura construir lugares de fala que se traduzem em posições e ocupações. Não se trata apenas de pensar esse ponto num sentido mais diretamente ligado à reputação socialmente reconhecida de alguns intelectuais, mas de entender como a produção intelectual a partir de um campo específico — no nosso caso, as políticas culturais — é capaz de inventar outras posições num sistema de ocupações. As discordâncias são parte da construção do campo, e não produzem sua distensão.

É importante notar como esses trabalhos acabam sendo firmadores de mecanismos para que as políticas culturais caminhem por si mesmas, de modo que as questões criam outras e outras. Nesse sentido, pode-se pensar que esse processo é a condição para mensurar, normatizar e planejar as políticas culturais. Na verdade, há uma interconexão entre essas esferas, sem que seja possível, a não ser com fins metodológicos, separar as técnicas.

Mensurar a cultura, em especial por meio de seu entendimento em sentido ampliado, soa como uma contradição. Transformá-la em números pressuporia uma pacificação da noção. Num momento em que a dimensão econômica tem eficácia para a importância política, a produção estatística da cultura é incontornável. Para isso, ela é tratada como uma esfera, uma parte, um segmento, um setor da vida social ou da atuação da administração pública — e não sua síntese ou uma via para chegar a um retrato mais abrangente da nação, como Fernando de Azevedo (1963) propôs como interpretação do Censo de 1940.

Lia Calabre, em "A coleta de informação e a construção de indicadores no campo da cultura: reconstituição de um processo", trabalho apresentado em 2009 no II Congresso Consad de Gestão Pública, faz uma retomada das ações do Ministério da Cultura na produção de conhecimento estatístico sobre o setor cultural, rememorando duas parcerias primordiais:

> Em 2004, frente à ausência de informações sistematizadas que pudessem dar suporte à elaboração de uma política pública de cultura, o Ministério da Cultura, através da Secretaria de Políticas Culturais, iniciou negociações com o Instituto Brasileiro de Geografia e Estatística (IBGE) e com o Instituto de Pesquisa Econômica Aplicada (Ipea), com o objetivo de coletar, sistematizar e analisar dados sobre o campo da cultura.
>
> (...)
>
> Em fins de 2003 e início de 2004, a Secretaria de Políticas Culturais, sob a coordenação de Paulo Miguez, iniciou um diálogo com o Ipea e com o IBGE, através da gerência de Isaura Botelho, para a realização de trabalhos de cooperação técnica, visando fornecer subsídios para a "formulação e reformulação de políticas públicas no País em matéria de cultura"[58].

A autora aponta três frentes de pesquisa, congregando IBGE e Ipea, dois dos mais importantes órgãos de pesquisa social da esfera federal. A mobilização dos números justifica um norte de atuação para a formulação política, assim como a análise setorial da cultura, feita pelo Ipea, que gerou dois volumes organizados pelo pesquisador Frederico Barbosa (2007), um dos quais faz um apanhado da atuação governamental entre os anos de 2002 e 2006.

---

[58] Fonte: http://rubi.casaruibarbosa.gov.br/xmlui/handle/20.500.11997/1046. Acesso em: 27/04/2021.

O que essas pesquisas têm em comum é o fato de trabalharem para a construção da cultura como um setor de atuação para o Estado, na sua própria atuação e, alhures, na sua conformação de um universo de pesquisa mais ou menos autônomo. Para esse processo, contudo, a metodologia precisa se ocupar em definir quais as atividades serão classificadas como culturais, o que precisa ser feito tanto para as empresas como para os profissionais, bens e serviços que representariam o gasto da população com cultura. Há, portanto, um movimento que acaba por construir uma esfera cultural que, além de domínio analítico, se transmuta em planejamento quando passa a orientar as ações nesse mesmo domínio que ajuda a inventar.

Outro procedimento central, que se identifica com um processo de mensuração, é a avaliação de projetos, programas e políticas, principalmente a partir de indicadores pré-definidos, mas passíveis de redefinição. Nesse contexto, são estabelecidos aspectos mensuráveis que informariam se determinada meta estaria sendo implementada a contento ou não.

A mensuração mostra-se, afinal, como uma técnica importante na efetivação das políticas culturais como tecnologia de governo, ao construir problemas e um contexto de intervenção. Esse processo pode ser relacionado à formatação de uma população situada pela demanda por cultura e no retrato de seu estado atual, que é condição de possibilidade para as políticas culturais, já que constituem e enfatizam a cada pesquisa um contexto que as reafirma. É no traçado da satisfação das necessidades simbólicas e/ou culturais da população que as políticas públicas de cultura se descortinam.

A construção de marcos legais é um outro mecanismo importante de atuação para as políticas culturais. Há uma centralidade da conformação de leis de incentivo, a partir de um fluxo discursivo mais abrangente, na formatação de um escopo de atuação do MinC. Como mostrado, para além das leis há mecanismos administrativos que atuam na sua regulação, normatizando as interações entre os diversos agentes e agências que constituem o campo cultural sob a perspectiva da administração pública. Dessa forma, as instruções normativas e demais documentos administrativos têm tanta ou mais importância do que os textos aprovados no Legislativo.

Esse movimento de construção de marcos legais — e documentos de regulação executiva — é uma das técnicas que trabalham para produzir as políticas culturais como uma tecnologia de governo. Isso ocorre porque determinados marcos legais acabam construindo proposições rotinizadas e instrumentos burocráticos, institucionalizando práticas reprodutoras de si mesmas. Um exemplo é o Sistema Nacional de Cultura, especialmente na maneira como se relaciona ao Plano Nacional de Cultura.

O Sistema Nacional de Cultura (SNC) procura integrar a atuação do Ministério da Cultura com estados e municípios, para que possam ser transferidos recursos por meio de preceitos conceituais e ações convergentes no campo da cultura. Trata-se da reprodução de um modelo iniciado no Brasil pelo Sistema Único de Saúde (SUS) que vem sendo trazido para outros campos, caso do Sistema Único de Assistência Social (SUAS)[59], que foi estabelecido por uma emenda constitucional:

> Art. 216-A. O Sistema Nacional de Cultura, organizado em regime de colaboração, de forma descentralizada e participativa, institui um processo de gestão e promoção conjunta de políticas públicas de cultura, democráticas e permanentes, pactuadas entre os entes da Federação e a sociedade, tendo por objetivo promover o desenvolvimento humano, social e econômico com pleno exercício dos direitos culturais.

Esse artigo se desdobra em dois parágrafos. O primeiro prevê sua inserção numa política nacional de cultura e num plano nacional, em 12 incisos que estabelecem seus princípios, como a preconização da diversidade cultural, o fomento, a cooperação entre os

59 Ver, respectivamente, a Lei nº 8.080, de 19 de setembro de 1990, e a Lei nº 8.742, de 07 de dezembro de 1993.

entes federados e a democratização dos processos decisórios. Já o segundo estabelece a estrutura do sistema a partir das esferas da federação: I - órgãos gestores da cultura; II - conselhos de política cultural; III - conferências de cultura; IV - comissões intergestores; V - planos de cultura; VI - sistemas de financiamento à cultura; VII - sistemas de informações e indicadores culturais; VIII - programas de formação na área da cultura; e IX - sistemas setoriais de cultura.

Uma das características do sistema é a preconização da participação dos municípios e estados e da sociedade civil, em geral organizada. São criados diversos mecanismos, com destaque para as conferências — nacionais, estaduais e municipais — que escutam esses agentes na formatação dos produtos do sistema. Tal processo, contudo, anula esferas de participação não institucionalizadas, que acabam circunscritas às interações possibilitadas pelo SNC.

Uma das primeiras providências do sistema é a promessa de um Plano Nacional de Cultura (PNC) decenal, cuja institucionalização na Constituição Federal é dada pela Emenda nº 48, de 10 de agosto de 2005, que cria o parágrafo 3º para o artigo 215:

> § 3º A lei estabelecerá o Plano Nacional de Cultura, de duração plurianual, visando ao desenvolvimento cultural do País e à integração das ações do poder público que conduzem à:
>
> I. defesa e valorização do patrimônio cultural brasileiro;
> II. produção, promoção e difusão de bens culturais;
> III. formação de pessoal qualificado para a gestão da cultura em suas múltiplas dimensões;
> IV. democratização do acesso aos bens de cultura;
> V. valorização da diversidade étnica e regional.

Seu objetivo principal enquanto mecanismo é ser um documento que envolva diferentes esferas na elaboração e cumprimento de um conjunto de ações voltadas para a área cultural a partir de cinco pontos prioritários, demarcados pelos incisos citados acima. Os pontos soam repetitivos quando se pensa em toda a legislação federal acerca da cultura, na Constituição ou nas leis de incentivo, mas acabam por integrar os esforços na construção de um escopo de atuação. Fica claro que o objetivo maior da emenda é dar institucionalidade para uma prática de planejamento que se pretendia tornar corrente.

A maneira como o PNC foi desenhado — com redação dada pela Lei nº 12.343, de 02 de dezembro de 2010, com vigência até 2020 — remete à consulta a instâncias de participação para que fossem construídas ações que pudessem refletir os "anseios da sociedade brasileira". Isso foi feito através da realização de conferências nacionais em 2005, 2010 e 2013, que contaram com a participação de organizações da sociedade civil e governamentais, de nível municipal e estadual.

A parte mais importante do plano está nas diretrizes e metas, definidas nas conferências nacionais de cultura e acatadas, ou não, pelo Conselho Nacional de Política Cultural (CNPC). As metas são diversas, mas devem ser quantificáveis, de modo que funcionam ao mesmo tempo como um indicador. Está previsto, por exemplo, tanto a criação de produtos a partir de setores consagrados — como teatro ou cinema — como a atuação em setores produtivos mais amplos — como o turismo cultural ou a economia criativa — e a solidificação institucional do campo da cultura, especialmente no campo da administração pública.

A primeira meta é a adesão de 60% dos municípios e de todos os estados brasileiros ao Sistema Nacional de Cultura. Há, portanto, uma reprodução do SNC marcada na necessidade de criação de planos municipais e estaduais — um processo de espraiamento verticalizado, cujo instrumento mais central de controle é o financiamento. Mesmo que não seja explicitado, à medida que o SNC se fortalecer será impossível a transferência de recursos do governo federal no campo cultural por outras vias.

É importante mencionar, ainda, as ações protagonizadas pelo MinC em parcerias com universidades e auxiliado por informações (e, eventualmente, técnicos do Ipea e do IBGE) que pretendem fazer com que o SNC seja conhecido, contribuindo para que a adesão aos seus mecanismos por municípios seja efetivada. Esse processo foi feito de forma modelar em algumas cidades escolhidas, formando uma metodologia inicial que, sistematizada e publicizada, pudesse orientar o planejamento da adesão de outros locais ao sistema.

Planejar, por último, é a prática mais diretamente afeita às políticas culturais quando compreendidas como políticas públicas. A circunscrição de um universo discursivo se reafirma por técnicas que são prescritivas do planejamento de ações e está calcado nos três processos anteriores, já que precisa das percepções que inventam um campo de intervenção; das estatísticas que delimitam esse universo e dão pistas das necessidades culturais da população; e dos marcos legais que legitimam as ações através de um recorte e as afirmam como campo de possibilidade.

O planejamento cultural é uma prática discursiva e um exercício de governo, cujo dispositivo principal é o "projeto". Ele é, simultaneamente, um gênero textual e uma elucubração administrativa. É circunscrito, também, por elementos de texto recorrentes (apresentação, objetivos, justificativa, orçamento etc.) e representa um contrato através de seu inventário de ações. Esses aspectos, ao passo que flexíveis, podem ser traduzíveis em projetos culturais, para uso de leis de inventivo ou não; em programas — não necessariamente — públicos; e em planos numa escala ascendente de abrangência e complexidade.

Um projeto cultural deve ser pensado com base no produto que se espera obter, por isso seria necessário "começar pelo final". Definido um objetivo mais direto, estipulam-se recursos materiais e humanos e distribui-se seu trabalho em ações mais pontuais ao longo do tempo. Nesse cenário, é um escopo de efetivação dos passos, até que se alcance o objetivo inicialmente previsto. O projeto cultural pode ser entendido, então, como ponto de partida para o descortinar de atividades.

Ao mesmo tempo, os projetos culturais operam uma dupla mediação. De saída, como esboçado no capítulo 2, eles servem como pontes de contato das esferas acionadas na execução de ações, como administração pública, financiadores, prestadores de serviço e criadores. O segundo sentido da mediação é a habilidade de conexão das ideias e ações previstas no projeto com acepções e temas mais extensos, que possam ligá-lo à perspectiva do agente ao qual é enviado. Pode ser necessário, por exemplo, que para obter financiamento público um projeto apresente suas ações em termos de democratização do acesso à cultura. As mesmas ações, por sua vez, poderiam ser relacionadas ao campo da economia criativa para obtenção de um patrocínio privado. É preciso, portanto, um entrecruzamento de atividades voltadas a um escopo administrativo vinculado ao plano da execução, com tramas discursivas de interesse dos agentes envolvidos na execução do projeto.

Formatam-se, desse modo, atuações rotinizadas em diferentes escalas, mas que possuem alguns correlatos importantes, nos quais projetos, programas e planos se firmam numa isonomia de etapas e processos. Trata-se de uma formatação genérica que possibilita o espraiamento das políticas culturais como política pública.

* * *

Assim, as políticas públicas de cultura são estabelecidas em correlação ao que o Estado tem sido capaz de executar em consonância com a sociedade civil organizada. Isso se deve a um amadurecimento desse tipo de política pública no país, que se tornou o léxico e o formato dominantes na gestão estatal.

As discussões em torno do tema acabam centradas em como seus mecanismos serão postos em prática: como será implementada; a natureza dos diagnósticos; as ações a serem executadas; para quais públicos se voltará — mas, raramente, sua natureza como mecanismo de intervenção. Um dos marcos retóricos desse posicionamento é a dimensão pública das políticas. Ou seja, seu caráter de preocupação com uma questão coletiva a situaria para além das disputas ideológicas. Vale citar a ressalva feita por Souza

Lima e Castro quando delineavam algumas proposições sobre o trabalho antropológico junto às políticas públicas e identificaram alguns obstáculos para um trabalho crítico:

> O primeiro deles são as pressuposições apriorísticas de que as políticas governamentais sejam públicas — isto é, propomos eliminar doravante a ideia dos múltiplos e contraditórios implícitos pressupostos na noção de fins públicos, coletivos, onde mecanismos aportadores de "equidade social" (outra expressão da moda) funcionem gerando apenas positividades (2008, p. 365-366).

Em grande parte, as políticas públicas de cultura são dispositivos retóricos que reafirmam a dimensão da cultura como algo público; um direito a ser assegurado pelo Estado; ou um recurso que responde às necessidades culturais a partir de seu processo de operação — em especial nos diagnósticos que se apresentam através de linguagem e gênero textual que pretendem passar idoneidade e isenção política[60]. Essas necessidades são criadas ou, no mínimo, objetificadas para que possam dar origem a um conjunto de intervenções.

As políticas públicas de cultura se inscrevem num jogo que permite a perpetuação de seus mecanismos e de sua forma como exercício de poder. Isso ocorre pela capacidade de tornar difusa sua dimensão mais diretamente política, uma estratégia na política contemporânea. A despolitização do planejamento[61] é recurso importante, pois o que é passível de crítica política são apenas alguns dos argumentos e mecanismos e não o debate em si.

Nesse quadro, seria interessante questionar o que está de fora do escopo analítico e de intervenção: o que não se vê com esse

---

60 Aqui, mais uma vez, é pertinente a referência a Apthorpe (1997, p. 34), que identifica no uso da linguagem pelas políticas públicas uma forma de poder.

61 Pode-se fazer um paralelo com o trabalho de Ferguson (1994), que mostra como o planejamento de projetos de desenvolvimento no Lesoto tende à construção de uma mirada despolitizada para a realidade local, sem levar em conta as vicissitudes políticas existentes.

modelo de abordagem? Em boa medida, o que se entende hoje por política pública de cultura está relacionado ao que era estabelecido pelo Ministério da Cultura — mesmo que suas definições e ações fossem praticadas em conjunto com outros agentes.

Portanto, as políticas públicas de cultura não são apenas uma estratégia de gestão planificada. No seu uso, enquanto categorias nativas, elas são articuladas como um dos marcos semânticos que inscrevem a gestão de Gilberto Gil como um novo e exitoso modelo de atuação estatal no campo cultural. Deve-se reconhecer as estratégias de uso dessas categorias como um posicionamento bem-sucedido, que fez com que as políticas culturais se tornassem um campo mais sólido de debates e ações para a cultura.

A ação do Estado neste campo a partir de práticas correlatas às políticas públicas começa a ser implementada por Celso Furtado — por meio de diagnósticos quantitativos para a metrificação da cultura[62] —, mas só ganha corpo na gestão de Gilberto Gil. Como visto na sua definição de política cultural como política pública, trata-se de algo que pode ser associado a uma marca do seu ministério e de suas reflexões em diversos suportes, que pudesse dar amparo para a ruptura que produziu.

É preciso considerar o contexto de reforma e modernização da gestão pública presente tanto na redemocratização como no início da democracia, que fez com que as políticas públicas de cultura emergissem num campo de possibilidades estratégicas. Sua eficácia é também retórica e política, na medida em que inscreve e se inscreve na mudança efetivada. De alguma forma, o que se consegue na gestão de Gil é uma nova centralidade da cultura, agora capaz de dialogar com outras áreas através de pressupostos administrativos, calcados na linguagem do planejamento. Os usos da noção de política pública de cultura estão relacionados a valores de diferenciação de sua gestão — participação, cooperação com a

---

62 Ver Fundação João Pinheiro, 1988.

sociedade civil organizada, respeito à diversidade etc. — que afirmam um posicionamento político importante.

A ausência relativa de um questionamento acerca do modelo de gestão mais global para o Ministério da Cultura a partir dos anos 1990, que já poderia ser elaborado como política pública, é algo que merece ser analisado. Coincidentemente, os dois titulares do cargo máximo da cultura mais influentes no período, Rouanet e Weffort, são cientistas políticos. Esse fato pode ser explicado por uma preocupação lateral com a cultura, um dos sintomas da gestão neoliberal desenvolvida. O tipo de atuação, nesse caso, fez com que prevalecessem as leis de incentivo, passando à iniciativa privada a definição dos financiamentos culturais— ainda que fosse possível pensar em acordos com órgãos governamentais para a realização de projetos. Nesse cenário, não caberia ao Estado zelar pelas necessidades culturais da população, característica das políticas públicas, pois isso ficaria a cargo do mercado.

Não poderia haver, então, uma proposta de política cultural que pudesse ser transposta num número significativo de ações coordenadas se o ministério não tinha como horizonte ampliar o seu universo de atuação. Seguindo a reforma neoliberal, caberia ao Estado a regulação do mercado. E, mesmo que o trabalho a partir das políticas públicas estivesse num horizonte mais abrangente de gestão do país, dificilmente esse modelo de atuação teria centralidade nos mandatos de Collor ou FHC.

As políticas públicas de cultura, portanto, são um marco da inovadora gestão de Gilberto Gil. Sua efetividade reside na habilidade para reproduzir mecanismos que não sejam questionados em si mesmos, mas apenas na sua operação — o que se dá com o compartilhamento de algumas técnicas de construção de problemas e soluções que trabalham para perpetuar o campo.

CAPÍTULO 7

Historicizações, teorias do Brasil e noções de cultura

Os desdobramentos observados na constituição das políticas culturais no Brasil desde os anos 1980 relacionam-se de muitas maneiras com a vida pública nacional. Nos capítulos anteriores foram analisados os movimentos em torno da criação das políticas culturais a fim de conformá-las, na contemporaneidade, como políticas públicas de cultura. Esse processo, de muitas camadas, é possibilitado pela arregimentação de diversos agentes e agências, uma disputa que implica articulações políticas em volta do que deveriam ser a cultura nacional e o Brasil.

As políticas públicas de cultura mostraram-se, pelo menos até 2016, como um paradigma vencedor no tratamento da cultura pelo Estado. É necessário, com isso, refletir sobre a eficácia desse movimento. Elas estariam situadas, ao menos em parte, na habilidade do discurso acerca da ideia de políticas culturais de acionar e manipular outros posicionamentos, questões, situações, versões e práticas analíticas — dispositivos discursivos, enfim, anteriores a ele.

É importante salientar que essa anterioridade é compreendida de modo amplo, tanto na forma como certas práticas de governo se desenvolveram na modernidade como em chaves de análise e reflexão, que são também desenvolvimentos discursivos, já existentes. Trata-se, neste último caso, de como o acionamento de recursos criados em outras esferas de reflexão (normalmente disciplinares), cuja separação pode ser temporal ou temática, possibilita a inscrição das políticas culturais em ordem discursivas conhecidas e eficazes.

Trata-se, assim, de uma recuperação de alguns dos pressupostos — quase nunca a partir de uma reflexão sistemática, mostrada ou referida - que ajudaram na formatação das políticas culturais como um campo de possibilidades estratégicas. Inicialmente, serão analisados os usos da história nesse processo a partir de uma dupla inscrição: de um lado, num processo que busca a mimetização de um discurso científico; de outro, na maneira como uma reconstrução histórica é utilizada para delimitar um domínio possível para as políticas culturais. Posteriormente, são analisadas ideias de Brasil que se desdobram em noções de identidade — nacional e/ou cultural — e diversidade. Por último, reflete-se sobre a maneira como um trabalho a partir da cultura, especialmente quando essa categoria é tomada sob a inspiração antropológica, opera a transferência de uma categoria analítica para práticas de governo.

Os usos da história

O recurso à história é um dos mais utilizados pelos trabalhos acerca das políticas culturais para justificá-las enquanto tema pertinente de análise. Isso ocorre num movimento que busca construir, através de um discurso correlato à prática científica, um domínio específico de atuação para as políticas culturais, assim como em elaborações que intentam encontrar as "raízes culturais" que seriam reveladoras da cultura nacional.

No primeiro caso, busca-se um fio condutor que pudesse localizar as práticas desejáveis e perpetuá-las — ou, ao contrário, identificar os problemas e evitar a sua propagação. Quando isso é feito com base em uma noção de política cultural que não é historicizada, sua aplicação para compreender alguns fenômenos históricos se relaciona à maneira como as políticas culturais são compreendidas presentemente. Esse ponto ocorre num trabalho em que o recurso à história é uma ferramenta metodológica, mas cujo uso tende a ser acrítico.

Em 1976, num curso ministrado no Collège de France, Foucault (2005) atenta para o acoplamento entre o que chama de "saberes assujeitados" e os "saberes sepultados da erudição" e como ele serviu para que a crítica dos discursos, escrita ao longo das décadas de 1960 e 1970, produzisse tantos deslocamentos. Os saberes assujeitados são aqueles desqualificados pelo discurso científico, tidos como não conceituais ou insuficientemente elaborados, hierarquicamente inferiores. Um "saber das pessoas", já que, em oposição ao bom senso, é particular e local, e sua força reside no movimento de oposição aos outros que o rodeiam. Em comum com os saberes da "erudição sepultada" — que também se opunha aos que a pretendiam eclipsar —, os assujeitados estão calcados no saber histórico das lutas. A partir desse acoplamento, possibilitado pelas "memórias dos combates", foi possível construir táticas cuja efetividade residia na capacidade de se utilizarem desse saber (Foucault, 2005, p. 12-14, passim).

Essa elaboração foucaultiana serviu por um lado para consolidar uma visada crítica para a própria prática filosófica, produzindo nesse processo uma crítica também aos discursos científicos e seus processos de produção de verdade. Não se trata, apenas, de um reconhecimento da importância dessa "insurreição dos saberes", mas de uma mirada crítica para o discurso científico:

> Não tanto contra os conteúdos, os métodos ou os conceitos de uma ciência, mas de uma insurreição sobretudo e acima de tudo contra os efeitos centralizadores de poder que são vinculados à instituição e ao funcionamento de um discurso científico organizado no interior de uma sociedade como a nossa (Foucault, 2005, p. 14).

Nota-se uma perspectiva do discurso científico não como um indício sociológico, mas há uma preocupação com as relações produzidas com base nesses discursos com dispositivos de poder. O que se observa, portanto, é uma preocupação com os efeitos de poder do discurso científico.

É comum nos textos sobre políticas culturais a pretensão de formatação como campo afeito ao científico. São estabelecidas metodologias de análise e intervenção e inventadas ferramentas para criar uma tradição que possa se perpetuar e se alastrar por múltiplos domínios. Esse movimento pode ser visto nos métodos e nas regras criados, porém é mais interessante observar os procedimentos que trabalham para consolidar as políticas culturais como uma prática científica nova.

Há uma dimensão análoga à ciência em determinado discurso histórico, baseada normalmente em periodizações, que constitui um dos movimentos centrais de legitimação. Esse recurso produz uma história linear, com seguimento de eventos, que, mostrados "enfileirados", acabam por formatar uma cronologia com marcos "confiáveis" — que tende a produzir uma "história das políticas culturais" no Brasil em períodos sucessivos.

Tal movimento de reconstrução histórica foi central para a criação de um universo discursivo que pudesse conter as políticas culturais, reproduzido por uma "retórica de ruptura" em que os encadeamentos de "períodos históricos" ajudam a afirmar um cenário atual, um campo de atuação, para análises e feitura de ações.

Essas cronologias localizam a origem das políticas culturais no Brasil nos anos 1930, sendo encadeada até os dias atuais. Pode-se citar, nesse sentido, o trabalho de Lia Calabre, que organiza o livro "Políticas Culturais no Brasil: dos anos 1930 ao século XXI (2009)" através de períodos históricos que se traduzem na estrutura dos capítulos. A publicação é dividida em "Anos 1930: a construção de um novo modelo de gestão pública"; "De 1946 a 1960: cultura e desenvolvimento"; "Anos 1960: construção de políticas culturais nos primeiros tempos de ditadura militar"; "Anos 1970: modernização do Estado"; "Fim dos anos 1970 e década de 1980: mudanças de rumo"; e "Anos 1990 e século XXI: do desmonte à valorização".

A divisão cronológica parte de uma segmentação familiar à historiografia brasileira, baseada nos regimes políticos até o início da ditadura militar. A partir dos anos 1960, o que se observa é uma divisão que lida diretamente com a construção de modalidades de atuação já ligadas de forma mais sistemática ao que se entende por políticas públicas de cultura. A questão é que toda a periodização é feita como se elas já existissem no país mesmo antes dos anos 1960. Há que se interrogar, portanto, o que esse tipo de mirada histórica produz. Seus resultados podem ser vistos, por exemplo, na novidade trazida para as políticas então implementadas, que se diferenciam pela sua eficiência.

O uso da história é menos uma ferramenta analítica, ligando-se à pressuposição contemporânea que cria um olhar interessado para o passado. Se "uma das maneiras que um campo acadêmico faz um exame de si mesmo é considerando sua história"[63] (White, 1978, p. 81), o processo de invenção e manutenção das políticas culturais como um campo de possibilidades estratégicas pressupõe a viabilidade de uma mirada histórica para eventos que possam ser agrupados em referência ao discurso que se pretende individualizar.

Observa-se um movimento correlato — o uso da história como legitimação de certa perspectiva analítica e de governo — na busca por origens para as políticas culturais. São textos mais curtos e não inteiramente devotados à reconstrução da história das políticas culturais. Consegue-se, assim, delinear características que seriam precursoras das relações, análises e políticas atualmente observadas. Nesse sentido, é comum a busca por uma espécie de mito fundador, que pode ser tão distante quanto a antiguidade clássica, o Brasil dos anos 1930 e 1940 ou a França dos anos 1950:

> A política cultural é tão antiga quanto o primeiro espetáculo de teatro para o qual foi necessário obter uma autorização prévia, contratar atores ou cobrar pelo ingresso. Tão velha, em outras palavras, quanto a Grécia antiga, mais velha que o Império Romano, berço de Mecenas, incentivador da arte e da cultura (Teixeira Coelho, 1997, p. 8).

---

63 No original: *"one of the ways that a scholarly field takes stock of itself is by considering its history"*.

> No primeiro governo de Getúlio Vargas (1930-1945) houve um grupo de ações articuladas no campo da cultura que tomaram forma de políticas culturais. Nesse mesmo período, ocorreu uma experiência ímpar na cidade de São Paulo, capitaneada por Mário de Andrade, e estreitamente ligada a alguns dos ideais presentes no Movimento Modernista Brasileiro: a criação do Departamento de Cultura de São Paulo (Calabre, 2009, p. 11).

> Assume-se, para efeito de desenvolvimento do texto, que a criação do Ministério dos Assuntos Culturais na França, com André Malraux em sua direção, pode ser tomada como este momento fundacional das políticas culturais, pelo menos no ocidente (Rubim, 2011, p. 78).

Esse recurso a marcos fundadores é visível em textos diversos, cujas preocupações não necessariamente giram em torno a uma recuperação histórica das políticas culturais. A busca da origem, assim, pode ser vista também como uma maneira de gerar legitimidade para certas proposições. Nesse caso, contudo, há uma intenção mais evidente, já que os marcos escolhidos lidam de modo direto com algumas das características desejadas para definir as políticas culturais enquanto tal.

Tomando como exemplo os marcos citados, pode-se pensar no modo como, no primeiro caso, a mobilização de um cenário greco-romano procura evidenciar uma existência quase que perene, de modo que o trabalho a partir das políticas culturais possa ser compreendido como algo necessariamente existente ao longo do tempo. É um processo, portanto, que tende a naturalizar, a partir de um recurso histórico, certas práticas cuja construção recente.

Já no segundo caso, a citação a Mario Mário de Andrade trabalha num registro mais direto de recomendações para as políticas culturais. Tem-se, assim, uma dimensão de pioneirismo que é um traço de exemplaridade. Portanto, não se trata somente de um indivíduo que desvendou um campo de atuação importante, mas que personificava preceitos que deveriam ser perpetuados por meio de sua validade remanescente.

O modo como se procura a origem das políticas culturais no ministério de Maulraux as situa através de um marco administrativo, pois há uma associação com um formato de atuação que se define com o planejamento. Pesa a dimensão do exemplo francês que serviria de ponto fundacional para todo o ocidente — e cuja mobilização não pode ser completamente desligada da marca francófila que permeia alguns processos culturais no Brasil.

Esses marcos, portanto, podem ser pensados como elos que produzem uma conexão entre determinados eventos para que possam ser referidos às políticas culturais. Se há uma apropriação de suas características para defini-las, isso pode ocorrer tanto num sentido prospectivo, de forma que ações sejam pensadas com base na exemplaridade dos marcos, como num sentido fundacional, a fim de que a origem sirva a um processo de reorganização de saberes e práticas para inaugurar um campo de reflexão.

Há que se marcar, ainda, como esse tipo de narrativa tende a suprimir a dimensão política do uso da cultura para fundamentar ações e enquanto categoria analítica, naturalizando-o. Deve-se levar em conta que "a descrição científica mais estritamente constatativa corre sempre o risco de funcionar como prescrição capaz de contribuir para sua própria verificação, ao exercer um efeito de teoria tendente a favorecer o acontecimento daquilo que anuncia" (Bourdieu, 2008, p. 123-124).

É necessário questionar, também, como os textos históricos se utilizam de recursos narrativos (White, 1978, p. 88). A forma como são lidos passa por um processo de inscrição em complexos de símbolos — que se traduzem, eventualmente, em gêneros literários conhecidos — e sua escrita é feita seguindo os mesmos princípios. São narrativas interessadas e que desenrolam seus interesses através de recursos conhecidos. Pode-se pensar, por exemplo, em como produzem heróis.

> Nesse sentido, a cultura é o setor em que o investimento reverte mais diretamente para o conjunto da sociedade; no entanto, sendo um setor ainda marginal no campo das

> políticas públicas, vimos dependendo até agora da lucidez e integridade de grandes figuras como Mário de Andrade, Aloísio Magalhães e Gilberto Gil, à espera de que se consiga implantar um verdadeiro sistema nacional de cultura que nos permitirá ampliar o escopo desta interlocução (Botelho, 2007, p. 131).

Essas três "grandes figuras", ao passo que são acionadas para definir um trabalho modelar a partir das políticas culturais, são utilizadas para nos informar sobre os perigos de contar apenas com suas qualidades pessoais sem que haja um planejamento efetivo. Esses "heróis" são identificados não somente como os responsáveis por determinados avanços, mas como um alerta para possíveis entraves para o campo, uma vez que são um "recurso" escasso. Uma outra dimensão do trabalho com a história pode ser vista, enfim, através da recuperação das origens da cultura brasileira — há uma triangulação entre noções de Brasil, identidade nacional e a questão da diversidade cultural.

Noções de Brasil, identidade e diversidade

A proposição da cultura como algo que deve ser cuidado pelo Estado é sustentada por seu entendimento como questão pública. Para isso, ela deve ser descrita como um aspecto que diz respeito a toda nação e aos seus indivíduos. Nesse contexto, pode-se afirmar que não seria possível traçar uma política cultural para o país sem que houvesse uma concepção do que é o Brasil e do que ele deveria ser.

Uma parte significativa das concepções em torno das políticas culturais é construída com base em uma ideia de Brasil a fim de sustentar seu movimento de prospecção. Tal ponto está presente em textos um pouco mais densos que refletem sobre a cultura do país, como num pressuposto, servindo de suporte para a construção de outras reflexões. É primordial a maneira como muitos desses aportes são feitos sem grandes referências bibliográficas, normalmente a partir de uma espécie de senso comum intelectual.

A abordagem do primeiro tipo pode ser vista na conferência de Celso Furtado no 1º Encontro Nacional de Política Cultural, em 1984, de título "Que somos?". Nela, Furtado procura traçar um quadro capaz de delimitar as questões que seriam marca da nossa cultura e, como tal, deveriam ser o foco de atuação da política cultural nacional. Destacam-se nesse trabalho as "sete teses sobre a cultura brasileira", que concentrariam as características nacionais citadas. Elas giram ao redor do processo de mundialização que marcou o globo desde o Renascimento e na inserção do Brasil nesse cenário após a colonização portuguesa. Furtado destaca a forma como os portugueses, mesmo à distância, puderam manter contato com suas raízes culturais, o que não teria sido possível para as populações negras e indígenas. O autor identifica nessa situação uma marca importante de construção e manutenção de desigualdade observada durante o período colonial. Esse fato não excluiria uma absorção, já na cultura brasileira, de características indígenas e negras, mesmo que por meio de estilo e temática portugueses. Tal decurso teria ocorrido apesar da fraqueza de uma classe mercantil, o que teria sido compensado pela forte presença do Estado e da Igreja — aspecto que apresentaria uma das especificidades da cultura nacional.

> O quadro histórico em que se forma o Brasil — articulação precoce do Estado com a burguesia em Portugal e o total domínio da sociedade colonial pelo Estado e pela Igreja — congela o processo cultural no universo europeu pré-renascente. Daí que se possa dizer com razão ser Aleijadinho o último grande gênio da Idade Média (Furtado, 2012, p. 37).

Furtado identifica, posteriormente, a ruptura na cultura brasileira no pós-barroco num quadro de modernização dependente, um processo de distanciamento entre elite e povo que seria sua mais importante marca cultural. Assim, a elite se volta para a produção cultural europeia, mesmo na produção brasileira — e Carlos Gomes e José de Alencar são citados como exemplos de rejeição do "povo real". O quadro então contemporâneo desfaria esse processo, numa espécie de redescoberta do popular pelas elites intelectuais.

Essas observações deveriam ser consideradas no processo de definição da política cultural nacional, e poderiam ser resumidas, segundo Furtado, na seguinte interrogação: "como preservar o gênio da nossa cultura, em face da necessidade de assimilar técnicas que, se aumentam nossa capacidade de ação, nossa eficácia, também são vetores de valores que com frequência mutilam nossa identidade cultural?" O que se observa, portanto, é a pressuposição de cultura brasileira que seria cristalizável numa identidade cultural, por meio confluência das três raças[64].

Identifica-se esse procedimento em uma teorização do Brasil que dialoga com o pensamento social brasileiro. Furtado pode ser identificado como ator e autor[65], mas não é esse o caso de todos os agentes — tanto no trabalho classificável como intelectual como naquele que justifica as práticas da administração pública — que mobilizam noções de Brasil. É interessante que o caminho escolhido pelo ex-ministro numa exposição pública, curta e em alguma medida superficial, seja encontrado em inúmeros outros autores e oportunidades, em discursos ou em textos escritos.

Se há margem para variação no quadro desenhado, não parece possível construir movimentos analíticos e de governo sem que sejam articuladas noções fundantes sobre o Brasil, com variações de ênfase para qualificação nacional e/ou cultural.

---

64 Quando Manuela Carneiro da Cunha adota uma perspectiva crítica para a noção de identidade, pode-se pensar no que esse processo de recuperação do passado deve ao presente: "a ironia é que essa semelhança ao passado é, de saída, um projeto e um projeto irrealizável, a menos que, ao inverso de se adequar o presente ao passado, se proceda na ordem inversa, ou seja, se adeque o passado ao presente. É o que se faz. As tradições, como se sabe hoje, são sempre reinventadas" (Carneiro da Cunha, 1985, p. 207).

65 Emprego os termos de Castro Faria (2002, p. 136) em seu trabalho sobre Oliveira Vianna. Celso Furtado é, ao mesmo tempo, um dos autores identificados com o pensamento social brasileiro — principalmente depois da "Formação Econômica do Brasil" — e um agente num contexto de definição do que o país deveria ser.

Deste modo, são necessárias premissas fundadoras, e a questão da síntese articuladora de uma ação nacional, voltada para todo o país, ganha destaque. Esse é um ponto visível no texto legal que cria o Ministério da Cultura, ratificado pelas noções de política cultural descritas pelos três ministros cujos discursos foram analisados no capítulo 3 deste trabalho — além de Furtado, Weffort e Gil. É nesse sentido que, habitualmente, são acionadas noções de identidade. Há, porém, variações importantes no emprego dessas noções, que servem a um trabalho que baseia e justifica a atuação do ministério e, também, a conceitos que lidam com a possibilidade de produzir reflexões sobre as políticas culturais.

Nesse último registro, Alexandre Barbalho analisa a relação entre Estado e cultura utilizando-se da noção de identidade como chave analítica. O trabalho a partir desta noção seria proveitoso para considerar momentos muito distintos da história nacional.

> Ao analisarmos a atuação do Ministério da Cultura no primeiro governo Lula, observaremos uma outra perspectiva em relação aos períodos analisados anteriormente: a questão identitária se pluraliza. (...) A diversidade não se torna uma síntese, como no recurso à mestiçagem durante a era Vargas e na lógica integradora dos governos militares, nem se reduz à diversidade de ofertas em um mercado cultural globalizado. A preocupação da gestão Gilberto Gil está em revelar os brasis, trabalhar com as múltiplas manifestações culturais, em suas variadas matrizes étnicas, religiosas, de gênero, regionais etc. (Barbalho, 2007, p. 52).

É perceptível um deslocamento do uso da noção que é, ao mesmo tempo, uma crítica às relações entre "Estado e cultura" observadas nos períodos anteriores (ditaduras de Vargas e militar) e ênfase para ofertas num mercado cultural, ou seja, o período neoliberal, tendo como ápice o governo FHC. Essa divisão é feita com base nas acepções de identidade empregadas. É interessante notar que o que se questiona é a compreensão e não seu uso.

É visível como se pretende "apresentar a cultura brasileira a todos os brasileiros", tomando de empréstimos as palavras de Celso Furtado. Esse ponto seria correlato à necessidade de proteger uma identidade cultural de influências externas espúrias. Weffort tinha opinião próxima, mas articulada pela necessidade de que a identidade brasileira fosse reforçada a fim de que o país pudesse afirmar sua posição num cenário global.

Ainda em Weffort, a identidade nacional é dada culturalmente. Há uma coincidência, na sua perspectiva, entre a nação e suas práticas culturais. Por isso, um trabalho com a cultura deveria ser feito, necessariamente, a partir da afirmação da identidade brasileira. Essa visão pressupõe um reforço das "características centrais da cultura brasileira". Nesse quadro, o autor afirma que a identidade não é sempre fixa e, no caso brasileiro, ela seria dada pela diversidade.

A dimensão da diversidade é marca, ainda, da noção de identidade defendida por Gil, mas se relaciona a um universo de multiplicidade onde se enfatizam as várias identidades possíveis. Desta forma, a pluralidade do termo está situada numa confluência entre as muitas culturas que interagem na construção da cultura brasileira.

A questão da diversidade está acoplada à ideia de uma identidade brasileira, o que que perpassa concepções centradas em um debate mais ligado à dimensão nacional e nos que situam a pluralidade em um contexto global. Chama atenção como a diferenciação entre identidades nacionais e culturais se liga aos dois aspectos mencionados.

No primeiro caso, é importante salientar os agenciamentos que situam alguns preceitos para deliberadamente constituir aportes culturais para projetos de nação. Nesse sentido, fica evidente como certas tradições são inventadas[66], ou como supostas comunidades

[66] Nos termos de Hobsbawm: "Por 'tradição inventada' entende-se um conjunto de práticas, normalmente reguladas por regras tácitas ou abertamente aceitas; tais práticas, de natureza ritual ou simbólica, visam inculcar certos valores e normas de comportamento através da repetição, o que implica, automaticamente; uma continuidade em relação ao passado. Aliás, sempre que possível, tenta-se estabelecer continuidade com um passado histórico apropriado" (1984, p. 10).

são imaginadas[67]. Há que se pensar o que está em jogo quando se produzem esses agenciamentos.

Parece-nos oportuno a argumentação de Elias, que, para além de caracterizar a ideia de nação como uma concepção recente, a enquadra como um processo de construção:

> As pessoas têm a impressão de que sua nação existe, imutável em essência, já há muitos séculos, se não desde sempre. O que hoje se ensina como a história de um país, não importa quantas mudanças se identifiquem ao longo dos séculos, geralmente pode ser acomodado às exigências de uma autoimagem, segundo a qual a nação se representa como inalterável, através das eras, em suas características básicas. As sociedades contemporâneas que ainda estão nos estágios iniciais da formação de Estados e da construção de nações em muitos casos já começam a criar uma imagem similar de si mesmas — uma imagem do passado com a qual as gerações presentes podem se identificar e que lhes dá um sentimento de orgulho da sua própria identidade nacional, além de poder servir como catalisador em um processo que geralmente inclui a integração de segmentos regionais díspares e de diferentes estratos sociais em torno de certos grupos centrais dominantes.
>
> Há muito a se considerar no estudo objetivo desses processos. Mas, a fim de fazê-lo, devemos ser capazes de perceber a distinção entre as ideologias nacionais que levam uma nação a parecer um sistema social de grande valor, imutável e bem integrado, e o processo de integração e desintegração no longo prazo, no curso do qual se observam disputas entre tendências centrífugas e centrípetas e entre grupos estabelecidos e *outsiders*, tensões típicas da estrutura desses desenvolvimentos (Elias, 2006, p. 164).

---

67 Fazemos referência à amplamente difundida noção estabelecida por Anderson: "Dentro de um espírito antropológico, proponho a seguinte definição de nação: ela é uma comunidade política imaginada — e imaginada como intrinsecamente limitada e soberana. Ela é imaginada porque mesmo os membros das mais minúsculas nações jamais conhecerão, encontrarão, ou nem sequer ouvirão falar da maioria de seus companheiros, embora todos tenham em mente a imagem viva da comunhão entre eles" (2008, p. 32).

A reflexão sobre o processo de construção de nação seria posterior, mas articulada ao de formação de Estado — a partir de ideologias demarcáveis, com enorme implicação política. É preciso que se consiga desnaturalizar determinados discursos nacionais, já que, enquanto construções, são produzidos com base em processos de dispersão e integração que são politicamente situados. Portanto, a aparente isenção da ideia de nação precisa ser relativizada. Suas características são naturalizadas e mascaram lutas. Certa imaginação nacional se liga à reprodução da desigualdade exatamente por criar narrativas que oferecem um enquadramento prévio através de proposições que nada têm de isentas.

No caso brasileiro, a dimensão da diversidade pode ser pensada nesse sentido, já que se oferece como um enquadramento da cultura nacional por meio da pluralidade regional e étnica. Há uma tentativa de trazer um lugar na noção de cultura que leva em conta a contribuição de negros e indígenas, o que é feito por um reconhecimento que não os situa de fato como atores sociais com agências efetivas[68].

É possível identificar um discurso pacificado em volta da ideia de nacionalidade baseada na dimensão da diversidade brasileira. Nesse último registro, é necessário assinalar uma outra abordagem que procura situar a identidade cultural também a partir da noção

---

68 Cabe mencionar as observações de Souza Lima sobre esse ponto, o que ajuda a relativizar a dimensão da diversidade: "Há estruturas cognitivas profundas e longamente inculcadas na maneira de pensar a história brasileira que orientam a percepção, e permitem a reprodução, de um certo universo imaginário em que os indígenas permanecem como povos ausentes, imutáveis, dotados de essências a-históricas e objeto de preconceito: nunca saem dos primeiros capítulos dos livros didáticos; são, vaga e genericamente, referidos como um dos componentes do povo e da nacionalidade brasileiros, algumas vezes tidos como vítimas de uma terrível 'injustiça histórica', os verdadeiros senhores da terra. Não surgem enquanto atores históricos concretos, dotados de trajeto próprio, participantes de guerras pelo controle de espaços geográficos específicos, inimigos, mas também muitas vezes aliados, beneficiários e instrumentos dos conquistadores, presentes até hoje em tudo o que se passa em muitas regiões do Brasil. Incapazes de se reelaborarem, eternos portadores de alguns mesmos 'traços' que dariam a especificidade do Brasil, nele se diluiriam logo após a chegada do colonizador" (Souza Lima, 1995b, p. 409).

de diversidade: o trabalho da Unesco desde o início dos anos 1990. Esse ponto foi aprimorado por sua Comissão sobre Cultura e Desenvolvimento, que contou com a participação de intelectuais e políticos de todo o mundo, entre eles Celso Furtado. O excerto de um dos relatórios da comissão, "*Our Creative Diversity*", apresentado abaixo, contribui para compreender como a agência propõe um trabalho que leva em consideração a diversidade.

> Tentativas de "construção da nação" que tornam todos os grupos homogêneos, ou permitem que um domine, não são desejáveis nem viáveis. Uma nação que acredita na diversidade criativa precisa criar um sentido de si mesma como uma comunidade cívica, enraizada em valores que podem ser compartilhados por todos, livre, portanto, de quaisquer conotações de exclusividade étnica[69] (Unesco, 1996, p. 20).

Esse tipo de recomendação é suficientemente genérica para que tenha um rebatimento mínimo para contextos nacionais muito distintos. Mas vale mencionar que o trabalho da Unesco a partir da noção de diversidade ganhou uma enorme força nos anos 2000, sendo um ponto de dispersão discursiva importante.

Sua adoção no Brasil, contudo, é condicionada por um senso comum intelectual baseado no pensamento social, que identifica uma ideia de nacionalidade através da conjunção das três raças fundadoras. É importante afirmar, então, a forma como as conjecturas, críticas e debates que giravam em torno da questão racial a partir dos anos 1930 são atualizadas no que teriam de comum — algumas explicações que confluiriam para pensar a mestiçagem e o desenvolvimento sociocultural nacional com base no contato inter-racial —, funcionando como uma ordem discursiva anterior que permite leitura muito singular da diversidade.

---

[69] No original: "*Attempts at 'nation building' through making all groups homogeneous or by allowing one to dominate are neither desirable nor feasible. A nation that believes in creative diversity needs to create a sense of itself as a civic community, rooted in values that can be shared by all, hence freed from any connotations of ethnic exclusivity*".

Cabe destacar, nesse contexto, como o debate sobre o Brasil dos anos 1930 — que teve importantes desenvolvimentos posteriores, pela refutação e pela adesão — nunca esteve desligado de projetos políticos. Havia, deste modo,

> intelectuais brasileiros empenhados na primeira metade do século XX em elaborar projeções políticas cujo objetivo constituía fazer do Brasil uma nação apoiada em cidadãos bem formados, homens conscientes de direitos e deveres conjugando um objetivo comum. Em seus projetos utilizam um procedimento argumentativo semelhante ao das narrativas e projeções ideais: iniciam com a exposição da situação existente ou o tempo presente problemático e projetam a solução ideal em um futuro possível e exequível pela vontade política de transformação. Em suas análises, a sociedade presente e a projeção futura configuram-se imageticamente. Na exposição de seus projetos executam o movimento inverso ao seu próprio raciocínio. Iniciam a apresentação de seus argumentos com a análise do país em que vivem ou, nas figuras de linguagem correntes nesses anos de nacionalismo explícito, "da realidade nacional" e "da originalidade nacional", para só após a exposição das mazelas e desajustes explicitarem suas projeções da possível nação plenamente configurada pela vontade política consciente. Procedimento que os obriga a um longo percurso pela formação do país desde seus primórdios, no qual identificam pecados de origem ou percalços no percurso, causadores da presente situação problemática, de modo a oferecerem ao leitor explicações que a justificam. Procedimento que permite expor a situação presente revelando o processo em que se insere para, na sequência, propor a fórmula adequada a superar a situação anômala, indesejada. Nesse procedimento invertem o próprio raciocínio: o ponto de partida é certamente a sociedade-nação ideal ou idealizada e seus pressupostos estruturadores — noções e conceitos utilizados na análise da sociedade no presente (Bresciani, 2010, p. 192).

Sendo assim, há uma dimensão política na concepção de Brasil baseada na diversidade das três raças fundadoras. Trata-se de uma visão extensa, cuja mobilização pôde servir a diferentes imaginações políticas e intelectuais. Consideramos mais interessante, a exemplo de Durval Muniz de Albuquerque Junior, pensar a ideia de singularidade, ao invés da díade identidade-diversidade:

> O singular só existe na relação com aquilo do qual se singulariza, a singularidade é relacional, situacional e provisória. Para se afirmar singular é preciso ao mesmo tempo afirmar também aquilo em relação a que se singulariza. A identidade, pelo contrário, pretensamente se constrói a partir de um fechamento para o diferente, para o fora. A identidade nasceria da atitude de enrolar-se sobre si mesmo, de envolver-se consigo mesmo e expulsar o estranho, o diferente como intrusão, o escavar o si mesmo até encontrar um núcleo fixo e perene para o si mesmo. (...) A singularidade é abertura para a relação, a identidade é pensar a possibilidade do fim da relação. A singularidade é a afirmação do movimento, do devir, a identidade é o medo do devir, é a afirmação da estaticidade, da fixidez, da paralisia (2007, p. 21).

A questão da diversidade é, portanto, abrangente. Os registros em que é apropriada se ligam a uma ideia de cultura em que as identidades funcionam ora como domínios ampliados de nacionalidade, ora como segmentações estanques por meio de classificações que servem para operar a atuação estatal. Talvez resida aí uma última dimensão do trabalho a partir das políticas culturais que interessa enfatizar: a maneira como uma noção de cultura ampliada — muitas vezes, como visto —, identificada com a antropologia, é transposta para uma esfera de governo.

O cultivo do homem: cultura e moralidades

Há noções que são antecedentes ao trabalho a partir das políticas culturais, no sentido que são utilizadas também em outros domínios, e têm importância central para a inscrição desse tipo de política numa ordem discursiva. A noção de cultura é o aporte mais óbvio, mas cabe discutir algumas implicações morais de seu uso como base para a orientação de estratégias de governo. De saída, é necessário mirar criticamente a presunção de uma ideia de homem e de humanidade que pauta o trabalho a partir das políticas culturais.

Alguns aspectos são emparelhados com a cultura, sendo implicados por ela e indicativos dos benefícios de seus possíveis usos. Um dos pontos em que esse emparelhamento se efetiva é naquele que alia cultura e desenvolvimento. Há, assim, a compreensão de que é possível modificar o cenário socioeconômico a partir do reconhecimento de que as estratégias de desenvolvimento devem ser pensadas em consonância com um diagnóstico inicial da nação, que seria coincidente com o gênio cultural do país — para usar mais uma expressão de Celso Furtado.

A questão do desenvolvimento através da cultura já estava colocada no Ministério da Cultura pensado por Jânio Quadros, sendo reformatada por Marcos Vinicios Vilaça; Aloísio Magalhaes; Celso Furtado, que a desenvolveu de modo mais direto; e Gilberto Gil. Como apontado ao longo do livro, estes são alguns dos ocupantes dos cargos máximos da cultura na administração pública desde os anos 1980. Porém, dois problemas importantes decorrem dessa aproximação. O primeiro reside num processo de modificação pela cultura através de mudanças individuais. A maneira como a cultura é acionada pressupõe a cristalização de um "nível" cultural a ser alcançado. Esse panorama é desenhado por meio de concepções de cultura — e de homem — hierarquizantes. Há, portanto, um sentido de formatação, com base em ideais marcados, de um volume cada vez maior de indivíduos. E quanto mais próximo da totalidade de pessoas orientadas por esse quadro cultural único, mais efetivo o desenvolvimento.

O segundo problema está relacionado a como se produz uma economia da cultura. Nesse caso, a ênfase recai para a cultura como atividade produtiva, capaz de gerar renda. A questão, aqui, é a forma como esse aspecto pressupõe, mais uma vez, uma cristalização das práticas culturais em variáveis e indicadores previamente estabelecidos. Não por acaso, essa discussão — que é correlata aos questionamentos da "economia da cultura" e, mais recentemente, da "economia criativa" — se pauta por uma "econometrização". Os números, no entanto, só são possíveis por meio de recortes e da definição de índices produtores da realidade que pretendem diagnosticar.

No plano da redução da desigualdade, vale notar como a inserção cultural, mesmo quando se advoga por uma noção de cultura com inspiração antropológica, é tida como um meio para a inclusão social. No mesmo passo, pode-se citar a valorização da cultura de uma sociedade complexa como a brasileira como um vetor para lidar com essa complexidade — certamente de inscrição socioeconômica. Além disso, o valor do reconhecimento pelo cidadão de suas raízes mais profundas não é passível de questionamento.

Esses temas, que se ligam à forma como a cultura é chamada a produzir mudanças num contexto socioeconômico, não levam em consideração alguns de seus problemas estruturais. Pode-se pensar, como propõe Arlene Dávila, que o trabalho a partir da cultura não é feito apesar das lógicas de produção de desigualdade em que se inserem, mas tendem a reproduzi-las.

> Essas iniciativas [políticas culturais urbanas neoliberais] tendem a ser voltadas para setores da classe média e com mobilidade ascendente e, consequentemente, (...) elas necessariamente excluem muitos trabalhadores culturais e também residentes como consumidores e beneficiários. Desse modo, longe de ser um ornamento adicional que "suaviza" ou ameniza as desigualdades sociais das políticas neoliberais, a cultura torna-se um imperativo para sua produção. Isso é especialmente verdade quando a cultura se torna a principal ferramenta para transmitir um senso de inclusão e a ilusão

> de representação de maneiras que mascaram a ampliação geral de espaços e instituições e as exclusões sociais que essas políticas muitas vezes produziram[70] (2012, p. 189).

Há, deste modo, uma suposição de que as ações estabelecidas a partir da cultura estariam isentas das hierarquizações que marcam o mundo social. Ocorre, contudo, que a cultura é utilizada por conta de sua dimensão plural, mas não diferente, inscrita em processos de desigualdade.

Subjaz aos pontos expostos até aqui uma correlação entre cultura e processos de gestão, que é possibilitada pela eficácia adquirida das práticas de "planejamento estratégico". A inserção das políticas culturais nesse universo, que marca sua compreensão como política pública de cultura, faz com que novas instâncias de legitimação sejam acessadas. A importância do trabalho a partir da cultura — justificado pelo nacionalismo, pelo reforço da identidade cultural ou pelo cultivo individual — é aliada à eficácia contemporânea de processos de gestão e administração que se espraiam para inúmeras outras esferas.

Esse ponto, no entanto, é muitas vezes associado a uma concepção de cultura de inspiração antropológica, o que pode ser visto nos textos reflexivos e nos discursos de ministros, particularmente Gil e Furtado. No caso do primeiro, é notável como a mobilização desse tipo de concepção de cultura pode ser lida como uma tentativa de se diferenciar dos "intelectuais" que ocuparam o cargo anteriormente. A noção de cultura antropológica serve para efetivar uma diferenciação com a produção acadêmica, afirmando-se como marca do

---

70 No original: "*These initiatives* [políticas culturais urbanas neoliberais] *tend to be toward middle-class and upwardly mobile sectors and, consequently, (...) they necessarily exclude many cultural workers as well as many residents as consumers and beneficiaries. In this way, far from an added-on ornament that "softens" or ameliorates the social inequalities of neoliberal policies, culture becomes imperative to their production. This is especially so when culture becomes the primary tool to convey a sense of inclusion and the illusion of representation in ways that they veil the overall upscaling of spaces and institutions and the social exclusions that these policies have often wrought*"

desejo de uma atuação do Ministério da Cultura mais próxima do cotidiano dos brasileiros.

Nesse processo, transpõe-se a categoria heurística para uma esfera de governo, desconsiderando os diversos debates teóricos e metodológicos ao redor da acepção nas (muitas) abordagens antropológicas para o termo. A polissemia da noção de cultura na antropologia é largamente reconhecida, o que não diminui o grande número de esforços para recuperar seus processos de definição e, num sentido complementar, de pensar em novas abordagens para o conceito[71]. Há, ainda, uma terceira vertente, cujas propostas analíticas não utilizam a cultura como conceito operativo central[72]. Essas discussões acerca da cultura dialogam com alguns dos questionamentos teórico-metodológicos que envolvem a antropologia. O debate sobre a concepção de cultura em antropologia pressupõe, portanto, uma discussão de modelos analíticos para o próprio trabalho antropológico.

O uso de uma noção antropológica de cultura no trabalho sobre as políticas culturais se liga à necessidade de empregar uma ideia de cultura suficientemente ampla para inserir manifestações e práticas diferentes. Nesse processo, mesmo com uma elaboração conceitual que se pretende inclusiva, permanece uma clivagem das políticas que se orientam pelas linguagens artísticas e práticas patrimoniais. Há, portanto, uma perspectiva prévia, que procura acomodar fragmentos culturais em moldes e classificações já conhecidos.

Esse movimento é, ao que parece, discordante do trabalho com base em uma noção de cultura antropológica, centrado na etnografia, que faria o movimento oposto: consideraria primeiro as práticas culturais para posteriormente buscar modelos analíticos. Ocorre, assim, a transmutação de uma noção explicativa para outra de governo, já que são prescritas várias ações — que articulam Estado e esferas privadas — na produção das políticas culturais.

---

71 Ver Sahlins, 1994; Kuper, 2002; Laraia, 2001, para o primeiro caso e Fischer, 2007; Barth, 2000; Geertz, 1978 para o segundo.

72 Ver Rabinow, 1999; Wagner, 1981.

Esse uso da acepção antropológica de cultura vem sendo identificado em outras áreas[73]. Produz-se, nesse contexto, um trabalho que se orienta pela busca de legitimidade. Se pensarmos nas proposições de Gil e Furtado, é perceptível um uso interessado de determinada ideia de cultura, como não poderia deixar de ser. É preciso levar em conta, segundo Wright, que há implicações políticas no uso da noção, mesmo quando se quer evidenciar o contrário. Esse fato não produz um movimento espúrio, ao contrário, implica um posicionamento numa arena política, enfatizando uma série de proposições apesar do uso frouxo do conceito num contexto mais acadêmico.

Isso não significa perder de vista o caráter moralizante da atuação estatal — que ganha contornos singulares com as políticas culturais — a partir de uma ordenamento do corpo social no qual se

---

[73] Susan Wright aponta duas ideias de cultura que se sucederam ao longo do século XX: "No início deste século, os antropólogos usaram as velhas ideias de 'cultura', a construção de uma classificação objetiva dos povos, como uma estratégia para parecerem estar fora da política. Agora, os antropólogos que adotam novas ideias de 'cultura' são compelidos a reconhecer que as definições acadêmicas de 'cultura' são elas próprias posicionadas e políticas e, portanto, um recurso para antropólogos e outros usarem no estabelecimento ou no rechaço de processos de dominação e marginalização. A 'cultura', em seus sentidos antigo e novo, foi introduzida em muitos domínios novos nas décadas de 1980 e 1990, incluindo racismo cultural e multiculturalismo, cultura corporativa e cultura e desenvolvimento. Algumas vezes antropólogos se envolveram diretamente nesses processos (...). Em outras, os políticos ou gestores apelaram para 'ideias antropológicas de cultura' para conseguir legitimidade. De qualquer forma, os antropólogos estão implicados na politização da 'cultura'" (1998, p. 13). No original: "*Earlier this century, anthropologists used the old ideas of 'culture', the construction of an objective classification of people, as a strategy for appearing outside of politics. Now anthropologists who adopt new ideas of 'culture' are compelled to recognize that academic definitions of 'culture' are themselves positioned and political and therefore a resource for anthropologists and others to use in establishing or challenging processes of domination and marginalization. 'Culture' in both its old and new senses has been introduced into many new domains in the 1980s and 1990s, including cultural racism and multiculturalism, corporate culture and culture and development. Sometimes anthropologists have been directly involved, as in preparing the UNESCO report or filming the Kayapo. Sometimes politicians or managers have appealed to 'anthropological ideas of culture' for legitimacy. Either way, anthropologists are implicated in the politicization of 'culture'*".

inscrevem processos de regulação moral[74]. A maneira como as políticas culturais trabalham com a cultura passa por tornar unitárias e unificadas expressões historicamente diferenciadas para certos grupos dentro da sociedade. Esse processo pode acabar por reforçar desigualdades, construindo uma economia moral que privilegia alguns comportamentos e ações. No caso das políticas culturais, isso pode ser visto duplamente. Primeiro nas construções discursivas de caráter científico, que articulam narrativas históricas que deixam de lado eventos e fluxos de acontecimentos que consideram menores. E depois em como se procura garantir o "acesso a bens e serviços culturais", que muitas vezes excluem formas culturais não consagradas.

Esse último aspecto poderia ser pensado como marca de uma economia moral, já que é acionado quando se pretende delimitar um escopo de atuação para a redução da desigualdade, o que só tem sentido quando se pensa que os pobres não teriam acesso à cultura. Pode haver uma pressuposição, então, de uma hierarquia de formas culturais. Talvez a gestão de Gilberto Gil seja, de fato, uma primeira inflexão nessa direção — buscando trabalhar com uma concepção de política cultural que enxerga as culturas populares de forma integrada, sem que percam sua dimensão autoral e seu caráter político singular.

O trabalho a partir da cultura popular realizado nesse esteio não ajudaria a desfazer o problema de modo inequívoco, mesmo que tenha havido inúmeras intenções pertinentes na construção

---

74 A dimensão moral pode ser vista no "projeto de normalizar, tornar natural, dado como certo, em uma palavra "óbvio", o que são de fato premissas ontológicas e epistemológicas de uma forma particular e histórica de ordem social. A regulação moral é coextensiva com a formação do Estado, e as formas do Estado são sempre animadas e legitimadas por um determinado *ethos* moral" (Corrigan e Sayer, 1985, p. 4). No original: *"project of normalizing, rendering natural, taken for granted, in a word 'obvious', what are in fact ontological and epistemological premises of a particular and historical form of social order. Moral regulation is coextensive with state formation, and state forms are always animated and legitimated by a particular moral ethos"*.

de projetos e ações. Na atuação do Estado, em particular, a cultura popular acaba sendo segmentada, a fim de produzir um processo de pacificação para que seja enquadrada em classificações previamente estabelecidas. Cabe observar, para citar apenas um exemplo, a maneira como a Lei Rouanet emprega os "modos de ser e fazer" que seriam marca de certa noção de cultura, distribuindo-os em segmentos:

> **1.** teatro, dança, circo, ópera, mímica e congêneres;
> **2.** produção cinematográfica, videográfica, fotográfica, discográfica e congêneres;
> **3.** literatura, inclusive obras de referência;
> **4.** música;
> **5.** artes plásticas, artes gráficas, gravuras, cartazes, filatelia e outras congêneres;
> **6.** folclore e artesanato;
> **7.** patrimônio cultural, inclusive histórico, arquitetônico, arqueológico, bibliotecas, museus, arquivos e demais acervos;
> **8.** humanidades; e
> **9.** rádio e televisão, educativas e culturais, de caráter não comercial.

Nesse cenário, trabalha-se a cultura como algo que uma elite econômica, intelectual e/ou política tem e/ou reconhece e que outros, pobres e/ou ignorantes, precisam ter ou reconhecer em si próprios. Revelam-se, assim, processos de distinção moral, no qual certas práticas são hierarquizadas por classificações, linguagens e pertencimentos. É singular que esse processo seja feito através de um vocabulário de inclusão e democratização, que tende a eclipsar a dimensão arbitrária das escolhas que vêm orientando a feitura das políticas culturais.

A ambivalência colocada pelos termos e pelas estruturas classificatórias que podem arregimentar o trabalho em torno das políticas culturais afirma sua vivacidade nos processos sociais contemporâneos. Parte-se do entendimento da cultura como uma faceta necessária da humanidade e que, por isso, deve ser fomentada. É esse o argumento que permite o desenvolvimento de estratégias de governo centradas nas políticas culturais. Porém, tal cultura é segmentada e operada por pressupostos marcados, sob a face moral e política dessa operação. É nesse sentido, portanto, que a dimensão moral da formação de Estado, evidenciada no seu processo de construção enquanto nação, pode ser visualizada de maneira singular, assim como o trabalho a partir das políticas culturais pode ser afirmado como uma arena potencial de modificação da ordem social.

CAPÍTULO 8

Desmonte: política cultural e ultraneoliberalismo, de Michel Temer a Jair Bolsonaro[75]

O Ministério da Cultura brasileiro, criado em 1985, pode ser entendido como uma afirmação da democracia no processo de saída da ditadura. Para além de suas possíveis funções administrativas, o que estava em jogo era a cristalização, numa estrutura da administração pública, da preocupação com a cultura como direito. O órgão ligava-se ao sentido dominante, ao menos retoricamente, dos processos de gestão estatal daquele momento. Sua dissolução pelo governo de Jair Bolsonaro, em 2019, parece comprovar esta hipótese interpretativa pela sua inversão. Hoje, produz-se a sensação — afirmada nas mais diversas ações desta gestão — de que o direito à cultura não é mais efetivo.

As eleições diretas de 1989 e a promulgação da Constituição Federal de 1988 tornaram-se marcos do processo de redemocratização brasileiro. Fernando Collor de Mello, cuja principal proposta de campanha era a redução significativa da máquina pública para

---

[75] As ideias desse texto foram amplamente debatidas com Antonio Carlos de Souza Lima, a quem agradeço novamente. Muitas das interpretações colocadas aqui surgiram da nossa interlocução. As eventuais falhas são, é claro, de minha responsabilidade. Agradeço também a Adriana Facina e Raquel Sant'Ana, com quem oferecemos o curso "Sobre o autoritarismo do Brasil - Séculos XX e XXI", ministrado no primeiro semestre de 2020 no Programa de Pós-graduação em Antropologia Social do Museu Nacional (PPGAS/MN). A preparação das aulas, bem como os debates com a turma, foram fundamentais para compor o quadro interpretativo que orientou a escrita desse capítulo.

levar o país ao desenvolvimento, foi eleito e extinguiu o Ministério da Cultura em um dos primeiros atos de seu governo. Já se afirmava ali uma retórica neoliberal (Paulani, 2006, p. 89-90) que objetivava convencer a população, recém-saída da ditadura, de que essa seria a solução para a crise econômica enfrentada desde finais dos anos 1970. Assim, advogando por uma

> necessidade da transparência e da austeridade nos gastos públicos e embrulhando tudo isso na pregação moralista da 'caça aos marajás', Collor vence as eleições e dita, para o próximo período, a agenda de transformações que ele pouco concretizaria. Passados os tumultuados anos desse primeiro governo civil — sequestro de ativos, aproximação da hiperinflação, impeachment do presidente —, o então ministro da Fazenda, Fernando Henrique Cardoso, embalado no sucesso do Plano Real, vence as eleições de 1994 (mais uma vez contra Lula) e assume o governo federal no início de 1995 com o declarado projeto de 'modernizar' o país, mais particularmente suas instituições. Esse princípio básico de seu projeto tomou a forma concreta de um ousado e ambicioso plano de privatizações e de uma abertura substancial da economia. Mas, junto com essas realizações, uma série de outras providências foi tomada em paralelo para transformar o Brasil numa economia financeiramente emergente, a começar da própria estabilização monetária, obtida no ano anterior (Paulani, 2006, p. 89-90).

A partir dos anos 1990, com continuidades importantes até os dias de hoje, observa-se um processo econômico de abertura ao capital estrangeiro: o avanço de privatizações de empresas de serviços públicos; a sobrevalorização da moeda brasileira; e a elevação da taxa de juros real. Sob o propósito de manter a estabilidade monetária, foram sendo construídas entradas para o país no cenário internacional com um viés ainda servil, no qual imperava seu papel de fornecedor de matérias-primas em larga escala, reorganizando certo sentido colonial (Prado Jr., 2011). Este quadro se acirra no primeiro governo Lula, que — por meio de medidas contraditórias para um mandato supostamente de esquerda (cujo ápice foi uma reforma da previdência que a abriu para o mercado) — conseguiu atrair fluxos de capitais estrangeiros decisivos para o crescimento econômico nacional. Com a economia maior, fruto de um momento favorável, e o chamado boom das *commodities* foi possível o investimento em políticas sociais e de redistribuição de renda.

Uma retórica neoliberal foi acionada de maneira desigual ao longo das últimas três décadas, de maneira que pode ser levada em conta em qualquer interpretação do Brasil neste momento histórico[76]. Isto não se refere, contudo, à simples aplicação de um receituário neoliberal, polivalente e com grandes variações nacionais.

As confluências de preceitos econômicos apontam para algumas continuidades significativas, e o que se vê na cultura não pode ser indissociado destas propostas. No governo de Collor — assim como, superficialmente, no de Bolsonaro — o argumento principal para a extinção do MinC seria o corte de gastos públicos. De qualquer modo, esta visão da cultura como supérflua é indicativo do tipo de país que se pretendia, e se pretende, desenvolver.

A criação de uma pasta dedicada à cultura tem muitas significações. Não se trata, em nenhuma instância, de uma ação meramente técnica e isenta de intenções políticas — algo que, como sabemos, é inconceptível[77]. Sendo assim, a extinção do Ministério da Cultura no governo de Jair Bolsonaro também deve ser refletida como uma ação emblemática, uma tomada de posição.

---

[76] Antonio Carlos de Souza Lima e Adriana Facina (2019) oferecem uma ótima interpretação sobre processos políticos brasileiros contemporâneos, da qual me aproprio.

[77] Aludo, aqui, às proposições de Wanderley Guilherme dos Santos: "A primeira delas [condições para tal governo] é a de que o povo se deixe iludir pela mentira que os propagandistas do golpe procuram disseminar, dizendo que os nossos problemas só serão resolvidos por meio de soluções técnicas. A ditadura do governo forte sempre se apresenta como sistema de governo que, tendo em vista os 'altos' interesses nacionais, só dá soluções técnicas aos problemas" (1962, p. 71).

O que está em disputa é um modelo civilizatório. Se nas últimas três décadas foi possível observar um desenrolar das políticas culturais com base em uma noção ampliada de cultura — em alguns governos, em plano mais retórico do que efetivo —, parece ser esta mesma concepção que agora se pretende combater. Com ela, observou-se uma mudança perceptível no jogo político em torno da cultura a partir da administração pública; o paradigma das políticas públicas da cultura podendo ser compreendido como seu epítome (Facina, 2020, p. 29).

> O breve interregno que a área da cultura vivera, com políticas claramente direcionadas, durou bem pouco. Desmonte institucional, subfinanciamento, ataques ideológicos ameaçam Educação e Cultura. (...) Nesta perspectiva, a produção cultural financiada com verbas públicas passou a ser vista como "mamata", e as escolas e as universidades públicas, como perigo moral (Souza Lima e Facina, 2019, p. 457).

Como aspecto mais contundente e, talvez, incômodo para o conservadorismo neoliberal, deve-se destacar a inclusão de populações culturalmente diferenciadas e seus modos de vida neste momento de disputa em volta da cultura. Deixam, portanto, a condição de agentes pacificados por noções que serviram para torná-los politicamente impotentes — como folclore, cultura popular, cultura de massas etc.

A questão, contudo, pode ser amplificada, exatamente porque toca os processos mais amplos de produção da desigualdade observados no Brasil, das disputas neoliberais dos aspectos mais comezinhos à financeirização da terra, cristalizada na atuação da Frente Parlamentar Agropecuária. Após a ascensão de Bolsonaro, este ponto de contenda, ancorado no rechaço a pautas versadas como identitárias, ganha uma nova centralidade no imaginário cultural. A continuidade do neoliberalismo pode ser observada desde os anos 1990, mas as primeiras décadas da Nova República acenavam para a construção de um país com ares democráticos baseados num suposto direito à diferença — esfera na qual a antropologia teve papel central (Souza Lima e Gonçalves Dias, 2020). Atualmente, podemos observar o alinhamento entre uma agenda cada vez mais neoliberal, num sentido econômico, e o ataque a uma visão progressista para a cultura. Esse ataque só tem sido bem-sucedido, em grande medida, porque as mudanças no cenário cultural produzidas nos governos do PT, apesar de fundamentais, não alcançaram um nível estrutural.

A atuação de Bolsonaro no campo cultural vem sendo descrita como um "desmonte"[78], termo empregado por diferentes agentes públicos com o objetivo de descrever a destruição das políticas culturais em nível federal. Para entendê-lo, é necessário, no entanto, observar processos anteriores. Inicialmente, é importante compreender ao que se contrapõe: uma política cultural inclusiva para populações culturalmente diferenciadas, que preconizava a cultura como direito. Por outro lado, é preciso reconhecer que o desmonte desse modelo de política cultural vem sendo produzido desde o governo Temer — que, acionando critérios de economia pública, ameaçou extinguir o MinC e enfrentou forte mobilização de militantes e artistas. Deve-se considerar que as campanhas eleitorais de 2018, assim como os posicionamentos de Jair Bolsonaro e seus asseclas, funcionam como um termômetro para o que se tornaria o debate público sobre a cultura. Seu governo não fez mais do que reafirmar o que prometeu durante a campanha, corroborando a atuação de um presidente que parece não ter saído do pleito.

---

[78] Fontes: https://jornal.usp.br/cultura/estamos-vivendo-o-desmonte-total-das-instituicoes-da-cultura/; https://www.cartacapital.com.br/opiniao/bolsonaro-ensina-como-se-monta-o-desmonte-de-uma-politica-cultural/; https://jornalggn.com.br/noticia/um-ano-sem-minc-os-impactos-do-desmonte-bolsonarista-na-cultura/. Acesso em: 27/12/2020.

Michel Temer, a tentativa de dissolução do MinC e a reação democrática

Com o impedimento de Dilma Rousseff, Michel Temer foi alçado à Presidência da República em 12 de maio de 2016. No mesmo dia, lançou uma reforma ministerial por intermédio da Medida Provisória nº 726, que tinha como ponto nodal a extinção do Ministério da Cultura. Ainda em maio daquele ano, através de nova medida provisória (nº 728, expedida no dia 23), o ministério foi recriado.

Nesse ínterim, foram realizadas numerosas manifestações de artistas e trabalhadores da cultura que reivindicavam sua manutenção. Diversos movimentos foram instaurados em todos os estados brasileiros, tendo como mote as ocupações: "Ocupa MinC", "Ocupa Funarte", entre outros. Diante de uma composição ministerial totalmente masculina, o presidente contatou mulheres que pudessem assumir a pasta — Claudia Leitão, Marília Gabriela, Eliane Costa, Fernanda Montenegro, Daniela Mercury e Bruna Lombardi (Muniagurria, 2016, p. 179). Todas negaram o convite, aceito por Marcelo Calero — que seria o titular da Secretaria de Cultura, mas foi empossado como ministro após a refundação do MinC.

Em seguida, verifica-se uma importante mobilização das redes conectadas em torno da cultura. Mesmo que se tenha enfatizado a postura pública de artistas contra a medida de Temer[79], deve-se levar em conta uma nova capacidade aglutinadora possibilitada pelas políticas do ministério nas gestões de Lula e Dilma. Observa-se, assim, a construção de redes de relações ao redor do Programa Cultura Viva, que oferecia financiamento para várias iniciativas culturais locais a fim de darem continuidade a atividades já existentes

---

79 Em matéria do jornal O Globo de 22 de maio de 2016 — de título "Na cultura, mais um recuo. Pressionado por protestos de artistas, Temer desiste de extinguir ministério" —, a revisão da decisão do presidente é analisada em conjunto com outras medidas revogadas. Disponível em: https://www2.senado.leg.br/bdsf/bitstream/handle/id/522386/noticia.html?sequence=1&isAllowed=y. Acesso em 27/04/2021.

e de criarem novas frentes de trabalho e de renda[80]. A prerrogativa da formação de redes foi, por sinal, uma característica central do programa. Além dos aportes financeiros locais, eram incentivadas oportunidades de troca entre os pontos de cultura. Para tanto, foram financiados — ou foi dado suporte institucional do ministério para a sua realização em esferas estaduais e municipais — diversos eventos entre os participantes do programa. Neles, os preceitos das ações coordenadas eram reforçados, partindo tanto de falas e descrições de ações dos próprios pontos de cultura, como também de funcionários e consultores do MinC. Isto resultou em inúmeras articulações online e, de modo ainda mais significativo, a formação dos chamados pontões de cultura, que possuíam maior financiamento, atuação temática e congregavam ações envolvendo núcleos individuais.

Por outro lado, a lógica do CPF da cultura — ou seja, da gestão pública integrada entre Conselhos de Cultura, Planos de Cultura e Fundos de Cultura, mimetizando nos níveis municipais e estaduais a estrutura construída em plano federal — gerou a articulação de uma rede de profissionais ao redor destas ações[81]. Tratam-se de especialistas em gestão pública, é claro, mas também de semiespecialistas, participantes das formações oferecidas pelo governo federal para que municípios e estados aderissem ao Sistema Nacional de Cultura e criassem os mecanismos para tal; titulares de conselhos; membros de audiências e escutas públicas para a confecção de planos de cultura etc. Verifica-se, assim, um número elevado de indivíduos envolvidos na gestão pública da cultura, fato novo na história republicana nacional. E, para além disso, com um conhecimento relativamente qualificado do que representava o Ministério da Cultura naquele momento.

---

80 Sobre o Programa Cultura Viva, ver Domingues, 2008; Turino, 2010; e Barbosa e Silva, 2010.

81 Sobre esse ponto, ver Muniagurria, 2016 e Davis, 2013 e 2015.

Este fato é relevante, uma vez que se observou uma atuação na sociedade civil afeita às pretensões do ministério. Houve não somente um espraiamento de elaborações acerca de práticas culturais, mas de saberes administrativos, produzindo gestões culturais locais em confluência com a lógica estatal emanada da esfera federal. Um processo conjunto no qual as mesmas práticas de governo são reproduzidas em esferas distintas, que pode ser lido como "de formação de Estado" (Elias, 2006 [1972]; Souza Lima, 2018 [1995]).

Estes indivíduos e suas instituições pulverizadas pelo território nacional produziram mobilização em torno de uma agenda institucional amplamente ancorada no Ministério da Cultura. Em minha interpretação, esta mobilização foi condição de possibilidade para a articulação das inúmeras ações de resistência pela manutenção do órgão ameaçado por Temer — gerando diversas manifestações e incidências no debate público que originaram, por sua vez, outros processos e agentes, como a atuação pública de artistas. Contemporaneamente, os posts de indivíduos com certa notoriedade nas redes sociais têm enorme apelo político, hoje ainda mais que em 2016, mas devemos considerar a atuação desses artistas junto aos movimentos populares.

Um ótimo exemplo foram os shows realizados nas ocupações a favor do MinC. No dia 21 de maio de 2016, antecedendo a refundação do ministério, Caetano Veloso, Erasmo Carlos, Seu Jorge e Marcelo Jeneci fizeram uma apresentação nos pilotis do Palácio Gustavo Capanema, no Rio de Janeiro, sede da Funarte e de outras instituições vinculadas ao MinC[82]. O prédio estava ocupado por manifestantes desde o dia 16. Esses shows foram realizados, portanto, num cenário construído a partir da mobilização já existente, e ganharam eficácia por meio da confluência com um movimento que construiu um posicionamento efetivo, com pauta própria e questões que, se estavam centradas na manutenção do ministério,

---

[82] Fonte: http://g1.globo.com/rio-de-janeiro/noticia/2016/05/caetano-veloso-e-erasmo-carlos-vao-ato-no-rio-contra-o-fim-do-minc.html. Acesso em: 22/02/2020.

também representavam a defesa de um modelo de política cultural e civilização. Foram, assim, as redes já conectadas ao redor da cultura que fizeram com que esses artistas ganhassem um palco para suas manifestações públicas, pois a agenda efetiva que estas defendiam já estava estabelecida antes dessa adesão.

Certamente o governo Temer sentiu o peso das manifestações, já que o ponto óbvio de culminância desse processo foi a refundação do MinC. O jogo político construído por esses agentes para a gestão pública da cultura foi posteriormente modificado. De modo geral, é visível a maneira como o governo golpista atuou para rebaixar a pasta, mesmo que mantendo seu status de ministério.

Os problemas dos titulares à frente do órgão foram inúmeros e não ajudaram a imagem do MinC no planalto. Marcelo Calero pediu demissão por ter sido coagido pelo ministro da Secretaria de Governo Geddel Vieira Lima a aprovar uma licença para um investimento de seu interesse na Bahia, envolvendo sítios tombados pelo Iphan[83]. Por sinal, o ex-ministro da Cultura desfiliou-se do PMDB e elegeu-se deputado federal pelo Cidadania (antigo PPS). Seu sucessor na pasta, Roberto Freire, também pediu demissão — ao se declarar indignado com as denúncias de corrupção contra Michel Temer, no escândalo envolvendo Joesley Batista e a JBS. Sérgio Sá Leitão, antigo secretário de Cultura da cidade do Rio de Janeiro, teve uma gestão mais tranquila, voltada para a perspectiva mercadológica da cultura. De qualquer modo, a relação do governo com o ministério pode ser sumarizada na redução de 43% de seu orçamento[84].

É neste registro que tanto o financiamento do Cultura Viva quanto as ações voltadas para o Sistema Nacional de Cultura vão sendo minguados, fazendo com que essas instâncias, concatenadores

---

83 Fonte: https://www.jornalopcao.com.br/ultimas-noticias/ex-ministro-da-cultura-a-cusa-secretario-de-governo-de-temer-de-pressiona-lo-em-beneficio-proprio-80484/. Acesso em: 26/10/2020.

84 Fonte: https://blogs.oglobo.globo.com/ancelmo/post/governo-temer-corta-em--43-orcamento-do-ministerio-da-cultura.html. Acesso em: 22/02/2020.

populares, percam pouco a pouco a centralidade na política cultural nacional. Nesse sentido, há um enfraquecimento significativo da malha que poderia compor uma resistência mais direta ao desmonte observado no campo cultural. Isto não significa que os agentes tenham aberto mão de suas atuações locais, e sim que a sua desmobilização constituiu um projeto evidente do governo Temer, que abriu caminho para a atuação semelhante de Bolsonaro. A institucionalização em marcos legais do Sistema Nacional de Cultura, com a Emenda Constitucional nº 71, de 29 de novembro de 2012 — que acrescentou o artigo 216-A à Constituição Federal —, e do Cultura Viva, através da Lei nº 13.018, de 22 de Julho de 2014, fez com que esse processo não produzisse um apagamento total dessas políticas.

A cultura no jogo eleitoral de 2018

Se, de fato, é possível observar uma perda relativa de importância do Ministério da Cultura, o debate público em torno deste tema ganha novo fôlego com as eleições de 2018, quando o foco recai tanto sobre o ministério em si quanto sobre a Lei Rouanet. No entanto, e de modo ainda mais contundente, verifica-se a crescente importância de pautas afeitas aos direitos culturalmente estabelecidos.

O acirramento do conservadorismo nos últimos anos vem sendo explicado de distintas formas, mas não pode ser lido como uma novidade, examinando a história de longo prazo do país (Souza Lima e Gonçalves Dias, 2020; Machado e Motta, 2019). Se é verdade que as políticas orientadas por direitos culturais diferenciados — como demarcação de terras, políticas culturais, políticas setoriais voltadas para negros, LGBTQIA+, mulheres etc. — foram efetivadas, ainda que de modo parcial, com a consolidação da Constituição Federal de 1988, não se pode deixar de considerar que esse momento deve ser lido como um dos espasmos democráticos no cenário de autoritarismo que marcou o século XX no Brasil (Ribeiro, 2016; Souza Lima e Facina, 2019).

Tais políticas, bem como a retórica de direitos construída pela carta magna da Nova República, tiveram grande importância na medida em que fizeram com que novos agentes se tornassem visíveis no jogo político. Essa visibilidade, contudo, não significou uma conquista permanente, capaz de rearticular processos estruturais de produção de desigualdade no Brasil, ponto no qual as políticas neoliberais têm grande importância. Elas ajudam a compreender as continuidades observadas desde a década de 1980, ainda que com matizes distintos. A insuficiência das ações identitárias para desarticular a lógica estrutural de produção de desigualdade fez com que os valores de segmentos conservadores mantivessem sua relevância social.

Para além disso, é necessário compreender essa posição conservadora a partir da defesa de uma visão unicista de Brasil, que ecoa uma imagem da nação ancorada numa percepção de totalidade, mesmo quando adaptada a uma interpretação cultural. Apoia-se, ainda, na imaginação do Estado como uma continuação da família, com predomínio de práticas de compadrio conjugadas com a proximidade emocional que se transmutaria também às relações na esfera pública. Essa avaliação ecoa aquela produzida por Sérgio Buarque de Holanda em 1936, que teve rendimentos diversos ao longo do século. Uma de suas versões pode ser a política de segurança nacional da ditadura civil-militar[85], que parece servir de inspiração para o bolsonarismo. Trata-se da projeção de uma ideia de totalidade que faz com que o reconhecimento da desigualdade surja como ameaça. As diferenciações culturais possíveis são pacificadas de modo que não haja uma perspectiva de participação. Nessa lógica, as populações que vinham sendo compreendidas como agentes de direito hoje merecem, quando muito, concessões.

---

85 Uma excelente fonte primária para compreender essa perspectiva é o Plano Nacional de Cultura de 1975 (Ministério, 1975). Schwarz (2012) nos oferece uma ótima interpretação do mundo da cultura durante os primeiros anos da ditadura.

Ao mesmo tempo, as mobilizações originadas das manifestações de 2013, ainda que descoordenadas, dariam a essas proposições um efeito de efervescência. Por fim, pendeu-se para um processo conservador por uma tomada das ruas acrítica, muitas vezes apartidária e contra a política institucionalizada. Foi na levada dessa insatisfação coletiva genérica — amparada por uma política econômica insuficiente — que se produziu o golpe de Estado de 2016, com características singulares, mas não propriamente desconhecidas de nossa história nacional. Essas configurações serviram, então, para desestabilizar toda a sorte de políticas identitárias afeitas ao governo deposto.

É necessário mencionar, ainda, que essas construções discursivas conquistaram as classes médias afeitas, ao que parece, às categorias de estigmatização que acabariam por defini-las por contraste. Pode-se entrever aqui, uma vez mais, a atualização de um posicionamento acusatório como o observado por Gilberto Velho (1974) durante a ditadura. E, surpreendentemente, constata-se que a categoria "comunista" para categorizar um indivíduo ameaçador também sobreviveu.

Não por acaso, temas afeitos ao posicionamento estatal relativo às diferenças socioculturais ganharam centralidade no debate eleitoral de 2018. Questões de gênero e diversidade sexual subsidiaram ataques em múltiplas frentes. A garantia do acesso à universidade para populações negras e pobres através das políticas de cotas, assim como o financiamento estatal de atividades culturais, tornaram-se primordiais nos debates públicos. Esse ponto é eloquente na campanha presidencial de Jair Bolsonaro.

O plano de governo do candidato vencedor, intitulado "O caminho da prosperidade"[86], apresentava no cabeçalho de todas as páginas a frase que se tornaria o slogan de seu mandato: "Brasil acima de tudo, Deus acima de todos". O mote do plano seria um Brasil livre:

86 Há uma referência óbvia, aqui, à teologia da prosperidade. Uma boa análise das relações entre política e igrejas evangélicas pode ser encontrada em Sant'Ana (2019).

> Propomos um governo decente, diferente de tudo aquilo que nos jogou em uma crise ética, moral e fiscal. Um governo sem toma lá-dá-cá, sem acordos espúrios. Um governo formado por pessoas que tenham compromisso com o Brasil e com os brasileiros. Que atenda aos anseios dos cidadãos e trabalhe pelo que realmente faz a diferença na vida de todos. Um governo que defenda e resgate o bem mais precioso de qualquer cidadão: a Liberdade. Um governo que devolva o país aos seus verdadeiros donos: os brasileiros (Partido Social, 2018, s/p).

Constrói-se um retrato específico da situação nacional, com forte apelo moral, o que chancelaria a qualidade das propostas oferecidas pelo então candidato. A suposta crise ética justificaria uma mudança radical, capaz de produzir um Brasil livre. Logo no início do plano, afirma-se que a vida é sagrada e que deveria ser baseada na "PROPRIEDADE PRIVADA" e na "FAMÍLIA", grafados em caixa alta. Além disso, fala-se de um Brasil livre e fraterno, no qual o crime, a corrupção e as "ideologias perversas" não teriam espaço, sendo garantida uma imprensa livre e independente.

Nos planos do governo Bolsonaro, a questão cultural não aparece como campo de atuação estatal no sentido de um nicho para investimento de recursos públicos. Ainda que ela não seja tratada diretamente, porém, confere a tônica da leitura de todo o documento, no qual há três menções diretas à cultura. A primeira delas é feita nos seguintes termos:

> Nossa bandeira é verde e amarela
>
> Nos últimos 30 anos o marxismo cultural e suas derivações, como o gramscismo [sic], se uniu às oligarquias corruptas para minar os valores da Nação e da família brasileira.
>
> Queremos um Brasil com todas as cores: verde, amarelo, azul e branco.
>
> PRECISAMOS NOS LIBERTAR! VAMOS NOS LIBERTAR! [grifos no original] (s/d, p. 8).

Fica nítida, assim, a caracterização da necessidade de retorno aos valores nacionais calcados na família. A lógica da libertação ajuda a produzir uma perspectiva de disputa e, para tanto, constrói-se um inimigo que vinha sendo vencedor e que deveria ser desarticulado. Seria necessário libertar o país de uma situação de sequestro, fundada na sujeição a perspectivas totalizantes afeitas a uma lógica cultural tida como marxista.

Esta mesma démarche perpassa o documento, cristalizando-se em alguns aspectos. A segunda menção ao termo cultura é um bom exemplo neste sentido. Abaixo do título "O Brasil é muito maior que nossos problemas", lê-se uma proposição: "O Brasil passará por uma rápida transformação cultural, onde a impunidade, a corrupção, o crime, a 'vantagem', a esperteza, deixarão de ser aceitos como parte de nossa identidade nacional, POIS NÃO MAIS ENCONTRARÃO GUARIDA NO GOVERNO" [grifos no original] (s/d, p. 15). Tem-se, aqui, a caracterização da mudança proposta como cultural, que seria acompanhada e produzida a partir da desarticulação de valores supostamente vinculados à corrupção.

A lógica de produção dessa transformação cultural, que teria por alvo a ideologia marxista, é perpassada por uma retórica bélica. A última menção à cultura torna patente esta perspectiva. No item "O novo Itamaraty" lê-se: "Países, que buscaram se aproximar mas foram preteridos por razões ideológicas, têm muito a oferecer ao Brasil, em termos de comércio, ciência, tecnologia, inovação, educação e cultura" (s/d, p. 79). Percebe-se que este movimento duplica a lógica bélica, já que produz uma espécie de isonomia entre o inimigo interno e os inimigos externos, em processo no qual são definidos os novos aliados. Este tópico de aparente cooperação é seguido por outros que afirmam haver um louvor a "ditaduras assassinas" e um desprezo a democracias importantes, como Israel, Estados Unidos e Itália.

Ainda numa perspectiva de defesa nacional, uma questão que perpassa o plano de governo de Bolsonaro, é singular a menção à atuação das Forças Armadas em 1964 como protetoras de um suposto golpe comunista planejado pelas forças de esquerda, fato corroborado com a citação de um editorial do jornal O Globo de abril de 1964. Uma dimensão ideológica teria feito com que as instituições militares tivessem perdido sua centralidade no cenário nacional. A esfera da educação também estaria prejudicada nos últimos anos, sendo necessário "expurgar a ideologia de Paulo Freire", que produziu uma "educação aparelhada ideologicamente". É relevante, portanto, que o termo "ideologia" tenha tido mais menções do que a palavra "cultura(l)". A ideologia torna-se, assim, uma nódoa que deveria ser apagada, seu par de oposição sendo a suposta isenção muitas vezes versada como verdade. É nesse sentido que o documento se constrói, especialmente, com um caráter denuncista. Não há propostas construtivas, já sendo possível entrever o desmonte como objetivo final.

Estes termos nos ajudam a estabelecer parâmetros que articulam os posicionamentos públicos do bolsonarismo. Presentes em seu plano de governo, são preceitos já bastante arraigados nas falas anteriores do então candidato e, nos dias de hoje, talvez encontrem maior eloquência. Eles se transformaram no campo semântico através do qual se articula a guerra híbrida. Nela, por meio de técnicas estabelecidas em terreno militar — que, no Brasil, têm sua centralidade cristalizada no coronel eleito presidente —, produz-se uma sensação permanente de insegurança, articulando algo como uma guerra de informações baseada em "vários 'loops' e inversões semióticas através de mídias e redes sociais, visando afetar a cognição de setores de um Estado, de uma elite e de uma população"[87] (Leirner, 2020, p. 4). Constrói-se, então, esta sensação que se vive dia após dia no Brasil, de que "tudo está desencontrado,

---

[87] No original: "*based on various semiotic "loops" and inversions through media and social networks, aiming to alter the perceptions of sectors of the state, the elite, and the population*".

caótico, e que o tempo de 'eventos bombásticos' passou a correr mais rápido e mais intensamente"[88] (2020, p. 4).[89]

Extrapola-se esta questão para muitas frentes atualmente, mas deve-se antes esmiuçá-la a partir do jogo eleitoral brasileiro em 2018. Piero Leirner (2020, p. 9-10) identifica essa composição dos militares com base em três movimentos interligados. O primeiro ocorre no interior das próprias Forças Armadas, quando, a partir de 2014, alguns generais começaram a propagandear em estabelecimentos militares que estava ocorrendo uma guerra híbrida no Brasil, promovida pelo governo de Dilma Rousseff. Mesmo após sua retirada da presidência, este processo teria sido levado adiante, com o envolvimento da ONU e de ONGs; organizações populares e sociais; indígenas; quilombolas; sindicatos e igrejas. Ao mesmo tempo, produziu-se

---

88 No original: "*everything is conflicting and chaotic, and the tempo of 'bombastic events' has sped up and intensified*".

89 Este processo vem sendo frequentemente definido como uma "guerra cultural". Adoto a terminologia proposta por Leirner — baseada em autores saxões, mas analiticamente matizada para compor uma interpretação para o cenário nacional — porque considero "guerra cultural" uma categoria nativa que vem sendo utilizada pelo neoconservadorismo no Brasil, especialmente através de proposições das quais Olavo de Carvalho é um dos principais paladinos desde o início dos anos 2000. O uso do termo serve, assim, para qualificar sua inserção num imaginário que seria capaz de ludibriar as massas para conseguir sua adesão a projetos comunistas ou socialistas. Com base em uma interpretação sui generis, para não dizer inexata, de Gramsci, esta noção serviu para descrever processos políticos envolvendo países latino-americanos e o cenário nacional nos governos do PT. Fundamentalmente, construiu-se uma perspectiva de que a esquerda soube fazer uma "guerra cultural" e que a direita conservadora também deveria "atuar" nesse domínio. Posições de Olavo de Carvalho que ilustram este argumento podem ser encontradas, respectivamente, nos seguintes links: https://olavodecarvalho.org/em-plena-guerra-assimetrica/; https://olavodecarvalho.org/olavo-de-carvalho-teremos-de-impor-o-debate-a-forca/; https://olavodecarvalho.org/perdendo-a-guerra-cultural/. Acesso em: 23/11/2020.

> um certo "contágio" em outros Poderes do Estado (especialmente no Judiciário) e organizações (think tanks, imprensa, alguns setores universitários). A base deste processo é uma enorme "inversão de papéis" (...), no qual militares passam a lançar "bombas semióticas" cuja mensagem se pautava na ideia de que Lula e o Partido dos Trabalhadores promoviam uma guerra, e eles representavam uma "solução de pacificação" (2020, p. 13-14)[90].

Para dar corpo à estratégia, utilizaram sinais contraditórios e dissonantes, lançando uma cortina de fumaça capaz de fazer com que se perdesse de vista quem estava no controle do processo — produzindo uma camuflagem da atuação militar. Com isso, foi sendo construído um aparente "caos" no processo eleitoral, fazendo com que a articulação que permitiu a eleição de Bolsonaro emergisse como algo primário e sem coordenação, uma campanha legítima e sem recursos.

O segundo movimento, ainda seguindo Leirner, foi a utilização das redes sociais, em particular do WhatsApp, como unidades de repetição das *fake news* que compunham as "bombas semióticas". Como as redes são descentralizadas, produziu-se um padrão de replicação por intermédio de grupos com conexões pouco visíveis. "Este foi o principal instrumento para o 'contágio', ou, melhor dizendo, a 'replicação' do padrão de agenciamento acima para fora de coteries específicas, atingindo primeiramente grupos específicos e depois o grande público"[91] (2020, p. 14).

---

[90] No original: "*a degree of 'contagion' in other state powers (especially in the judiciary) and organizations (think tanks, the press, some university sectors). At the base of this process is a large 'role reversal' (...) in which military figures began to launch 'semiotic bombs' whose message was based on the idea that Lula and the Workers' Party were conducting a war and that they represented a 'solution of pacification'*".

[91] No original: "*This was the main instrument for 'contagion'—that is, the replication of the aforementioned model of agency beyond specific coteries, attaining first specific groups and later the general public*".

> Foram disparadas tantas bombas semióticas que se perdeu uma noção muito importante na sequência dos acontecimentos no Brasil: a percepção de que foram os militares que atuaram no processo que liga o combate a um "inimigo público", a uma candidatura manipulada por eles. Trata-se, assim, de camuflagem. Foi assim que se canalizou para os adversários toda responsabilidade sobre o "caos" político e social no Brasil, passando a ideia de que Bolsonaro era um "outsider" que nada teria a ver com os conflitos que cada vez mais se intensificavam, uma vez que estava respaldado em atores "neutros"[92] (2020, p. 15).

O terceiro movimento, por fim, consistiu em fazer com que outros agentes da sociedade, da classe média ao "mercado", operassem a guerra híbrida com uma estratégia de *proxy war*. Ou seja, de modo que os interessados não se tornassem visíveis como articuladores de todo o processo.

> Ideias que começaram a ocorrer bem antes dentro dos quartéis — de que o Partido dos Trabalhadores "introduziu as lutas de raças, gêneros e classes" e "quebrou o Brasil" — acabaram sendo vocalizadas por inúmeros atores. (...) As mensagens passaram a ter alto grau de autonomia, de modo que ficou absolutamente impossível mapear tanto sua origem quanto sua veracidade, estabelecendo assim um mecanismo de criptografia que só podia ser quebrado "ponta-a-ponta", induzindo parte da população a estabelecer uma relação atávica com o bolsonarismo. Efetivamente, no ápice da campanha, a linguagem da guerra foi cada vez mais intensificada. Embora bastante real, as estratégias criptografadas

[92] No original: "*So many semiotic bombs were detonated that a very important notion in the sequence of events in Brazil has been lost: the perception that the military acted in the process that links the fight against a 'public enemy' to a candidacy that they themselves manipulated. It is, therefore, a form of camouflage. This was how responsibility for the perceived political and social chaos in Brazil was channeled to their adversaries, passing on the idea that Bolsonaro was an 'outsider' who had nothing to do with the conflicts that were increasingly intensifying, since he was backed by 'neutral' actors*".

> fizeram-na passar como se fosse apenas "metafórica". Essa é, então, a essência da guerra híbrida em curso: a dissimulação[93] (2020, p. 10).

A argumentação de Leirner estabelece o protagonismo dos militares nos processos políticos observados no Brasil desde 2014[94]. Parece-me importante enfatizar, porém, os mecanismos produzidos nessa guerra híbrida. Dito de outro modo, para além de se pensar os articuladores diretos desses processos, fato é que sua maneira de operar — com bombas semióticas espalhadas por mecanismos virtuais — tem sido observável de modo amplo por todo o país. Seu objetivo parece ser a geração de uma sensação permanente de insegurança e de caos, que faz com que o país seja percebido da mesma forma e converte os governos do PT, suas políticas e proposições ideológicas em inimigos da nação. A atenção volta-se para esses disparates semiológicos, fazendo com que medidas que interessam ao grande capital e trabalham para ampliar as desigualdades sociais sejam tomadas com maior facilidade. A ênfase nos governos do PT parece configurar uma estratégia para mascarar o desmonte da Constituição.

A cultura emerge no jogo eleitoral de dois modos. Por um lado, configura-se como um campo de atuação governamental reconhecido, passível de intervenção e de fomento, no qual as propostas de Bolsonaro têm pouco interesse. Por outro, e aqui me utilizo do termo também

---

93 No original: "*Ideas that emerged much earlier within the barracks—that the Workers' Party 'introduced the race, class, and gender struggles' and 'broke Brazil'—were eventually voiced by numerous actors. (...) The messages began to attain a high degree of autonomy, meaning that it became absolutely impossible to map either their source or their veracity, thus establishing a cryptographic mechanism that could only be broken from "end-to-end," inducing part of the population to establish an atavistic relationship with Bolsonarism. In effect, at the height of the campaign, the language of war intensified. Although very real, the cryptographic strategies made them appear merely metaphoric. This, then, is the essence of the hybrid warfare taking place now: dissimulation*".

94 José Murilo de Carvalho (2019) produz análises no mesmo sentido, mas com matizes e interesses distintos.

como conceito analítico, converte-se no campo no qual a disputa moral poderia, de fato, se efetivar. A construção da cruzada moral bolsonarista depende de uma atuação ideológica. Característica da guerra híbrida em sua faceta cultural, é na afirmação de uma postura unívoca diante da diferença que parece ser constituído o inimigo. E, na sua eliminação, tem-se a possibilidade de vitória na guerra.

Essa última contraface da cultura produz, no entanto, uma atuação precisa junto àquela institucionalizada na administração pública. Ou seja, a guerra híbrida antecede qualquer interesse pela cultura como setor produtivo ou como nicho de políticas públicas. Seu desmonte é necessário, porém, para dar forma e encenar a guerra no governo do presidente eleito. Se há interesse em materializar os posicionamentos morais que basearam sua vitória na estrutura de sua administração de modo geral, a cultura afirma-se como lugar estratégico para fazê-lo.

O governo Jair Bolsonaro e a gestão da cultura na administração pública

Em tweet de 29 de março de 2018, Jair Bolsonaro escreveu: "A mídia age de má fé novamente, agora alegando que defini quem será o Ministro da Cultura, baseando-se em um vídeo descontraído. Fake News! Não escolhi ministro da cultura, até porque, chegando lá, nem existirá esse Ministério, será uma secretaria dentro do Ministério da Educação"[95]. O presidente cumpriu, ao menos em parte, as promessas do candidato. Em sua composição ministerial, o MinC foi dissolvido, com a maioria de suas instituições tendo sido alocadas no Ministério da Cidadania, capitaneado por Osmar Terra (MDB-RS).

---

95 Fonte: https://twitter.com/jairbolsonaro/status/979391351157592067. Acesso em: 22/02/2020.

Cinco secretários de cultura sucederam-se até junho de 2020, com apenas 18 meses de governo. Osmar Terra indicou Henrique Medeiros Pires como primeiro ocupante do cargo. Gaúcho como o ministro, ele se qualificou por sua atuação no Departamento de Arte e Cultura da Universidade Federal de Pelotas — onde teria ajudado a criar os cursos de Cinema de Animação e a licenciatura em Teatro[96] — e como secretário de comunicação da mesma cidade. Na sua posse, afirmou o interesse em fomentar a formação de público nos municípios de menor porte, assim como em promover a produção de artistas com dificuldade de acessar financiamentos como os possibilitados pela Lei Rouanet.

Ainda que tenha permanecido por menos de nove meses no cargo, foi o secretário com maior tempo de serviço à frente da pasta. Sua saída foi motivada pelo que qualificou de censura ao audiovisual, quando um edital destinado à produção LGBTQIA+ de TVs educativas, lançado em 2018, teve seu pagamento dificultado de propósito. Na oportunidade, declarou ao jornal O Globo:

> Eu não vou fazer apologia a filtros culturais. Para mim, isso tem nome: é censura. Se eu estiver nesse cargo e me calar, vou consentir com a censura. (...) A equipe foi ótima, conseguimos avançar em várias coisas nesses oito meses. Mas, de uns tempos pra cá, tem sido um pouco complicado. Sempre tinha algum tipo de aplauso para iniciativas de adequar a produção cultural à visão do governo. Algumas coisas nos últimos meses a gente conseguiu contornar. Mas aí vem esse edital LGBT, fica-se criando situações para não premiar os caras. Quando saiu a primeira nota sobre o cancelamento deste edital, eu disse: "Cuidado: discriminação homofóbica tem o mesmo peso de racismo, o STF determina". O jurídico do ministério fez uma volta enorme para justificar, mas todo mundo sabe que é uma tentativa de empurrar com a barriga uma decisão polêmica. Ele [o ministro Osmar Terra]

[96] Fonte: http://cultura.gov.br/henrique-pires-e-empossado-como-secretario-especial-da-cultura-nesta-sexta-feira-4/. Acesso em: 14/11/2020.

> disse que queria um perfil que não seja o meu. Que eu sou conciliador, não estou afinado com essa postura de conflito. Aconselhei que não mexessem em nenhuma fundação federal, que estão todas bem[97].

Fica evidente, assim, que a saída do secretário relacionava-se à sua posição diante de um tema caro ao bolsonarismo, a chamada "ideologia de gênero". Mais do que isso, exclui-se um quadro que não estaria apto a operar "a guerra", por sua postura conciliatória, ainda que não estivesse fazendo mais do que condenar um ato de censura. O presidente fez, em seguida, um posicionamento público contra o edital — que não foi concebido em sua gestão[98] —, demonstrando o habitual descompromisso com a institucionalidade estatal, já que cumprir acordos, mesmo que gerados em gestões anteriores, é parte central do jogo democrático[99].

Ricardo Braga substituiu Pires na secretaria. Economista de formação, teve atuação destacada no setor financeiro: foi diretor de investimentos do Andbank Brasil e superintendente de operações do Banco Votorantim. Segundo o ministro Osmar Terra, "a nomeação de Braga corresponde às necessidades de imprimir um maior dinamismo e eficiência aos projetos da Secretaria Especial da Cultura, conforme desejo do presidente da República, Jair Bolsonaro"[100]. A escolha do secretário teria sido feita diretamente pelo presidente,

---

97 Fonte: https://oglobo.globo.com/cultura/para-ficar-bater-palma-pra-censura-eu-prefiro-cair-fora-diz-henrique-pires-ex-secretario-especial-de-cultura-23893258. Acesso em: 14/11/2020.

98 Fonte: https://oglobo.globo.com/cultura/2019/08/19/2274-bolsonaro-pretende-suspender-edital-de-tvs-publicas-com-linha-para-diversidade-de-genero. Acesso em: 14/11/2020.

99 A saída do secretário, por sinal, já teria sido solicitada pelo ministro antes mesmo de sua demissão, consolidada em 21 de agosto de 2019.

100 Fonte: http://cultura.gov.br/ricardo-braga-toma-posse-como-secretario-especial-da-cultura/#:~:text=O%20economista%20paulistano%20Ricardo%20Braga,ministro%20da%20Cidadania%2C%20Osmar%20Terra. Acesso em: 14/11/2020.

portanto. Sua estratégia parecia ser a formação de um quadro técnico num sentido administrativo, deixando entrever que os posicionamentos culturais ficariam sob sua responsabilidade, em consonância com a ala ideológica do governo.

A gestão de Braga durou apenas dois meses. Ele deixou a pasta para assumir a Secretaria de Regulação e Supervisão da Educação Superior (Seres) do Ministério da Educação (MEC). O motivo da mudança não foi explicitado, mas especula-se que a falta de experiência do secretário no setor cultural teria gerado críticas ao governo[101].

Braga foi substituído por Roberto Alvim, nomeado em 7 de novembro de 2019. No dia anterior, a secretaria havia sido transferida para o Ministério do Turismo, passando a estar subordinada ao ministro Marcelo Álvaro Antônio. Alvim tem uma trajetória singular: dramaturgo com produção significativa, teria dado uma guinada na carreira ao converter-se ao catolicismo mais radical, adotando postura conservadora em seu trabalho artístico. Diz-se perseguido por suas visões políticas, tendo chegado a convocar artistas que compartilham seus valores ideológicos para construírem uma "máquina de guerra cultural"[102]. Por conta dessas declarações, passou a ser cogitado para um cargo no governo — é a postura bélica, portanto, sua melhor credencial. Comunicou-se por telefone com o presidente Bolsonaro, que demostrou solidariedade por causa da suposta perseguição política. O próprio ministro Osmar Terra disse publicamente que um cargo seria destinado ao dramaturgo.[103]

Alvim foi, inicialmente, nomeado diretor do Centro de Artes Cênicas da Funarte, em julho de 2019, ainda na gestão de Miguel

---

[101] Fonte: https://veja.abril.com.br/politica/ricardo-braga-secretario-da-cultura-e-exonerado-apos-dois-meses-no-cargo/. Acesso em: 14/11/2020.

[102] Fonte: https://oglobo.globo.com/cultura/roberto-alvim-convoca-artistas-conservadores-para-criar-uma-maquina-de-guerra-cultural-23747444. Acesso em: 15/11/2020.

[103] Fonte: https://oglobo.globo.com/cultura/roberto-alvim-diretor-de-teatro-que-apoia-bolsonaro-vai-assumir-cargo-no-governo-diz-ministro-23745922. Acesso em: 15/11/2020.

Proença. Na fundação, duas de suas ações chamaram atenção: a tentativa de empregar a própria mulher no projeto de revitalização da Rede Nacional de Teatros[104] e a transformação do Teatro Glauce Rocha, no centro do Rio, em uma instituição dedicada ao público cristão. Para tanto, o teatro foi entregue à companhia evangélica Jeová Nissi. Esse movimento representaria um gestor que atua "firme e propositivamente na área da arte e cultura, hoje dominada pelo marxismo cultural e pela agenda progressista"[105] ,segundo ele mesmo.

Foi, contudo, o pronunciamento com contornos nazistas que tornou a gestão de Alvim mais conhecida e, ao mesmo tempo, significou seu fim. Ao anunciar o Prêmio Nacional das Artes, ele fez um discurso semelhante a um outro, proferido por Goebbels, secretário de propaganda de Hitler. Este fato redundou em sua demissão, anunciada por Bolsonaro por Twitter:

> Comunico o desligamento de Roberto Alvim da Secretaria de Cultura do Governo. Um pronunciamento infeliz, ainda que tenha se desculpado, tornou insustentável a sua permanência.
>
> Reitero nosso repúdio às ideologias totalitárias e genocidas, como o nazismo e o comunismo, bem como qualquer tipo de ilação às mesmas. Manifestamos também nosso total e irrestrito apoio à comunidade judaica, da qual somos amigos e compartilhamos muitos valores em comum[106].

Nota-se, assim, uma equalização singular, possível pela sui generis interpretação histórica bolsonarista, na qual nazismo e comunismo encontram-se lado a lado. De qualquer modo, a saída

---

104 Fonte: https://veja.abril.com.br/blog/radar/urgente-ex-diretor-da-funarte-vai--chefiar-a-cultura/. Acesso em: 15/11/2020.

105 Fonte: https://veja.abril.com.br/brasil/diretor-da-funarte-decide-entregar-teatro-no-rio-a-companhia-evangelica/. Acesso em: 15/11/2020.

106 Fonte: https://twitter.com/jairbolsonaro/status/1218204528153153539. Acesso em: 15/11/2020.

de Alvim da secretaria parece estabelecer um limite, ainda que também deva ser lida como uma dessas bombas semióticas que produzem desestabilização. Trata-se de uma ação para mostrar uma temperança do presidente, que afinal reconheceria os excessos de um dos quadros de seu governo. Por outro lado, serve para caracterizar uma vez mais o comunismo como inimigo — dessa vez, pela suposta proximidade com o nazismo.

Regina Duarte emerge, nesse cenário, como um nome provável para assumir a secretaria. Ainda no fervor da demissão de Alvim, a atriz afirmou estar "namorando" o governo. No dia 24 de janeiro de 2020, Jair Bolsonaro, além de confirmar o "flerte", afirmou pretender oficializar o casamento nas semanas seguintes[107]. A atriz aceitou fazer uma espécie de estágio: passou alguns dias em Brasília, conheceu seus prováveis colegas e realizou reuniões de trabalho. Em 4 de março teve sua posse confirmada. O motivo da demora seria a negociação da suspensão de seu contrato com a TV Globo. A nova secretária prometeu uma gestão conciliadora. Na condição de apoiadora de Bolsonaro desde as eleições — a atriz teceu comentários elogiosos ao presidente, que classificou como um "cara doce, que faz brincadeiras homofóbicas, mas da boca pra fora" —, apostava numa mediação entre a classe artística e o governo.[108]

Após somente três meses, durante os quais pouco esteve em Brasília (por conta da pandemia do novo coronavírus), Regina Duarte deixou o governo em maio de 2020. No início deste mesmo mês, fez declarações apologéticas à ditadura, desgastando ainda

---

107 Fonte: https://www.jornaldocomercio.com/_conteudo/politica/2020/01/722352-casamento-com-regina-duarte-deve-sair-quarta-ou-quinta--diz-bolsonaro.html. Acesso em: 16/11/2020.

108 Fonte: https://www1.folha.uol.com.br/ilustrada/2020/01/entenda-como-regina-duarte-foi-de-namoradinha-do-brasil-a-chefe-da-cultura.shtml. Acesso em: 16/11/2020.

mais sua já frágil imagem junto ao setor cultural[109]. Sua saída foi publicizada em um vídeo de Jair Bolsonaro no Twitter, em 20 de maio, no qual sustenta que a "separação" teria sido de comum acordo[110]. O presidente indicou que ela voltaria a São Paulo para ficar com a família e seguiria vinculada ao governo, pois passaria a presidir a Cinemateca Brasileira, nomeação inviável pela natureza jurídica da instituição, que é gerida por uma Organização Social (OS).

Em vídeo publicado em sua conta pessoal no Instagram, no qual faz um balanço da gestão, a atriz afirma que sua motivação inicial para aceitar o convite foi produzir uma pacificação do setor[111]. Segundo ela, para reduzir a polarização da classe artística, seria preciso compreender que

> cultura combina com pluralidade e não com antagonismo. A crítica desprovida de argumentos construtivos é uma anomalia que eu acho que precisa ser combatida (...) A cultura é uma atividade que deveria ser vista e tratada num terreno superior, acima da água escura da intolerância política.

Regina Duarte caracteriza sua gestão como um tempo de muito trabalho, com turnos de mais de 12 horas. Nesse período, teve de responder a demandas de prefeitos, governadores e secretários de cultura em torno da pandemia do coronavírus, algo que descreve como uma surpresa — plausível apenas para alguém com pouca ou nenhuma familiaridade com as atribuições do próprio cargo. A maior dificuldade, nesse cenário, seria a burocracia estatal, que teria dificultado a tramitação das instruções normativas que flexibilizam prazos e processos licitatórios.

---

109 Fonte: https://www.correiobraziliense.com.br/app/noticia/politica/2020/05/07/interna_politica,852522/em-entrevista-regina-duarte-canta-musica-da-ditadura-e-minimiza-morte.shtml. Acesso em: 16/11/2020.

110 Fonte: https://twitter.com/jairbolsonaro/status/1263091781782122496. Acesso em: 16/11/2020.

111 Fonte: https://www.instagram.com/tv/CBRfk4Ynusr/?utm_source=ig_embed. Acesso em: 16/11/2020.

Notícias sobre a saída de Duarte da pasta foram ventiladas semanas antes de sua concretização. A ala ideológica do governo não estaria satisfeita com suas posições tidas como "esquerdistas" porque pacificadoras. Em um áudio vazado no início de maio, a atriz chega a conjecturar se estaria sendo dispensada por Bolsonaro[112]. Mario Frias, em entrevista à CNN, que tinha como pauta a gestão da secretária, teceu elogios ao presidente e ao governo e se disse apoiador da colega de profissão. Na mesma oportunidade, deixou claro que estaria à disposição de Bolsonaro para assumir a Secretaria da Cultura, caso ele assim o desejasse. O próprio presidente compartilhou o vídeo no dia 19 de maio, um dia antes da demissão de Regina Duarte[113].

Frias assumiu o cargo semanas mais tarde, em 23 de junho. A imprensa destacou sua participação em telenovelas da Globo — especialmente no folhetim adolescente "Malhação" —, do SBT e da Record. O ator não tinha qualquer experiência em gestão cultural ou administração pública. Realizada no gabinete do ministro do Turismo, Marcelo Álvaro Antônio, a posse não contou com a presença da imprensa, tendo sido divulgada após o término[114].

A gestão de Frias, que caminha para o quinto mês em novembro de 2020, no momento em que escrevo este capítulo, até aqui foi marcada pela regulamentação e pela implementação da Lei Aldir Blanc. O setor cultural tem sido um dos mais afetados pela pandemia, já que depende de aglomerações — seja de público, seja para produções maiores, como as de audiovisual. Uma mobilização no Legislativo tentou criar um mecanismo que concedesse auxílio emergencial para

---

112 Fonte: https://www.cnnbrasil.com.br/politica/2020/05/05/regina-duarte-fala-em-crise-com-bolsonaro-acho-que-ele-esta-me-dispensando. Acesso em: 16/11/2020.

113 Fonte: https://www.facebook.com/watch/?v=264976118241554. Acesso em: 16/11/2020.

114 Fonte: https://g1.globo.com/politica/noticia/2020/06/23/sem-anuncio-previo-mario-frias-toma-posse-como-novo-secretario-de-cultura.ghtml. Acesso em: 17/11/2020.

o setor. A deputada federal Benedita da Silva (PT-RJ) apresentou um projeto de lei que previa

> repasse de três bilhões de reais aos estados, ao DF e aos Municípios para aplicação em ações emergenciais de apoio ao setor cultural, inclusive custeio de renda emergencial mensal para os trabalhadores da cultura. Faculta às instituições financeiras federais a criação de linhas de crédito especiais e a concessão de condições especiais para a renegociação de débitos. Prorroga os prazos para aplicação de recursos, realização de atividades culturais e prestação de contas de projetos culturais já aprovados pelo órgão responsável pela área de cultura. Incentiva a realização de atividades culturais que possam ser transmitidas pela internet[115].

Depois de grande articulação, envolvendo sobretudo parlamentares de esquerda, o PL deu origem à Lei nº 14.017, de 29 de junho de 2020, que ficou conhecida como Lei Aldir Blanc, em homenagem ao compositor falecido durante a pandemia, que teve atuação política eloquente durante a ditadura civil-militar. O órgão responsável por sua execução é a Secretaria da Cultura, fazendo com que Frias tivesse um orçamento de R$ 3 bilhões para distribuir entre estados e municípios. Os releases divulgados pela secretaria não mencionam a mobilização legislativa em torno do tema, dando a entender, mesmo que indiretamente, que a ação teria sido produzida pelo próprio governo.[116]

De modo geral, os secretários tiveram poucas realizações efetivas e, via de regra, discretas. Espero que isto justifique a narrativa bastante factual (e folhetinesca) dos parágrafos anteriores, cujo formato foi imposto pelo objeto. Os posicionamentos nos assuntos

---

[115] Fonte: https://www25.senado.leg.br/web/atividade/materias/-/materia/142136. Acesso em: 17/11/2020.

[116] Fonte: https://www.gov.br/pt-br/noticias/cultura-artes-historia-e-esportes/2020/08/lei-aldir-blanc-de-apoio-a-cultura-e-regulamentada-pelo-governo-federal. Acesso em: 17/11/2020.

mais diretamente noticiados no campo de atuação da pasta foram estabelecidos pelo próprio presidente, em falas públicas quase nunca coordenadas com seus subordinados especialistas, como lhe é de costume.

Um tema alentado e coordenado entre presidência e secretaria (uma exceção, portanto) foi a reforma da Lei Rouanet. Amplamente atacada por Bolsonaro, a reforma foi um dos alvos preferenciais das *fake news* que o elegeram. Esse ataque veio não apenas do bolsonarismo explícito, como nas críticas de Olavo de Carvalho, mas daqueles que se tornariam operadores da *proxy war*, o mais contundente sendo o Movimento Brasil Livre (MBL). Em ambos os casos, o teor das falas consiste em um possível aliciamento de artistas em troca de financiamento, afirmação possível somente para quem não conhece os mecanismos de funcionamento da lei, já que quem tem o poder de decidir sobre o patrocínio são as empresas e não o Estado.

Em abril de 2019, com pouco mais de três meses de governo, Bolsonaro anunciou a reforma na Lei Rouanet, através da Instrução Normativa nº 2, de 23 de abril de 2019. A agora chamada "Lei Federal de Incentivo à Cultura", com nova logomarca e site, teve como principal mudança o estabelecimento de um teto de R$ 1 milhão por projeto e de R$ 10 milhões na soma dos projetos de um mesmo proponente. Esta medida não tem valor nos seguintes casos: I — planos anuais e plurianuais de atividades; II — patrimônio cultural material e imaterial; III — museus e memória; IV — conservação, construção e implantação de equipamentos culturais de reconhecido valor cultural pela respectiva área técnica do Ministério da Cidadania; e V — construção e manutenção de salas de cinema e teatro em municípios com menos de 100.000 habitantes.

Na prática, as grandes fundações e os centros culturais que levam os nomes de seus patrocinadores, em sua maioria bancos e empresas de grande porte, não foram afetados pela mudança na lei. De início, o setor mais prejudicado pela reforma foi o teatro musical, cuja receita de captações provinha sobretudo da Lei Rouanet, com megaproduções que requeriam maior aporte de recurso. Mobilizações do setor, contudo, conseguiram uma elevação do teto para R$ 10 milhões, prevista na Instrução Normativa nº 4, de 17 de Janeiro de 2020.

Mais importante, todavia, é a maneira como essa reforma foi anunciada. Por intermédio de uma *live* no Facebook, Bolsonaro descreveu o uso anterior da lei nos seguintes termos:

> Essa desgraça dessa Lei Rouanet começou muito bem-intencionada, depois virou aquela festa que todo mundo sabe, cooptando a classe artística, pessoas famosas para apoiar o governo. Quantas vezes vocês viram figurões, não vou falar o nome, não, figurões defendendo 'Lula livre', 'viva Che Guevara', o 'socialismo é o que interessa' em troca da Lei Rouanet. Artistas recebiam até R$ 60 milhões.[117]

Trata-se de uma distorção do funcionamento do incentivo fiscal federal. O presidente sabe que os recursos não são entregues a artistas, mas a projetos. Escolheu, no entanto, apresentar as mudanças em termos eleitoreiros, utilizando-as para atacar seu adversário político e enquadrar numa corrente política restrita toda uma produção cultural que é diversa, tanto em sua natureza como em seu sentido ideológico. A promessa de acabar com as "mamatas" de artistas com dinheiro público povoou sua campanha eleitoral, e a alteração da lei se firma como uma das esferas de consolidação da guerra híbrida na administração pública. Importa pouco que os mecanismos não tenham sido modificados de modo sistemático, uma vez que qualquer ação equivale a um emblema, a um posicionamento esperado do governo num campo com aporte ideológico contundente.

Outra frente importante de desmonte da cultura em plano federal ocorre no domínio do audiovisual, em especial por meio das tentativas de sanções e intervenções de Bolsonaro na agência reguladora, a Ancine. Ainda nos primeiros meses de governo, o

---

117 Fonte: https://exame.abril.com.br/brasil/bolsonaro-chama-lei-rouanet-de-desgraca-e-reduz-captacao-a-r-1-mi/. Acesso em: 22/02/2020.

presidente mostrou-se insatisfeito com os projetos que vinham sendo aprovados para captação de recursos. Um filme específico foi alvo de sua atenção: "Bruna Surfistinha". Nessa oportunidade, ele afirmou que deveria haver "filtros" sobre os planos aprovados pela Agência Nacional do Cinema.

Em 22 de julho, em vídeo republicado em sua conta no Twitter, afirmou:

> A Ancine vem para Brasília ou vai ser privatizada. O poder público não tem que ficar se metendo em tudo. E outra coisa, dinheiro público para ficar fazendo filme pornô, não. Não existe censura da minha parte. Ninguém falou "não faça o filme da Bruna Surfistinha". O que eu falei foi o seguinte: "Com dinheiro público não pode fazer esse tipo de filme"[118].

O evento afirma-se como possibilidade de cristalizar o posicionamento bélico marcadamente moralista contra a agenda cultural em voga. Em 25 de Julho, de novo em sua conta no Twitter, Bolsonaro disse que pediria que um filme sobre sua trajetória tivesse revogada a autorização para captar R$ 530 mil. E completou: "Outrossim, estamos trabalhando para viabilizar uma reformulação ou extinção da Ancine"[119]. Uma vez mais — num procedimento que se assemelha à postura em face ao discurso de Alvim — o presidente se posicionou com certa temperança, reforçando um sentido de "justiça" diante do episódio.

Há duas questões de fundo neste posicionamento: a primeira (e mais óbvia) é que uma agência reguladora não é passível de privatização; a segunda é que não cabe ao presidente da República demitir seu diretor-presidente nem arbitrar sobre sua existência. Os mandatos quadrienais são estabelecidos com sabatina no Senado

---

118 Fonte: https://twitter.com/jairbolsonaro/status/1153470314652807168. Acesso em: 18/11/2020.

119 Fonte: https://twitter.com/jairbolsonaro/status/1154508277264216064. Acesso em: 18/11/2020.

Federal, e a instituição da Ancine é uma prerrogativa legislativa. Por um lado, temos a oportunidade de lançar mais uma bomba semiótica. Por outro, o horizonte de modificação na Ancine também teria impacto sobre duas organizações que se beneficiam do financiamento estatal do audiovisual: a Globo Filmes e os canais Globosat. Um ataque a este alvo abriria espaço para concorrentes, como a Record Filmes. Não se pode perder de vista, ainda, a maneira encontrada para controlar o setor a curto prazo. Para 2020, a previsão orçamentária da agência, que controla o Fundo Setorial para o Audiovisual (FSA), sofreu um corte de 43% — redução que produziu um enorme impacto na área[120].

Em 30 de agosto, Jair Bolsonaro pediu o afastamento temporário de Christian de Castro da presidência do órgão regulador, cumprindo a exigência de um processo judicial no qual o diretor era réu[121]. Ele foi substituído por Alex Braga Muniz, que já integrava a diretoria colegiada da agência. Em novembro de 2019, Castro pediu demissão definitivamente.

Como já estava claro que não poderia afetar a Ancine sem a intervenção do Legislativo, Bolsonaro acabou intervindo no Conselho Superior do Cinema. Com o Decreto nº 9.919, de 18 de julho de 2019, transferiu-o do Ministério do Turismo para a Casa Civil. Além disso, reduziu o número de componentes em todas as esferas: representantes do setor caíram de seis para três; os da sociedade civil eram três e passaram para dois; e os membros do governo foram reduzidos de nove para sete[122]. Com a nova composição, a gestão Bolsonaro passou a ter maioria no órgão responsável pelo desenho das políticas para o audiovisual, cuja composição era anteriormente paritária.

---

120 Fonte: https://www1.folha.uol.com.br/ilustrada/2019/09/em-ofensiva-contra-ancine-bolsonaro-corta-43-de-fundo-do-audiovisual.shtml. Acesso em: 18/11/2020.

121 Fonte: https://oglobo.globo.com/cultura/bolsonaro-afasta-diretor-presidente-da-ancine-por-ordem-judicial-23918187. Acesso em: 18/11/2020.

122 Fonte: https://g1.globo.com/jornal-nacional/noticia/2019/07/19/se-nao-puder-ter-filtro-extinguiremos-a-ancine-declara-bolsonaro.ghtml. Acesso em : 18/11/2020.

Por fim, no que diz respeito às instituições vinculadas à Secretaria Especial da Cultura, é importante mencionar as nomeações de Larissa Peixoto para a presidência do Iphan e de Sérgio Camargo para a Fundação Palmares. No primeiro caso, trata-se de uma servidora de carreira do Ministério do Turismo indicada para presidir o órgão máximo de salvaguarda do patrimônio nacional, uma turismóloga graduada em 2008 e sem qualquer experiência técnica na área. A primeira movimentação mais direta do governo Bolsonaro no Iphan foi, contudo, a demissão, em dezembro de 2019, de Kátia Bogéa da presidência, cargo que ocupava desde 2016. O motivo teria sido a paralisação das obras do empresário Luciano Hang no Rio Grande do Sul por conta de achados arqueológicos[123]. Após a rápida nomeação de Luciana Rocha Feres, revogada no mesmo dia, e um período no qual Robson Antônio de Almeida assumiu interinamente, Peixoto foi nomeada em 11 de maio de 2020.

A incompatibilidade entre a experiência e a formação de Peixoto e o cargo para o qual estava sendo designada gerou embates jurídicos. Uma ação popular oriunda do mandato de Marcelo Calero chegou a conseguir que a nomeação fosse suspensa pela Justiça Federal. Porém, o desembargador Guilherme Diefenthaeler, da 8ª Turma Especializada do Tribunal Regional Federal da 2ª Região, permitiu a posse, alegando não estar comprovada a incompatibilidade. Ele argumentou, ainda, que a nomeação seria necessária para dar prosseguimento à rotina burocrática do Iphan. Cabe destacar que Larissa Rodrigues Peixoto Dutra é casada com o agente da polícia federal Gerson Dutra, um dos seguranças de Jair Bolsonaro durante a campanha presidencial[124].

---

123 Fonte: https://www.ma10.com.br/2020/05/25/katia-bogea-diz-ter-sido-demitida-do-iphan-apos-bolsonaro-atender-interesses-de-empresario/. Acesso em: 18/11/2020.

124 Fonte: https://epoca.globo.com/guilherme-amado/marido-da-nova-presidente-do-iphan-foi-seguranca-de-bolsonaro-24421921. Acesso: 18/11/2020.

A Fundação Palmares, por sua vez, vem sendo encarada como um dos espaços de retrocesso mais flagrantes do campo cultural brasileiro. Para dirigi-la, foi nomeado Sérgio Camargo, com posicionamentos reconhecidamente racistas, apesar de negro. Jornalista de formação, apresenta-se no Twitter como "Negro de direita, antivitimista, inimigo do politicamente correto, livre"[125]. Foram muitas as suas colocações públicas que contrariam as perspectivas de luta contra o racismo. Zumbi dos Palmares, que dá nome à fundação que preside, é um de seus alvos prediletos:

> Zumbi foi escolha da historiografia de viés marxista; não dignifica o negro, mas o submete a uma agenda calcada no ressentimento racial, na segregação e na insana reivindicação de reparação da dívida histórica. Devemos olhar para a frente, unidos e como brasileiros[126].
>
> Todos os negros que chegaram ao Brasil como escravos foram capturados no interior da África por outros negros, onde a escravidão existia há séculos e persiste até hoje em alguns países. A "reparação histórica" deve ser, de início, do preto para o preto. Zumbi também tinha escravos[127].

Percebe-se uma distorção histórica grave, ancorada numa desgastada perspectiva de democracia racial, que não considera o escravismo como parte de um modo de produção ou produtor de sujeitos como objetos. Para além disso, desconsidera a existência de processos que constituem indícios claros de racismo, como o homicídio da população negra ou mesmo os indicadores sociais que demonstram as condições de vida inferiores da maioria dos negros no país. Até mesmo o movimento negro é atacado por esta

---

125 Fonte: https://twitter.com/sergiodireita1?lang=pt. Acesso em: 19/11/2020.

126 Fonte: https://twitter.com/sergiodireita1/status/1265045274390597632. Acesso em: 19/11/2020.

127 Fonte: https://twitter.com/sergiodireita1/status/1309495963619332097. Acesso em: 19/11/2020.

diretoria, que o enxerga como um tipo de organização "esquerdista" que teria como mote um discurso de vitimização:

> O movimento negro NÃO representa a população negra do Brasil. Trata-se de movimento POLÍTICO da esquerda que representa somente os interesses e a pauta de seus militantes, ínfima minoria dos pretos brasileiros[128].

A nomeação de Sérgio Camargo, empossado em 27 de novembro de 2019, produziu fortes reações e chegou a ser impedida por liminar, concedida pela Justiça Federal em 4 de dezembro, suspendendo sua posse. A decisão se baseou em postagens do jornalista nas redes sociais, que permitiam inferir que suas ideias confrontavam os propósitos da Fundação. Em instância superior, no Tribunal Regional Federal da 5ª Região, a liminar foi mantida. O caso foi levado ao Supremo Tribunal Federal (STF), que não o julgou por falta de competência da Corte. Já no Superior Tribunal de Justiça (STJ), o ministro João Otávio de Noronha suspendeu a liminar e permitiu a nomeação de Camargo, decisão mantida pela Corte Especial do referido órgão — com a alegação de tratar-se de uma interferência do Judiciário no trabalho do Executivo e que as manifestações em redes sociais não seriam suficientes para indicar a impossibilidade de exercício da função[129].

O apanhado de posições de Camargo afirma o papel que ocupa na produção da guerra híbrida, com opiniões belicosas, dirigidas aos inimigos criados pelo bolsonarismo. No entanto, não se deve perder de vista a posição da fundação em relação à demarcação de terras quilombolas no país. Territórios desse tipo têm sua titulação outorgada pelo Incra, mas é a Fundação Cultural Palmares que concede a certificação que inicia o processo de demarcação.

---

[128] Fonte: https://twitter.com/sergiodireita1/status/1318598614315388932. Acesso em: 19/11/2020.

[129] Fonte: https://www.stj.jus.br/sites/portalp/Paginas/Comunicacao/Noticias/05082020-Corte-Especial-mantem-nomeacao-de-Sergio-Camargo-para-a-Fundacao-Palmares.aspx. Acesso em: 20/11/2020.

Política cultural na guerra híbrida

O desejo do governo Michel Temer de extinguir o Ministério da Cultura já constituía o indício de uma virada nos processos de gestão pública da cultura tal como realizados desde 2002. Uma mobilização popular importante arregimentou um processo de resistência que fez com que o MinC fosse mantido. De qualquer modo, já se começava a entrever, principalmente com os cortes orçamentários significativos, um ataque à malha institucional — a partir de pontos como o Cultura Viva e o Sistema Nacional de Cultura — que compõe uma resistência mais direta no desmonte observado no campo cultural pela administração pública brasileira.

A efervescência política, amparada nas manifestações de 2013 e no impeachment de Dilma Rousseff em 2016, fez com que posicionamentos conservadores se tornassem mais expressivos e ganhassem protagonismo no debate público. Com uma agenda sustentada em ações em redes sociais e numa enorme habilidade para "viralizar" conteúdos na internet, o ataque às diferenças e aos direitos de populações culturalmente diferenciadas tornou-se moeda forte no jogo político contemporâneo (Souza Lima e Gonçalves Dias, 2020).

Se os valores de segmentos sociais conservadores nunca foram efetivamente desmobilizados no cenário brasileiro, sua nova centralidade abriu portas para a defesa pública de posições que flertam com o fascismo. As desigualdades estruturais no Brasil sempre estiveram intimamente ligadas a processos profundamente violentos contra os pobres — nas cidades, no campo, nas terras indígenas, nos quilombos — e contra populações socialmente percebidas como dissidentes: LGBTQIA+, negros, mulheres. Uma vez mais, o cenário nacional parece incitar explicações e atuações públicas que produzem uma intersecção entre classe, raça e gênero.

A centralidade da posição ideológica conservadora foi produzida de maneira direta. Construiu-se uma guerra híbrida que, com financiamento do empresariado nacional e aporte técnico de consultorias internacionais[130], fez de Bolsonaro uma solução possível para um eleitorado cansado da permanente sensação de insegurança vivenciada no país. As eleições de 2018 evidenciaram os mecanismos da guerra em funcionamento, com bombas semióticas que tinham por objetivo a manutenção da sensação de crise. Os cenários político e econômico continham aspectos desafiadores, e as descrições catastróficas enviadas por WhatsApp — que davam conta de um sequestro nacional pelo "comunopetismo" e sua "ideologia perversa", fundada no "marxismo cultural" — abriram o caminho para a eleição de Bolsonaro.

O presidente eleito deu continuidade à guerra híbrida, especialmente visível em sua faceta cultural. A cultura serve de vitrine e de espelho das posturas morais que subsidiam o apoio popular ao governo, afirmando-se como cenário da batalha. A administração pública passa a servir, então, a esta guerra, não havendo interesse estatal pela cultura como atividade produtiva; setor de política pública; ou geradora de desenvolvimento. Suas instituições transformam-se, assim, em aparelhos de posicionamento ideológico do bolsonarismo.

Como esta é sua utilidade imediata, trata-se também do campo no qual o bolsonarismo opera com mais clareza as suas ferramentas básicas. E aí, para além da postura bélica com as pautas morais, como aquelas ligadas ao gênero e à raça, vê-se a operação de um autoritarismo com profundas raízes históricas. São inúmeros os desmandos de uma figura autoritária que parece garantir sua adesão popular, ao menos em parte, exatamente por isto.

Esses desmandos, porém, são possibilitados em composição com outras esferas do mundo político. De saída, temos um Judiciário conivente, que foi incapaz de impedir algumas dessas ações, como as indicações para as presidências do Iphan e da Fundação Palmares, que foram judicializadas em primeira instância, sendo confirmadas

---

130 Fonte: https://www.tecmundo.com.br/seguranca/149120-cambridge-analytica-teria-atuado-brasil-ultimas-eleicoes.htm. Acesso em: 25/11/2020.

em instâncias superiores. Por outro lado, vemos também os grandes empresários sendo beneficiados com favores do Estado, algo que remonta à ditadura civil-militar (Campos, 2014). É essa lógica, que coloca os interesses da elite bem acima dos regramentos nacionais, que faz com que um empresário consiga a demissão de um importante quadro técnico, a presidente do Iphan, por ter tido sua obra paralisada pela descoberta de um sítio arqueológico.

Ao mesmo tempo, se o controle do Iphan tem impacto na construção civil e na especulação imobiliária, seria no mínimo ingênuo supor que a indicação da presidência da Fundação Palmares não tenha em seu horizonte a dimensão fundiária no que diz respeito às terras quilombolas. De modo análogo, as mudanças na Lei Rouanet não atingiram o grande capital, que continua utilizando a renúncia fiscal para a manutenção de suas fundações culturais. Mas isto pouco importa diante da missão (cumprida) de acabar com as "mamatas" dos artistas pagos com dinheiro público para propagar o "comunopetismo".

Mais do que uma lógica neoliberal, o ultraneoliberalismo (Prietro e Laczinski, 2020) parece ser a base estrutural do governo: produz-se um apagamento nas possibilidades de participação popular nas políticas públicas e não são feitas concessões no campo econômico, com grandes implicações sociais. A atuação na cultura obedece a estes mesmos interesses. As modificações no campo cultural operadas pelo bolsonarismo têm um efeito de superfície, já que a dimensão estrutural segue sustentada, num processo que tende a se acelerar, pela manutenção da desigualdade, pela financeirização das terras e pelo benefício continuado de grandes corporações e seus donos.

Como é no campo da cultura que se trava a guerra híbrida em sua faceta supostamente moral (e cívica), é nele que se constrói o engajamento necessário para gerar curtidas, compartilhamentos e votos. Esta operação precisa, contudo, destruir o tratamento da cultura a partir de uma perspectiva de direitos, ponto fundamental para a criação do agora extinto Ministério da Cultura. Foi, também, a condição de possibilidade para as inúmeras políticas perpetradas com base na compreensão da cultura em sentido ampliado — e aqui extrapolaríamos a perspectiva das políticas públicas de cultura, chegando nas políticas setoriais para populações LGBTQIA+, mulheres, indígenas, negros e, em especial, para a demarcação de terras indígenas e quilombolas. Trata-se, portanto, da concretização da lógica moral que preconiza o extermínio da diferença, em consonância com o avanço predatório do capital.

REFERÊNCIAS

ABRAMS, Philip. *Notes on the difficulty of studying the state*. In: SHARMA, Aradhana; GUPTA, Akhil (ed.). *The anthropology of the state: a reader*. Oxford: Blackwell Publishing, 2006, p. 112-130.

ABREU, Luiz Eduardo. *A troca das palavras e a troca das coisas: Política e linguagem no Congresso Nacional*. Mana (impressa). Universidade Federal do Rio de Janeiro, v. 11, n. 1, p. 329-356, 2005.

ABREU, Regina; CHAGAS, Mário (orgs.). *Memória e patrimônio: ensaios contemporâneos*. Rio de Janeiro: FAPERJ/DP&A/Uni-Rio, 2003.

ACQUAVIVA, Marcos Cláudio. *Dicionário Jurídico Acquaviva*. São Paulo: Saraiva, 1999.

ALBUQUERQUE JÚNIOR, Durval Muniz. *Fragmentos do discurso cultural: por uma análise crítica do discurso sobre a cultura no Brasil*. In: NUSSBAUMER, Gisele. *Teorias e Políticas da Cultura: visões multidisciplinares*. Salvador: Edufba, 2007.

______. *A invenção do Nordeste e outras artes*. Recife/São Paulo: Massangana/Cortez, 1999.

ALMEIDA, Candido e DA-RIN, Sílvio (orgs.). *Marketing cultural ao vivo*. Rio de Janeiro: Francisco Alves, 1992.

AMÂNCIO, Tunico. *Artes e manhas da Embrafilme: Cinema estatal brasileiro na sua época de ouro (1977-1981)*. Niterói: Eduff, 2000.

ANASTASSAKIS, Zoy. *Dentro e fora da política oficial de patrimônio cultural: Aloísio Magalhães e o Centro Nacional de Referência Cultural*. Dissertação de Mestrado (Antropologia Social). PPGAS-MN-UFRJ, 2007.

ANDERSON, Benedict. *Comunidades Imaginadas: Reflexões sobre a origem e a difusão do nacionalismo*. São Paulo: Companhia das Letras, 2008.

ANDERSON, Robert; BARTH, Fredrik. *Interview with Fredrik Barth*. Revista de Antropología Iberoamericana. v. 2, n. 2, p. i-xvi, 2007.

APTHORPE, Raymond. *Writing development policy and policy analysis plain or clear: On language, genre and power*. In: SHORE, Chris; WRIGHT, Susan (eds.). *Anthropology of policy. Critical perspectives on governance and power*. Londres/Nova York: Routledge, 1997.

ARANTES, Antonio Augusto (org.) *Produzindo o passado*. São Paulo: Brasiliense, 1984.

ARRETCHE, Marta. *Dossiê agenda de pesquisa em políticas públicas*. Revista Brasileira de Ciências Sociais. São Paulo, v. 18, n. 51, 2003.

ASSEMBLEIA Nacional Constituinte. Relatório da Subcomissão de Educação, Cultura e Esportes. v. 207, 1987.

AZEVEDO, Fernando de. *A Cultura Brasileira*. Rio de Janeiro: Companhia Editora Nacional, 1963.

BADARÓ, Murilo. *Gustavo Capanema: a revolução na cultura*. Rio de Janeiro: Nova Fronteira, 2000.

BARBALHO, Alexandre. *Políticas culturais no Brasil: identidade e diversidade sem diferença*. In: RUBIM, A. A. C.; BARBALHO, A. (orgs.). *Políticas Culturais no Brasil*. Salvador: Edufba, 2007.

_____. *Política cultural*. In: RUBIM, Linda (org.). *Organização e produção da cultura*. Salvador: Edufba, 2005, p. 33-52.

_____.*Políticas de cultura, políticas de identidade*. Pré-Textos para Discussão. Salvador, v. 6, n. 11, p. 55-68, 2001.

_____. *Relações entre Estado e cultura no Brasil*. Ijuí: Editora Unijuí, 1998.

BARBATO JR., Roberto. *Missionários de uma utopia nacional-popular: os intelectuais e o Departamento de Cultura de São Paulo*. São Paulo: Annablume/Fapesp, 2004.

BARBOSA DA SILVA, F. A. *Cultura Viva: as práticas de pontos e pontões*. Brasília: Ipea, 2011.

_____; CALABRE, Lia (orgs.). *Pontos de cultura: olhares sobre o programa Cultura Viva*. Brasília: Ipea, 2011.

_____. *Economia e Política Cultural: Acesso, emprego e financiamento*. Brasília: Ipea, 2007.

_____. *Política Cultural no Brasi,l 2002-2006*. Brasília: PNC, 2007b.

_____; ABREU, L. E. L. *As políticas públicas e suas narrativas*. Brasília: Ipea, 2011.

_____; ELLERY, Herton; MIDLEJ, Suylan. *A Constituição e a Democracia Cultural*. In: *Políticas Sociais: acompanhamento e análise* (*Vinte Anos da Constituição Federal – Volume* 2). Brasília: Diretoria de Estudos e Políticas Sociais (Ipea), 2009.

_____; MIDLEJ, S. *Políticas públicas culturais: a voz dos gestores*. Brasília: Ipea, 2011.

_____;ARAUJO, H. E. *Cultura Viva: avaliação do programa arte educação e cidadania*. Brasília: Ipea, 2010.

BARBOSA, Andrea C. M. M. *MASP: um museu e seu público*. Dissertação de Mestrado (Antropologia Social). PPGAS-MN-UFRJ, 1994.

BARCELOS, Jalusa. *CPC-UNE: uma história de paixão e consciência*. Rio de Janeiro: Nova Fronteira, 1994.

BARTH, Frederik. *A análise da cultura nas sociedades complexas*. In: LASK, Tomke (org.). *O Guru, o iniciador e outras variações antropológicas*. Rio de Janeiro: Contracapa, 2000.

BASTOS, Elide Rugai; RIDENTI, Marcelo e ROLLAND, Denis (orgs.). *Intelectuais: sociedade e política (Brasil — França)*. São Paulo: Cortez, 2003.

BASTOS, Mônica Rugai. *O espelho da nação*: *a cultura como objeto de política no governo Fernando Henrique Cardoso*. Tese de Doutorado (Sociologia). Universidade de São Paulo, 2004.

BECKER, Howard. *Falando da Sociedade*: *Ensaios sobre as diferentes maneiras de representar o social*. Rio de Janeiro: Zahar, 2009.

_____. *Art Worlds*. Los Angeles: University of California Press, 1982.

_____. *Outsiders: Estudos de sociologia do desvio*. Rio de Janeiro: Zahar, 2008.

BENJAMIN, Walter. *Teses sobre filosofia da história*. In: _____. *Sociologia*. São Paulo: Editora Ática, 1985.

_____. *O autor como produtor*. In: _____. *Sociologia*. São Paulo: Editora Ática, 1985.

BOLETIM do Conselho Federal de Cultura. MEC, julho de 1976, ano 6, n. 23.

BOLOGNESI, Mário Fernando. *Política cultural*: *uma experiência em questão — São Bernardo do Campo, 1989-1992*. Tese de Doutorado (Artes). ECA-USP, 1996.

BOMENY, Helena. *O patrimônio de Mário de Andrade*. In: CHUVA, Márcia (org.). *A invenção do patrimônio*. Rio de Janeiro: IPHAN, 1995, p. 11-26.

_____. *Um poeta na política: Mário de Andrade, paixão e compromisso*. Rio de Janeiro: Casa da Palavra, 2012.

BOTELHO, Isaura; FIORE, Maurício. *O uso do tempo livre e as práticas culturais na Região Metropolitana de São Paulo*. CD-ROM dos trabalhos apresentados no I Encontro de Estudos Multidisciplinares em Cultura (I ENECULT). Salvador: Universidade Federal da Bahia, 14 e 15 de abril de 2005.

_____. *A política cultural e o plano das ideias*. In: RUBIM, A. A. C.; BARBALHO, A. (orgs.). *Políticas Culturais no Brasil*. Salvador: Edufba, 2007.

_____. *Dimensões da cultura e políticas públicas*. São Paulo em Perspectiva. São Paulo, v. 15, n. 2, p. 73-83, 2001b.

_____. *Romance de Formação*: *FUNARTE e política cultural, 1976-1990*. Rio de Janeiro: Fundação Casa de Rui Barbosa, 2001.

_____. *Por artes da memória: a crônica de uma instituição — Funarte*. Tese de Doutorado. São Paulo: Escola de Comunicações e Artes da USP, 1996.

BOURDIEU, P. *A Ilusão Biográfica*. In: AMADO, J.; FERREIRA, M. M. (orgs.). *Usos e Abusos da História Oral*. Rio de Janeiro: Editora FGV, 2005.

_____. *Os três estados do capital cultural*. In: _____. *Escritos de Educação*. Petrópolis: Vozes, 1998.

_____. *A Economia das Trocas Linguísticas: O que Falar Quer Dizer*. São Paulo: Editora da Universidade de São Paulo, 2008.

BRANT, Leonardo (org.). *Políticas culturais Vol. 1*. São Paulo: Manole, 2003.

_____. *Mercado cultural*: *investimento social, formatação e venda de projetos, gestão e patrocínio, política cultural*. São Paulo: Escrituras, 2004.

BRESCIANI, Maria Stella. *Projetos políticos nas interpretações do Brasil da primeira metade do século XX*. Revista de História. Universidade de São Paulo, p. 187-214, jun. 2010.

BRITTO, Fabiano. *Foucault, leitor de Husserl*. Intuitio. Porto Alegre, v. 2, p. 38-50, 2009.

BURKE, Peter. *Cultura Popular na Idade Moderna*. São Paulo: Companhia das Letras, 1989.

_____. *O que é História Cultural?* Rio de Janeiro: Zahar, 2005.

CALABRE, Lia. *Intelectuais e Política Cultural: o Conselho Federal de Cultura*. Intellèctus. Ano 5, v. II, 2006b.

_____. *O Conselho Federal de Cultura, 1971-1974*. Estudos Históricos. Rio de Janeiro, v. 37, 2006.

_____. *Políticas culturais no Brasil: balanço e perspectivas*. In: RUBIM, A. A. C.; BARBALHO, A. (orgs.). *Políticas Culturais no Brasil*. Salvador: Edufba, 2007.

_____ (org.). *Políticas Culturais: reflexões e ações*. São Paulo/Rio de Janeiro: Itaú Cultural/Fundação Casa de Rui Barbosa, 2009d.

_____. *Políticas Culturais no Brasil: dos anos 1930 até o século XXI*. Rio de Janeiro: Editora FGV, 2009.

_____. *Gestão cultural municipal na contemporaneidade*. In: _____ (org.). *Políticas Culturais*: *Reflexões e Ações*. São Paulo/Rio de Janeiro: Itaú Cultural/Fundação Casa de Rui Barbosa, 2009c.

_____. *O Minc, a gestão Gilberto Gil e os desafios na construção de políticas culturais*. Revista Proa. n. 1, v. 1, 2009b.

_____. *Política cultural no Brasil: um histórico*. In: _____ (org.). *Políticas culturais: diálogo indispensável*. Rio de Janeiro: Fundação Casa de Rui Barbosa, 2005, p. 9-21.

_____. *Políticas culturais de 1924 a 1945: o rádio em destaque*. Estudos Históricos. Rio de Janeiro, v. 31, 2003.

_____. *The role of radio in everyday Brazilian society*. Portugueses Literary & Cultural Studies. v. 4/5, 2000.

CAMPOS, Pedro Henrique Pedreira. *Estranhas Catedrais: as empreiteiras brasileiras e a ditadura civil-militar (1964-1988)*. Niterói: Eduff, 2014.

CANCLINI, Néstor Gacía (org.). *Políticas Culturales en América Latina*. México, DF: Editorial Grijalbo, 1986.

______. *Culturas híbridas: estratégias para entrar e sair da modernidade*. São Paulo: Edusp, 2003.

CARDOSO, Fernando Henrique. *Prefácio: sem medo nem saudade*. In: SOUZA, Márcio; WEFFORT, Francisco (orgs.). *Um olhar sobre a cultura brasileira*. Rio de Janeiro: Funarte, 1998, p. 13-14.

CARNEIRO DA CUNHA, Manuela. *Negros Estrangeiros: os escravos libertos e sua volta à África*. São Paulo: Brasiliense, 1985.

CARVALHO, Cristina Amélia. *O Estado e a participação conquistada no campo das políticas públicas para a cultura no Brasil*. In: CALABRE, Lia (org.). *Políticas culturais: Reflexões e ações*. São Paulo/Rio de Janeiro: Itaú Cultural/Fundação Casa De Rui Barbosa, 2009, p. 18-33.

______; GAMEIRO, Rodrigo; GOULART, Sueli. *As políticas públicas da cultura e a participação de novo tipo no Brasil*. VI Congresso Português de Sociologia, Universidade Nova de Lisboa, 2008.

CARVALHO, José Murilo de. *Formação das Almas*: O imaginário da República no Brasil. São Paulo: Companhia das Letras, 2017.

CARVALHO, José Murilo. *Forças Armadas e Política no Brasil*. São Paulo: Todavia, 2019.

CASH, Jennifer R. *The Social Role of Artists in Post-Soviet Moldova: Cultural Policy, Europeanisation, and the State*. Europe-Asia Studies. v. 59, n. 8, p. 1405-1427, dez. 2007.

CASTELLO, José. *Cultura*. In: LAMOUNIER, Bolívar; FIGUEIREDO, Rubens (orgs.). *A Era FHC: um balanço*. São Paulo: Cultura, 2002, p. 627-656.

CASTRO FARIA, Luiz de. *Nacionalismo, nacionalismos – dualidade e polimorfia*. In: CHUVA, M. (org.). *A invenção do patrimônio*. Rio de Janeiro: IPHAN, 1995.

______. *OLIVEIRA VIANNA – de Saquarema à Alameda São Boaventura, 41 — Niterói. O autor, os livros, a obra*. Rio de Janeiro: Relume Dumará, 2002.

CASTRO, Sônia Rabello de. *Estado na preservação de bens culturais: o tombamento.* Rio de Janeiro: Renovar, 1991.

CESNIK, Celso. *Guia do incentivo à cultura*. São Paulo: Editora Manole, 2002.

CHAGAS, Mário. *Há uma gota de sangue em cada museu: a ótica museológica de Mário de Andrade*. Dissertação de Mestrado (Memória Social e Documento). Rio de Janeiro, Unirio, 1997.

CHARTIER, Roger. *A História Cultural: Entre Práticas e Representações*. Lisboa/Rio de Janeiro: Difel/Bertrand, 1990.

CHAUÍ, Marilena et al. *Política cultural.* Porto Alegre: Mercado Aberto/Fundação Wilson Pinheiro, 1985.

_____. *O pensamento político e a redemocratização do Brasil.* In: Lua Nova: Revista de Cultura e Política. v. 71, p. 173-228, 2007.

_____. *Cultura e democracia: o discurso competente e outras falas*. Nova edição revista e ampliada. São Paulo: Editora Cortez, 2006b.

_____. *Cidadania cultural: o direito à cultura*. São Paulo: Editora Fundação Perseu Abramo, 2006.

CHUVA, Márcia (org.). *A invenção do patrimônio.* Rio de Janeiro: IPHAN, 1995.

_____. *Os arquitetos da memória: sociogênese das práticas de preservação do patrimônio cultural no Brasil (anos 1930-1940).* Rio de Janeiro: EdUFRJ, 2009.

COHN, Gabriel. "A Concepção Oficial da Política Cultural nos Anos 1970". In. Miceli, Sergio (org.). *Estado e Cultura no Brasil.* São Paulo: Difel, 1984, p. 87-96.

COIMBRA, Cecília Maria Bouças. "Doutrinas de segurança nacional: banalizando a violência". In. *Psicologia em Estudo*. 2000, v. 5, n. 2, p. 1-22.

CORRÊA, Marcos Barreto. *Do marketing ao desenvolvimento cultural.* Belo Horizonte: Lei de Incentivo à Cultura do Estado de MG, 2004.

CORRIGAN, Philip; SAYER, Derek. *The great arch: english state formation as cultural revolution*. Londres: Basil Blackwell, 1985.

COSTA, Lygia Martins. *De museologia, arte, e políticas de patrimônio*. Rio de Janeiro: IPHAN, 2002.

CUNHA FILHO, Francisco Humberto. *Os princípios constitucionais culturais*. In: LEITÃO, Cláudia (org.). *Gestão cultural: significados e dilemas na contemporaneidade*. Fortaleza: Banco do Nordeste do Brasil, 2003, p. 105-114.

_____. *Cultura e democratização na Constituição Federal de 1988: a representação de interesses e sua aplicação ao Programa de apoio à Cultura*. Rio de Janeiro: Letra Legal, 2004.

CUNHA, Maria Helena Melo da. *Gestão cultural: profissão em formação*. Dissertação de Mestrado (Educação). Belo Horizonte, Faculdade de Educação da Universidade Federal de Minas Gerais, 2005.

DABUL, Lígia. *O público em público: práticas e interações sociais em exposições de artes plásticas*. Tese de Doutorado (Sociologia). Universidade Federal do Ceará, 2005.

DÁVILA, Arlene. *Culture Works: Space, Value, and Mobility Across the Neoliberal Americas*. Nova York: NYU Press, 2012.

DAVIS, Pedro Gondim. *O CPF da cultura – conselho, plano e fundo como instrumentos de governo no processo de institucionalização da cultura. Reflexões a partir do caso de Belo Horizonte.* Dissertação de Mestrado (Antropologia Social). Universidade Federal do Rio de Janeiro – Museu Nacional, 2013.

DAVIS, Pedro Gomdim. "Planejar e Participar: a área da cultura e processos de formação de Estado". In: *Revista Anthropológicas*, v. 26, p. 81-104, 2015.

DIAS DUARTE, Luiz Fernando. *A pulsão romântica e as ciências humanas no ocidente*. Revista Brasileira de Ciências Sociais. São Paulo, v. 19, n. 55, p. 5-18, jun. 2004.

DJIAN, Jean-Michel. *La Politique culturelle, la fin d'un mythe*. Paris: Gallimard, 2005.

DOMINGUES, João. *Cultura Viva: Políticas Culturais para a emancipação das classes populares*. Dissertação de Mestrado (Programa de Pós-Graduação em Políticas Públicas e Formação Humana). Rio de Janeiro, UERJ, 2008.

DÓRIA, Carlos Alberto. *Os federais da cultura*. São Paulo: Biruta, 2003.

DREIFUSS, René Armand. *1964: A Conquista do Estado*. Petrópolis: Vozes, 1981.

DURAND, José Carlos. *Cultura como objeto de políticas públicas*. São Paulo em Perspectiva. São Paulo, v. 15, n. 2, p. 66-72, abr./jun. 2001.

______. *Política e gestão cultural*: *Brasil, USA e Europa (Relatório nº 13/2000)*. São Paulo: Escola de Administração de Empresas-FGV, 2000.

DURKHEIM, Emile. *As Formas Elementares da Vida Religiosa: o sistema totémico na Austrália*. São Paulo: Martins Fontes, 2005.

ELIAS, Norbert. "Processos de formação de Estados e construção de nações". In: ELIAS, Norbert. *Escritos & Ensaios 1- Estado, Processo, Opinião Pública*. Rio de Janeiro: Zahar, 2006 [1972], p. 153-165.

ENNE, Ana Lucia. *Lugar, meu amigo, é a minha Baixada*: *Memória, Representações Sociais e Identidades*. Tese de Doutorado (Antropologia Social). PPGAS-MN-UFRJ, 2002.

ERIBON, Didier. *Michel Foucault*. São Paulo: Companhia das Letras, 1991.

FACINA, Adriana. *Cultura em momento de perigo*. In: CARNEIRO, Juliana; BARON, Lia (org.). *Cultura é território*. Niterói: Niterói Livros, 2020, p. 27-43.

FACINA, Adriana. *Santos e Canalhas: uma análise antropológica da obra de Nelson Rodrigues*. Rio de Janeiro: Civilização Brasileira, 2004.

FALCÃO, Joaquim Arruda. *Política cultural e democracia: a preservação do patrimônio histórico e artístico nacional.* In: MICELI, Sergio (org.). *Estado e cultura no Brasil.* São Paulo: Difel, 1984, p. 21-40.

_____. *A Política Cultural de Aloísio Magalhães.* In: MAGALHÃES, Aloísio. *E Triunfo? A questão dos bens culturais no Brasil.* Rio de Janeiro: Nova Fronteira/Fundação Roberto Marinho, 1997.

FARIA, Carlos Aurélio P. *Ideias, conhecimento e políticas públicas: um inventário sucinto das principais vertentes analíticas recentes.* Revista Brasileira de Ciências Sociais. v. 18, n. 51, 2003.

FARIA, Hamilton; GARCIA, Pedro. *Arte e identidade cultural na construção de um mundo solidário.* São Paulo: Instituto Pólis, 2002.

_____; SOUZA, Valmir de (orgs). *Experiências de gestão cultural democrática.* Pólis. São Paulo, n. 12, p. 01-107, 1993.

FEIJÓ, Martin Cezar. *O que é política cultural?* São Paulo: Brasiliense, 1983.

_____. *O revolucionário cordial. Astrogildo Pereira e as origens de uma política cultural.* São Paulo: Boitempo, 2001.

FERREIRA, Juca. *Ancinav: omissão ou missão?* Teoria e Debate. São Paulo, n. 60, p. 64-67, nov./dez. 2004.

FISCHER, Michael. *Culture and Culture analysis as experimetal systems.* Cultural Anthropology. v. 22, n. 1, p. 1-65, 2007.

FISCHER, Micky. *Marketing Cultural.* São Paulo: Global, 2002.

FONSECA, Maria Cecília Londres. *O patrimônio em processo: trajetória da política federal de preservação no Brasil.* Rio de Janeiro: UFRJ/IPHAN, 1997.

FOUCAULT, Michel. *Questions of method* In: BURCHELL, Graham; GORDON, Colin; MILLER, Peter (eds.). *The Foucault effect: studies in governamentality.* Chicago: The University of Chicago Press, 1991, p. 73-86.

_____. *A Ordem do Discurso*. São Paulo: Loyola, 1999.

_____. *Arqueologia do Saber*. Rio de Janeiro: Forense Universitária, 2012.

_____. *Ditos e Escritos, Vol. II*. Rio de Janeiro: Forense Universitária, 2008.

_____. *Em defesa da sociedade*. São Paulo: Martins Fontes, 2005.

_____. *The subject and power*. In: DREYFUS, Hubert L.; RABINOW, Paul. *Michel Foucault: beyond structuralism and hermeneutics*. Chicago: The University of Chicago Press, 1983, p. 208-226.

_____. *Ditos e Escritos, Vol. V*. Rio de Janeiro: Forense Universitária, 2006.

_____. *Segurança, Território, População*. São Paulo: Martins Fontes, 2008b.

FREY, Klaus. *Políticas Públicas: um debate conceitual e reflexões referentes à prática da análise de políticas públicas no Brasil*. Planejamento e Políticas Públicas. n. 21, jun. 2000.

FREYRE, Gilberto. *Casa-grande & senzala: Formação da família brasileira sob regime da economia patriarcal*. São Paulo: Global, 2003.

FUNDAÇÃO JOÃO PINHEIRO. *Economia da cultura*: reflexões sobre as indústrias culturais no Brasil. Brasília, Instituto de Promoção Cultural/Secretaria de Apoio à Produção Cultural – Ministério da Cultura, 1988.

FURTADO, Celso. *Ensaios sobre cultura e sobre o Ministério da Cultura*. Rio de Janeiro: Contraponto, 2012.

GANS. *Popular Culture & High Culture: an analysis and evaluation of taste*. Nova York: Basic Books, 1999.

GARCIA CANCLINI, Nestor. *Culturas Híbridas: estratégias para Entrar e Sair da Modernidade*. São Paulo: Edusp, 2000.

GEERTZ, Clifford. *Descrição densa: por uma teoria interpretativa da cultura*. In: _____. *A Interpretação das Culturas*. Rio de Janeiro: Zahar, 1978.

_____. *O senso comum como um sistema cultural*. In: _____. *O saber Local*. Petrópolis: Vozes, 2000, p. 115.

GIL, Gilberto; FERREIRA, Juca. *Cultura pela palavra: artigos, entrevistas e discursos dos ministros da cultura* 2003-2010. Rio de Janeiro: Versal Editores, 2013.

GINZBURG, Carlo. *O Queijo e os Vermes: o cotidiano e as ideias de um moleiro perseguido pela Inquisição*. São Paulo: Companhia das Letras, 1987.

GOLDMAN, Albert e SPRINCHORN, Evert (orgs.). *Wagner on music and drama: a compendium of Richard Wagner's prose Works*. New York: Da Capo, 1994.

GOMES, Angela de Castro (org.). *Capanema: o ministro e o ministério*. Rio de Janeiro: Fundação Getúlio Vargas, 2000.

_____. *História e historiadores: a política cultural do Estado Novo*. Rio de Janeiro: Fundação Getúlio Vargas, 1996.

GOMES DA SILVA, Fernanda. *Como pode o homem escapar de si mesmo? Uma leitura ficcional de Michel Foucault*. Tese de Doutorado (Filosofia). PEPGF-PUC-SP, 2019.

GONÇALVES DIAS, Caio; BARBOSA, Jorge. *Solos Culturais*. Rio de Janeiro: Observatório de Favelas, 2013.

_____. *Por uma teoria nativa da música: o projeto de brasilidade de Tom Jobim*. In: *Igualdade e Diversidade*. Rio de Janeiro: PUC-RIO, 2010b.

_____. *Tom Jobim: Carreira, Trajetória e Mediações Sócio-culturais*. Dissertação de Mestrado (Antropologia Social). PPGAS-MN-UFRJ, 2010.

_____. *A cultura como conceito operativo: Antropologia, Gestão Cultural e algumas implicações políticas desta última*. PragMATIZES – Revista Latino-Americana de Estudos em Cultura. v. 01, p. 18-34, 2011.

_____. *Ordem do dia: uma análise do trabalho da Unesco em torno das políticas culturais (1979-82)*. In: *Novos Estudos CEBRAP*, São Paulo, v. 39, n. 1, p. 165-184, abr. 2020.

GONÇALVES, José Reginaldo Santos. *A retórica da perda: os discursos do patrimônio cultural no Brasil*. Rio de Janeiro: Editora da UFRJ/ IPHAN, 1996.

GUÉRIOS, Paulo Renato. *Lutando por sua predestinação: um estudo antropológico da obra de Heitor Villa-Lobos*. Dissertação de Mestrado (Antropologia Social). PPGAS-MN-UFRJ, 2001.

GUIMARÃES, Ely. *A UNESCO e o mundo da cultura*. Campinas, 1999.

GUPTA, Akhil. *Blurred boundaries: the discourse of corruption, the culture of politics and the imagined state*. In: SHARMA, Aradhana; GUPTA, Akhil (ed). *The anthropology of the state: a reader*. Oxford: Blackwell Publishing, 2006, p. 211-246.

HABERMAS, Jürgen. *The Structural Transformation of the Public Sphere: An Inquiry into a Category of Bourgeois Society*. Cambridge: Polity Press, 1989.

HALL, Stuart. *A Identidade Cultural na pós-modernidade*. Porto Alegre: DP&A, 2004.

_____. *A centralidade da cultura: notas sobre as revoluções culturais do nosso tempo*. Educação & Realidade. Porto Alegre, v. 22, n. 2, p. 15-46, jul./dez. 1997.

HINSHAW, R. E. *Anthropology, administration and public policy*. Annual Review of Anthropology, v. 9, p. 497-522, 1980.

HOBSBAWN, E. *História social do Jazz*. São Paulo: Paz e Terra, 2008.

_____. *Introdução: A invenção das tradições*. In: _____; RANGER, Terence (orgs.). *A invenção das tradições*. Rio de Janeiro: Paz e Terra, 1984.

_____. *Era dos Extremos: O breve século XX, 1914-1991*. São Paulo: Companhia das Letras, 1994.

HOLLANDA, Heloísa Buarque de; GONÇALVES, Marcos A. *Cultura e participação nos anos 60*. São Paulo: Brasiliense, 1982.

_____. *Impressões de viagem. CPC, vanguarda e desbunde 1960/70*. São Paulo: Brasiliense, 1980.

HUGHES, Everett C. *The Sociological Eye: Selected Papers*. Chicago/ Nova York: Aldine Atherton, 1971.

INGRAM, Mark. *A Nationalist Turn in French Cultural Policy*. The French Review. v. 71, n. 5, abr. 1998.

JAMESON, Frederic. *A Virada Cultural: reflexões sobre o pós-modernismo*. São Paulo: Record, 2006.

KERSHAW, Ian. *Hitler*. São Paulo: Companhia das Letras, 2017.

KROEBER, Alfred L. *The Nature of Culture*. In: _____. *Anthropology: cultural patterns and processes*. Nova York: Harcourt Brace Jovanovitch, 1970, p. 61-118.

KUGELMAS, Eduardo. *Maria do Carmo Campello de Souza (1936-2006)*. Dados. v. 49, n. 1, p. 5-10, 2006.

KUPER, Adam. *Cultura, a visão dos antropólogos*. Bauru-SP: EDUSC, 2002.

LARAIA, Roque. *Cultura: um conceito antropológico*. Rio de Janeiro: Zahar, 2001.

LEACH, Edmund. *Sistemas políticos da Alta Birmânia*. São Paulo: Edusp, 1996.

LEIRNER, Piero de Carmargo. "Hybrid warfare in Brazil: The highest stage of the military insurgency". In: *HAU: Journal of Ethnographic*. Volume 10, Number 1, 2020.

LEITÃO, Cláudia (org.). *Gestão cultural: significados e dilemas na contemporaneidade.* Fortaleza: Banco do Nordeste do Brasil, 2003.

LENOIR, Remi. *Objeto sociológico e problema social*. In: CHAMPAGNE, Patrick et al. *Iniciação à prática sociológica*. Petrópolis: Vozes, p. 59-106, 1998.

LÉVI-STRAUSS, Claude. *A eficácia simbólica*. In: _____. *Antropologia Estrutural.* Rio de Janeiro: Tempo Brasileiro, 1970, p. 215-236.

LINDOSO, Felipe. *O Brasil pode ser um país de leitores? Política para a cultura, Política para o livro*. São Paulo: Summus, 2004.

LONGERICH, Peter. *Joseph Goebbels: Uma biografia*. Rio de Janeiro: Objetiva, 2014.

MACHADO NETO, Manoel Marcondes. *Marketing cultural: das práticas à teoria*. Rio de Janeiro: Editora Ciência Moderna, 2002.

MACHADO, Lia Zanotta; MOTTA, Antonio. *Brazilian Anthropology in times of intolerance: The challenges of confronting neoconservatism*. Vibrant. Florianópolis, v. 16, p. 1-19, 2019.

MACHADO, Mario Brockmann. *Notas Sobre Política Cultural no Brasil.* In: MICELI, Sérgio (org.). *Estado e Cultura no Brasil.* São Paulo: Difel, 1984, p. 5-19.

MACIEL, Marco. *Subsídios para uma política cultural.* Mimeo, 1983.

MAGALHÃES, Aloísio. *E Triunfo? A questão dos bens culturais no Brasil.* Rio de Janeiro: Nova Fronteira/Fundação Roberto Marinho, 1997.

MAIA, Tatyana de Amaral. *Os cardeais da cultura nacional: o Conselho Federal de Cultura na ditadura civil-militar (1967-1975)*. São Paulo: Itaú Cultural/Iluminuras, 2012.

MAIO, Marcos. *O Projeto Unesco e a Agenda das Ciências Sociais no Brasil nos anos 40 e 50*. Revista Brasileira de Ciências Sociais. v. 14, n. 41, 1999.

MAUSS, Marcel. *Sociologia e antropologia*. São Paulo: EPU/Edusp, 1974.

MELO, Alexandre; COSTA, Antonio Firmino da. *Equívocos e complexidade na definição de políticas culturais*. OBS*. Lisboa, v. 2, p. 08-14, out. 1997.

MELO, Marcus André. *Estado, governo e políticas públicas*. In: MICELI, Sergio (org.). *O que ler na ciência social brasileira (1970 1995)* V. III. São Paulo: Editora Sumaré, 1999.

MENDONÇA, Marcos. *Lei de Incentivo à cultura - Uma saída para a arte*. São Paulo: Carthago & Forte, 1994.

MICELI, Sergio (org.). *Estado e Cultura no Brasil*. São Paulo: Difel, 1984.

_____; GOUVEIA, Maria Alice. *Política cultural comparada*. Rio de Janeiro: FUNARTE/FINEP/IDESP, 1985.

_____. *Intelectuais à brasileira*. São Paulo: Companhia das Letras, 2001.

MINISTÉRIO DA CULTURA. Seminário Nacional de Políticas Públicas para as Culturas Populares. Brasília, MINC, 2005.

MINISTÉRIO DA CULTURA. *Cultura em números: anuário de estatísticas culturais - 2ª edição*. Brasília: MinC, 2010.

MINISTÉRIO DA EDUCAÇÃO E CULTURA. *Diretrizes para operacionalização da política cultural do MEC*. Brasília, 1981.

_____. *Política Nacional de Cultura*. Brasília, 1975.

MITCHELL, Timothy. *Society, economy and the state effect*. In: SHARMA, Aradhana; GUPTA, Akhil (eds.). *The anthropology of the state: a reader*. Oxford: Blackwell Publishing, 2006.

_____. Society, economy and the state effect. In: STEINMETZ, George (ed.). *State/Culture: State-formation after the cultural turn*. Nova York: Cornell University Press, 1999, p. 76-97.

MOTA, Carlos Guilherme. *Ideologia da cultura brasileira (1933-1974): pontos de partida para uma revisão histórica*. São Paulo: Editora 34, 2008.

MUNIAGURRIA, Lorena Avelar de. *As políticas da cultura: uma etnografia de trânsitos, encontros e militância na construção de uma política nacional de cultura*. Tese de Doutorado (Antropologia Social). Universidade de São Paulo, 2016.

MUYLAERT, Roberto. *Marketing cultural & comunicação dirigida*. São Paulo: Globo, 1993.

NAPOLITANO, Marcos. *Cultura brasileira: utopia e massificação (1950-1980)*. São Paulo: Contexto, 2001.

NAVALLO COIMBRA, Laura. *Estar na dança contemporânea: fazer festivais, bailarinos e públicos, Brasil, século XXI*. Tese de Doutorado (Antropologia Social). Universidade Federal do Rio de Janeiro - Museu Nacional, 2014.

NAVES, Santuza. *O Violão Azul: Modernismo e Música Popular*. Rio de Janeiro: Editora FGV, 1998

NUSSBAUMER, Gisele. *O mercado da cultura em tempos (pós) modernos*. Santa Maria: UFSM, 2000.

OLIVIERI, Cristiane; NATALE, Edson (orgs.). *Guia Brasileiro de Produção Cultural*. São Paulo: SESC SP, 2010.

_____. *Cultura neoliberal: leis de incentivo como política pública de cultura*. São Paulo: Escrituras/Instituto Pensarte, 2004.

OROZCO, José Luis Mariscal (org). *Políticas culturales: una revisión desde la gestión cultural*. Guadalajara: Universidad de Guadalajara, Sistema de Universidad Virtual, 2007.

ORTIZ, Renato. *A moderna tradição brasileira: cultura brasileira e indústria cultural*. São Paulo: Brasiliense, 1989.

_____. *Cultura brasileira e identidade nacional*. São Paulo: Brasiliense, 1985.

PACHECO DE OLIVEIRA, João; ALMEIDA, Alfredo Wagner Berno de. *Demarcação e reafirmação étnica: um ensaio sobre a FUNAI*. In: _____ (org.). *Indigenismo e territorialização: poderes, rotinas e saberes coloniais no Brasil contemporâneo*. Rio de Janeiro: Contra Capa Livraria, 1998, p. 69-123.

PALMEIRA, Moacir. *Os anos sessenta – revisão crítica de um debate*. In: _____. *Anais do Seminário revisão crítica da produção sociológica voltada para agricultura*. São Paulo: ASEP/CEBRAP, 1984.

PAULANI, Leda Maria. *O projeto neoliberal para a sociedade brasileira: sua dinâmica e seus impasses*. In: LIMA, J.C.F.; NEVES, L.M.W. (orgs). *Fundamentos da educação escolar do Brasil contemporâneo [online]*. Rio de Janeiro: Editora Fiocruz, 2006, p. 67-107.

PÉCAUT, Daniel. *Os intelectuais e a política no Brasil*. São Paulo: Ática, 1990.

PENDERGAST, William R. *UNESCO and French Cultural Relations 1945-1970*. International Organization. v. 30, n. 3 (Summer, 1976), p. 453-483.

POERNER, Arthur José. *Identidade cultural na era da* globalização: política federal de cultura no Brasil. Rio de Janeiro: Ed. Revan, 1997.

POLLAK, Michael. *Memória e Identidade Social*. Estudos Históricos. Rio de Janeiro, v. 10, n. 2, 1992.

PORTELLA, Eduardo. *O intelectual e o poder*. Rio de Janeiro: Tempo Brasileiro, 1983.

PRADO JR., Caio. *Os sentidos da Colonização*. In: _____. *Formação do Brasil Contemporâneo*. São Paulo: Companhia das Letras, 2011.

PRIETO, Gustavao Francisco Teixeira; LACZYNSKI, Patrícia. *São Paulo à venda: ultraneoliberalismo urbano, privatização e acumulação de capital (2017-2020)*. GEOUSP Espaço e Tempo (Online). v. 24, n. 2, p. 243-261, 2020.

QUEIROZ, Fernanda Mendes de; NORONHA, Daisy Pires. *Temática das dissertações e teses em ciência da informação no Programa de Pós-graduação em Ciências da Comunicação da USP*. Ciência da Informação. Brasília, v. 132, n. 142, p. 1-18, 2004.

QUINTELLA, Maria Madalena Diégues. *Cultura e poder ou espelho, espelho meu: existe alguém mais culto do que eu?* In: MICELI, Sergio (org.). *Estado e cultura no Brasil*. São Paulo: Difel, 1984, p. 113-134.

RABINOW, Paul. *Antropologia da Razão*. Rio de Janeiro: Relume Dumará, 1999.

REGOURD, Serge. *L'exception culturelle*. Paris: PUF, 2002.

REIS, Ana Carla Fonseca. *Marketing cultural e financiamento da cultura*. São Paulo: Pioneira Thomson Learning, 2003.

REIS, Daniel Aarão (org). *Modernização, Ditadura e Democracia (1964-2010)*. Rio de Janeiro: Objetiva, 2014.

REIS, Elisa. *Reflexões leigas para a formulação de uma agenda de pesquisa em políticas públicas*. Revista Brasileira de Ciências Sociais. v. 18, n. 51, fev. 2003.

REVEL, Judith. *Michel Foucault: conceitos essenciais*. São Carlos: Clara Luz, 2005.

RIDENTI, Marcelo. "Cultura". In: *Modernização, Ditadura e Democracia:* 1964-2010. AARÃO REIS, Daniel (Org.). Rio de Janeiro: Objetiva, p. 233-283, 2014.

RIBEIRO, Gustavo Lins. *Gramsci, Turner e Geertz. O fim da hegemonia do PT e o golpe*. R@U: Revista de Antropologia da UFSCar. v. 8, p. 11-16, 2016.

RIDENTI, Marcelo. *Em busca do povo brasileiro: artistas da revolução, do CPC à era da tv*. Rio de Janeiro: Record, 2000.

RUBIM, Antonio Albino Canelas. "Políticas Culturais e Novos Desafios". In: *Matrizes* (USP), v. 2, p. 93-115, 2009.

RUBIM, Antonio Albino Canelas; BARBALHO, Alexandre (orgs.). *Políticas Culturais no Brasil*. Salvador: Edufba, 2007.

_____. *Marketing cultural*. In: RUBIM, Linda (org.). *Organização e produção da cultura*. Salvador: Edufba, 2005, p. 53-77.

_____. *Políticas Culturais no Brasil: tristes tradições, enormes desafios*. In: RUBIM, A. A. C.; BARBALHO, A. (orgs.). *Políticas Culturais no Brasil*. Salvador: Edufba, 2007.

_____. *Políticas Culturais: entre o Possível e o Impossível*. In: NUSSBAUMER, Gisele Marchiori (org.). *Teorias e Políticas da Cultura: Visões Multidisciplinares*. Salvador: Edufba, 2007.

_____. *Cultura e Políticas Culturais*. Rio de Janeiro: Azougue Editorial, 2011.

_____;. RUBIM, Lindinalva. *Televisão e políticas culturais no Brasil*. Revista USP. São Paulo, n. 61, p. 16-28, mar./abr./maio 2004.

_____. *Dilemas para uma política cultural na contemporaneidade*. In: LEITÃO, Cláudia (org.). *Gestão cultural: significados e dilemas na contemporaneidade*. Fortaleza: Banco do Nordeste do Brasil, 2003, p. 89-104.

_____. *Partido Comunista, cultura e política cultural*. Tese de Doutorado (Sociologia). São Paulo, FFLCH-USP, 1987.

RUBIM, Linda (org.). *Organização e produção da cultura*. Salvador: Edufba, 2005.

SAHLINS, Marshall. *Cultura e Razão Prática*. Rio de Janeiro: Zahar, 2003.

_____. *Historical Metaphors and Mythical Realities: Structure in the Early History of the Sandwich Islands Kingdom*. Ann Arbor: The University of Michigan Press, 1981.

_____. *A Brief Cultural History of Culture*. Paper prepared for the World Commission on Culture and Development. Unesco, 1994.

SANT'ANA, Raquel. "'A Igreja acordou, a Igreja foi pra rua': representação, manifestação e o fazer dos 'evangélicos' nas Marchas para Jesus". In: *Etnografias das instituições, práticas de poder e dinâmicas estatais*. TEIXEIRA, Carla Costa; LOBO, Andréa; ABREU, Luiz Eduardo (Orgs). Brasília: ABA Publicações, 2019.

SANTOS, Joel Rufino dos. *Missão do Ministério da Cultura*. Rio de Janeiro: Edições Fundo Nacional de Cultura, 2002.

SANTOS, Wanderley Guilherme dos. *Quem dará o golpe no Brasil? (Cadernos do Povo Brasileiro)*. Rio de Janeiro: Civilização Brasileira, 1962.

SARNEY, José. *Incentivo à cultura e sociedade industrial*. In: JELÍN, Elizabeth et al. *Cultura e desenvolvimento*. Rio de Janeiro: Edições Fundo Nacional de Cultura, 2000, p. 27-44.

SCHUTZ, Alfred. *Fenomenologia e relações sociais*. Rio de Janeiro: Zahar, 1979.

SCHWARCZ, Lilia. *Nacionalidade e patrimônio: o Segundo Reinado brasileiro e seu modelo tropical exótico*. Revista do Patrimônio Histórico e Artístico Nacional. n. 34, p. 337-359, 2012.

_____. *Questões de fronteira: sobre uma antropologia da história*. Novos Estudos. São Paulo, n. 72, p. 119-135, jul. 2005.

_____. "Cultura". In: *Crise colonial e independência: 1808-1830*. Costa e Silva, Aberto da (Org.). Rio de Janeiro: Objetiva, 2011.

_____. *Sobre o Autoritarismo Brasileiro*. São Paulo: Companhia das Letras, 2019.

SCHWARZ, Roberto. "As ideias fora do lugar". In: *Ao vencedor as batatas: Forma literária e processo social nos inícios do romance brasileiro*. São Paulo: Editora 34, 2012.

SENNET, Richard. *O Declínio do Homem Público — As Tiranias da Intimidade*. São Paulo: Companhia das Letras, 1993.

______. *A corrosão do caráter: as conseqüências pessoais do trabalho no novo capitalismo*. Rio de Janeiro: Record, 2005.

SHORE, Chris; WRIGHT, Susan. *Policy: a new field of anthropology* In: ____; ____ (eds.). *Anthropology of policy: critical perspectives on governance and power*. Londres /Nova York: Routledge, p. 3-39, 1997.

SILVA, Frederico A. Barbosa da.; ARAÚJO, Herton Ellery (orgs). *Cultura viva: avaliação do programa arte educação e cidadania*. Brasília: Ipea, 2010.

SILVA, Thomas Tadeu da (org.). *O que é, afinal, Estudos Culturais?* São Paulo: Editora Autêntica, 1999.

SIMIS, Anita. *A política cultural como política pública*. In: RUBIM, A. A. C.; BARBALHO, A. (orgs.). *Políticas Culturais no Brasil*. Salvador: Edufba, 2007.

______. *Estado e cinema no Brasil*. São Paulo: Annablume, 1996.

SIMMEL, Georg. *On individuality and social forms : selected writings*. Chicago: University of Chicago Press, 1971.

SIQUEIRA, Maurício. *Apresentação*. In: CALABRE, Lia (org.). *Políticas Culturais: reflexões e ações*. São Paulo/Rio de Janeiro: Itaú Cultural/ Fundação Casa de Rui Barbosa, 2009.

SODRÉ, Muniz. *Mercado Cultural*. In: MICELI, Sérgio (org.). *Estado e Cultura no Brasil*. São Paulo: Difel, 1984.

SOUZA LIMA, Antonio Carlos de; CASTRO, João Paulo Macedo e. *Política(s) Pública(s)* In: PINHO, Osmundo; SANSONE, Livio (ed.). *Raça: Perspectivas Antropológicas*. Salvador: ABA/Edufba, 2008.

______; GONÇALVES DIAS, Caio. *Anthropology and the State in Brazil: questions concerning a complex relationship*. Vibrant. Florianópolis, v. 17, p. 1-21, 2020.

______. *Un gran cerco de paz: poder tutelar, indianidad y formación del Estado em Brasil*. México, DF: CIESAS, 2018 [1995].

_____. *Um Grande Cerco de Paz: Poder Tutelar, Indianidade e Formação do Estado no Brasil*. Petrópolis: Vozes, 1995.

_____. "O estudo antropológico das ações governamentais como parte dos processos de formação estatal". In: *Revista de Antropologia* (USP. Impresso), v. 55, p. 559-564, 2012.

_____; FACINA, Adriana. *2019, Brasil: por que (ainda) estudar elites, instituições e processos de formação de Estado?* In: TEIXEIRA, Carla Costa; LOBO, Andréa; ABREU, Luiz Eduardo (orgs). *Etnografias das instituições, práticas de poder e dinâmicas estatais*. Brasília: ABA Publicações, p. 433-483, 2020.

_____. *Um Olhar Sobre A Presença das Populações Nativas Na Invenção do Brasil*. In: SILVA, Aracy Lopez da; GRUPIONI, Luiz Donisetti Benzi (org.). *A questão indígena na Sala de Aula*. Brasília: MEC, 1995b, p. 407-419.

SOUZA, Celina. *Políticas Públicas: uma revisão da literatura*. Sociologias. Porto Alegre, ano 8, n. 16, p. 20-45, jul./dez. 2006.

SOUZA, José Inácio de Melo. *Ação e imaginário de uma ditadura: controle, coerção e propaganda política nos meios de comunicação durante o Estado Novo*. Dissertação de Mestrado. São Paulo, Escola de Comunicações e Artes da USP, 1991.

SOUZA, Márcio. *Fascínio e repulsa. Estado, cultura e sociedade no Brasil*. Rio de Janeiro: Edições Fundo Nacional de Cultura, 2000 (Cadernos do Nosso Tempo, n. 2).

STEINMETZ, George. *Culture and the State*. In: _____ (ed.). *State/culture: state formation after the cultural turn*. Cornell: Cornell University Press, 1999, p. 1-50.

STRATHERN, Marilyn. *The nice thing about culture is that everyone has it*. In: _____. *Shifting Contexts: Transformations in Anthropological Knowledge*. Londres: Routledge, 1995, p. 153-176.

SWAAN, Abram de. *In care of the State. Health care, education and welfare in Europe and the USA in Modern Era*. Nova York: Oxford University Press, 1988.

TEIXEIRA, Carla Costa; SOUZA LIMA, Antonio Carlos de. *A antropologia da administração e da governança no Brasil: área temática ou ponto de dispersão?* In: DUARTE, Luiz Fernando Dias (coord. de área); MARTINS, Carlos Benedito (coord. Geral). *Horizontes das ciências sociais no Brasil: antropologia*. São Paulo: ANPOCS, 2010, p. 51-95.

TEIXEIRA COELHO, José. *Da política cultural à cultura política*. In: _____. *Guerras culturais*. São Paulo: Iluminuras, 2000, p. 117-142.

_____. *Cultura e Estado: A política cultural na França 1955-2005*. São Paulo: Iluminuras/Itaú Cultural, 2012.

_____. "Nem tudo é cultura". In: *A Cultura e Seu Contrário*. São Paulo: Iluminuras, Itaú Cultural, 2003.

_____. *Dicionário crítico de política cultural*. São Paulo: Fapesp/Iluminuras, 1997.

_____. *Usos da cultura: políticas de ação cultural*. Rio de Janeiro: Paz e Terra, 1986.

TIERRA, Pedro. *Notas para um debate sobre políticas públicas de cultura e projeto nacional*. Revista Rio de Janeiro. n. 15, p. 141-148, jan./abr. 2005.

TRAVANCAS, Isabel Siqueira. *O Mundo dos Jornalistas*. Dissertação de Mestrado (Antropologia Social). PPGAS-MN-UFRJ, 1991.

TRAVASSOS, Elizabeth. *Modernismo e música brasileira*. Rio de Janeiro: Zahar, 2000.

TURINO, Célio. *Na trilha de Macunaíma: ócio e trabalho na cidade*. São Paulo: SENAC, 2006.

_____. *Ponto de cultura: o Brasil de baixo para cima*. São Paulo: Anita Garibaldi, 2010.

TYLOR, Edward Burnett . *The Science of Culture*. In: *The Origins of Culture*. Gloucester, Mass: Peter Smith, 1970 [1871], p. 1-25.

UNESCO. *A New cultural policy agenda for development and mutual understanding: key arguments for a strong commitment to cultural diversity and intercultural dialogue*. Paris, 2011.

_____. *Cultural Policy and Policy for Culture: Towards a New Cultural Policy Profile the conference proceedings; 5-8 November 2009, Yerevan, Armenia*. Paris: UNESCO, 2010

_____. *Cultural policy: a preliminary study (Studies and documents on cultural policies Series)*. Paris, 1969.

_____. *Cultural rights as human rights (Studies and documents on cultural policies Series*). Paris, 1970.

_____. *Declaration of Principles of International Cultural Co-operation*. 4.12.1966.

_____. *Mexico City Declaration on Cultural Policies*. Paris, 1982.

_____. *Our Creative Diversity*. Paris, jul. 1996.

URFALINO, Philippe. *A História da Política Cultural*. In: RIOUX, Jean-Pierre; SIRINELLI, Jean- François. *Para uma história cultural*. Lisboa: Editorial Estampa, 1998, p. 293-306.

VELHO, Gilberto. *Autoria e Criação Artística*. In: VELHO, Gilberto; SANTOS, Gilda. *Artifícios e Artefatos: Entre o Literário e o Antropológico*. Rio de Janeiro: 7Letras, 2006, p. 135-6.

_____. *Individualismo e Cultura: Notas para uma Antropologia da Sociedade Contemporânea*. Rio de Janeiro: Zahar, 1981.

_____. *Projeto e Metamorfose: Antropologia das Sociedades Complexas*. Rio de Janeiro: Zahar, 1994.

VELHO, Otávio Guilherme. *Capitalismo autoritário e campesinato*: um estudo comparativo a partir da fronteira em movimento. Rio de Janeiro: Centro Edelstein de Pesquisas Sociais, 2009.

VELLOSO, Mônica Pimenta. *Os intelectuais e a política cultural do Estado Novo.* Rio de Janeiro: Centro de Pesquisa e Documentação de História Contemporânea do Brasil — Fundação Getúlio Vargas, 1987.

VILAÇA, Marcos Vinicios. *Por uma política nacional de cultura.* Brasília: Ministério da Educação e Cultura/Fundação Nacional Pró-Memória, 1984.

WAGNER, Roy. *The Invention of Culture (Revised and Expanded Edition).* Chicago/Londres: The University of Chicago Press, 1981.

WEBER, Max. *Sociologia* (organização Gabriel Cohn). São Paulo: Ática, 2003.

WEFFORT, Francisco; SOUZA, Márcio (orgs.) *Um olhar sobre a cultura brasileira.* Brasília: Ministério da Cultura, 1998.

WEFFORT, Francisco. *Brasil: condenado à modernização.* In: WEFFORT et al. (orgs.). *Brasileiro: cidadão?* São Paulo: Cultura Editores, 1992.

_____. *A cultura e as revoluções da modernização.* Rio de Janeiro: Edições Fundo Nacional de Cultura, 2000.

_____. *O populismo na política brasileira.* Rio de Janeiro: Paz e Terra, 1978.

WHITE, Hayden. *Tropics of Discourse: Essays in Cultural Criticism.* Baltimore: The Johns Hopkins University Press, 1978.

WRIGHT, Susan. *The Politicization of 'Culture'.* Anthropology Today. v. 14, n. 1, p. 7-15, feb. 1998.

YÚDICE, George. *The Privatization of Culture.* Social Text. n. 59 (Summer, 1999), p. 17-34.

SOBRE O AUTOR

CAIO GONÇALVES DIAS nasceu em Teresópolis, RJ. É graduado em Produção Cultural pela Universidade Federal Fluminense, mestre e doutor em Antropologia pelo Museu Nacional da Universidade Federal do Rio de Janeiro. Fez estágio doutoral na Universidade de Nova York e foi pesquisador visitante na École des hautes études en sciences sociales de Paris (EHESS) e no Instituto de Ciências Sociais da Universidade de Lisboa (ICS/UL). Foi pesquisador de pós-doutorado no Departamento de Antropologia da Universidade de São Paulo. É pós-doutorando no Programa de Pós-Graduação em Antropologia Social do Museu Nacional (PPGAS/MN). Atua como gestor e consultor na área cultural desde 2007.

1ª edição	julho 2021
impressão	rotaplan
papel miolo	pólen soft 80g/m^2
papel capa	triplex 300g/m^2
tipografia	farnham